二十五史藝文經籍志

考補萃編

第一卷

王承略　劉心明　主編

漢書藝文志
〔漢〕班固　撰
〔唐〕顔師古　注
張祖偉　整理

漢藝文志考證
〔宋〕王應麟　撰
尹承　整理

漢藝文志考證校補
〔清〕王仁俊　撰
尹承　整理

清華大學
出版社　北京

圖書在版編目(CIP)數據

二十五史藝文經籍志考補萃編. 第1卷/王承略,劉心明主編. --北京:清華大學出版社,2014

ISBN 978-7-302-35192-4

Ⅰ.①二… Ⅱ.①王…②劉… Ⅲ.①中國歷史-古代史-紀傳體 ②《二十五史》-研究 Ⅳ.①K204.1

中國版本圖書館 CIP 數據核字(2014)第 014341 號

責任編輯:馬慶洲
封面設計:曲曉華
責任校對:劉玉霞
責任印製:楊 艷

出版發行:清華大學出版社
　　　　網　　址:http://www.tup.com.cn,http://www.wqbook.com
　　　　地　　址:北京清華大學學研大廈 A 座　郵　編:100084
　　　　社總機:010-62770175　　　　　　郵　購:010-62786544
　　　　投稿與讀者服務:010-62776969,c-service@tup.tsinghua.edu.cn
　　　　質量反饋:010-62772015,zhiliang@tup.tsinghua.edu.cn
印刷者:清華大學印刷廠
裝訂者:三河市金元印裝有限公司
經　　銷:全國新華書店
開　　本:148mm×210mm　印　張:8.25　字　數:183 千字
版　　次:2014 年 3 月第 1 版　　　印　次:2014 年 3 月第1次印刷
定　　價:40.00 元

產品編號:055589-01

《二十五史藝文經籍志考補萃編》編纂委員會

學 術 顧 問：董治安

主　　　　編：王承略　劉心明

副　主　編：馬慶洲　陳錦春　朱新林

常 務 編 委：項永琴　尹　承　張海峰　張祖偉　王正一
　　　　　　張緒峰

編　　　　委：董建國　劉克東　盧芳玉　郭偉宏　周晶晶
　　　　　　蘇麗娟　馬小方　許建立　張　雲　馬常録
　　　　　　李　林　李湘湘　陳金麗　梁瑞霞　朱莉莉
　　　　　　李　淩　王　盼　魏奕元　蔡　喆　郭怡穎

校對組成員：辛世芬　謝　麟　吕　婷　王　蕾　王慶玲
　　　　　　楊俊秀　王緒福　張　倩　鄭民令　宋　凱

匯編史志目錄　　摸清學術家底
——代前言

　　一個民族、一個國家的生命力，很大程度上表現爲文化的傳承與創新。創新是對既有成就的突破，傳承是爲了更好的創新，所以傳承是創新的基礎，創新是傳承的目的。没有傳承的創新，是文化的隔斷和舶來品的移植；没有創新的傳承，是文化的守舊和前進動力的喪失。中國文化之所以五千年延綿不斷，就在於先賢們自覺地維護着文化的傳承，並不斷地進行着文化的創新。中國五千年的文明史，創造了人類寶貴的精神財富，要厘清和研究這一龐大的財富，絶非易事。地下考古、民間調查、文獻考辨、思想認知等，都是打開這份寶藏的鑰匙。而文化典籍的清理，學術思想的總結，都離不開一宗珍貴的史料——史志目錄。

　　史志目錄是一種存在於正史、國史、專史中的目錄體裁，或者表現爲後人對以往正史、國史、專史研究的補充形式，其名稱一般叫做藝文志或經籍志。藝文志、經籍志或記載一代藏書，反映一朝乃至數朝的典籍保存和流傳情況，或記載一代著述，反映一個朝代學術文化研究的狀況，或二者兼而有之，即對一代藏書和一代著述皆有所揭示。因爲藝文、經籍志附史書而行，而中國的史書體系較爲完備，所以藝文、經籍志詳盡系統地記錄了數千年來的典籍和學術，成爲考察文化思想淵源與流變、古代典籍類別與存亡的最重要的依據，成爲原生態學術史、典籍史的直接呈現，成爲學術研究不可或缺的大宗參考資料。

　　《二十五史藝文經籍志考補萃編》是專史目錄之外史志目

錄的總匯，匯集歷代正史、國史藝文志、經籍志以及相關考證與
補撰之作，從二十五史的角度建構史志目錄的完整體系，摸清
中國古代文化典籍的家底，建立中國古代典籍信息庫，顯示各
個時代各種學術的興起、發展與演變，展現中國古代思想、文化
與科技的繁榮，推動史學、目錄學、文獻學、圖書史、學術史、文
化史、科技史等多個學科領域研究的深化，以求有助於中國傳
統文化、民族精神的總結與傳承，有助於揭示中國學術文化的
發展規律和走向，有助於發現、確立和展開一系列文化創新的
研究領域。

　　具體地說，《萃編》包括四方面的內容：第一，二十五史中本
來就有的七部藝文、經籍志，即《漢書・藝文志》、《隋書・經籍
志》、《舊唐書・經籍志》、《新唐書・藝文志》、《宋史・藝文志》、
《明史・藝文志》、《清史稿・藝文志》；第二，自宋代以來，對這
七部藝文、經籍志的考證、注釋與補遺，如宋王應麟的《漢書藝
文志考證》，清姚振宗的《隋書經籍志考證》，佚名（疑繆荃孫）的
《唐書藝文志注》，清黃虞稷、盧文弨的《宋史藝文志補》等；第
三，清代康、雍以來補撰的歷代藝文、經籍志，如清姚振宗的《後
漢藝文志》、《三國藝文志》，清秦榮光、文廷式、丁國鈞、黃逢元、
吳士鑑各撰的《補晉書藝文志》，聶崇岐的《補宋書藝文志》，陳
述的《補南齊書藝文志》，清王仁俊的《補梁書藝文志》，李正奮
的《補魏書藝文志》、《隋代藝文志》，清顧懷三的《補五代史藝文
志》，清汪之昌的《補南唐藝文志》，清王仁俊的《西夏藝文志》，
黃任恒的《補遼史藝文志》，孫德謙的《金史藝文略》，清錢大昕
的《元史藝文志》，等等。第四，宋代國史藝文志的輯本及明、清
兩代的國史藝文、經籍志，如趙士煒的《宋國史藝文志輯本》、
《中興國史藝文志輯本》，明焦竑的《國史經籍志》，清譚宗浚的
《大清國史藝文志》等。

　　以上四部分，收書下限至 1949 年，共計 84 部，每一部都擇取精善完備的版本做底本，進行標點、校勘，儘量作深層次的整理，爲學界提供準確、便捷的讀本，大致根據時代和篇幅分爲 27 卷30 餘册，最後統編全書的書名、著者綜合索引。

　　由於史志目録作用重大，二百年來，學界對於史志目録的匯編工作一直十分重視，到目前爲止，有多種成果問世。清嘉、道間，侯康以隋前古書多亡佚，著書者多湮没不彰，欲補撰《後漢書》、《三國志》、《晋書》、《宋書》、《齊書》、《梁書》、《陳書》、《魏書》、《北齊書》、《周書》十書藝文志而自注之，但僅成後漢、三國兩種，賫志而没。日本文政八年（1825 年，當清道光五年），日本學者編刻《八史經籍志》，清光緒八、九年間鎮海張壽榮據以校勘重榜，是史志目録的第一次彙編之作，共收書十部。梁子涵《中國歷代書目總録》著録清陳善《歷代史志書目輯録》九十三卷，南開大學木齋圖書館藏天津延古堂李氏舊藏同治八年抄本，其書今不見，亦屬史志目録較早的匯輯之作。清光緒間刊《廣雅書局叢書》，收録史志目録補撰之作五部。清季目録學家姚振宗畢生致力於史志目録研究，於光緒年間撰成史志目録考證與補撰之作五部，連同《七略》、《别録》輯本，輯集爲《快閣師石山房叢書》，上世紀 20 年代由浙江省圖書館鉛印出版。民國二十三年，楊家駱編印《歷代經籍志》，收録史志目録 17 種。民國二十五年至二十六年，上海開明書店年排印《二十五史補編》，1955 年中華書局據以影印，其中收録史志目録 31 種。民國二十五年上海大光書局鉛印《中國歷代藝文志》（又名《中國歷代圖書大辭典》），收録史志目録 10 種。從 1955 年至1959 年，商務印書館陸續出版《十史藝文經籍志》，排印自漢至明史志目録 25 種。臺灣高明在臺灣師範大學創辦國文研究所，令弟子李雲光撰《補梁書藝文志》，楊壽彭撰《補陳書藝文志》，賴炎元撰《補魏書藝文志》，蒙傳銘撰《補北齊書藝文志》，王忠林撰《補北周書藝文志》，1957 年 6 月匯印爲《臺灣師範大學國文研究所集刊》創刊號。1996 年書目文獻出版社影印《二十四史訂補》，收錄史志目錄 4 種。2009 年，國家圖書館出版社影印出版《歷代史志書目叢刊》，收錄史志目錄 73 種。《十史藝文經籍志》首次采用舊式標點整理，《歷代史志書目叢刊》給予有史以來最大數量的影印，《萃編》則不僅收書數量後來居上，而且施以新式標點，又注重校勘，可以稱得上是史志目錄迄今爲止最大規模的匯輯和整理。

　　來新夏先生在《古典目錄學》一書中指出："如果我們把正史藝文志和經籍志，加上各種補志，再加上《清史稿·藝文志》，進行整理匯編，那就構成了我國自古以來一部比較完整而正規的圖書總目了。由於各時代的國家目錄多已亡佚，因而這一套較爲完整的史志目錄便成爲瞭解歷代著述、藏書情況的重要依據。"喬好勤先生在《中國目錄學史》中也指出："如果把原有的正史藝文志和後來的補撰連貫起來，就成了從上古到清初的中國古籍的總目。"隨着杜澤遜先生《清人著述總目》的殺青，《萃編》與《總目》的組合，完全可以造就出先秦至清代三千年的圖書總目，中國古代到底有多少典籍的疑問終於可以給出一個比較準確的回答，對一個民族和國家來說，建立起自古以來的圖書文獻信息庫，就等於摸清了學術文化的家底，意義之大，自不待言。

　　1917 年張爾田爲孫德謙的《漢書藝文志舉例》作序，比較史志目錄與官修目錄、私家目錄的不同，認爲"三者惟史家目錄其體最尊"，之所以最尊，是因爲"所重在學術"之故，道出了史志目錄的根本作用。儘管史志目錄是以官修目錄爲藍本，間亦參考私家書目而修撰，但史志目錄對官修書目不是照抄照搬，而是給予符合史體的改造，《漢書·藝文志》之於《七略》，《隋書·經籍志》之於《隋大業正御書目録》和《七録》，《舊唐書·經籍志》之於《古今書録》，《新唐書·藝文志》之於《開元四庫書目》和《崇文總目》，莫不如此。史體尚簡，不能保留原始的提要，故重在體現學術源流而已。何況官修目録大多亡佚，惟賴史志目録存其梗概，史志目録對於學術的保存之功，尤值得大書特書。至於補志，以著録所補朝代著述爲要務，更是直接反映和體現了所補朝代的學術研究狀況。我們只要看一下《漢書·藝文志》的六藝略，就會發現先秦至西漢史學著述的稀少，看一下《隋書·經籍志》的史部，就會感歎後漢以降史學著述的繁盛；只要比對一下《漢書·藝文志》的諸子略和《隋書·經籍志》的子部，就會感受到先秦諸子之學由漢前的極盛到魏晋以後的急劇衰落；比對一下《漢書·藝文志》的詩賦略和《隋書·經籍志》的集部，就能感覺到魏晋以下文學觀念的轉變和別集、總集編纂的高潮；只要看一下姚振宗的《後漢藝文志》，就會發現東漢真不愧是經學的極盛時代；看一下《新唐書·藝文志》和《宋史·藝文志》，就會發現唐宋時期地理學的繁盛和道家、道教受重視的程度；看一下張繼才的《補元史藝文志》，就會發現元代《孟子》地位的進一步提高和《四書》研究的昌盛，以及元代雜劇創作的繁榮。《萃編》表現出的史志目録的完整性和系統性，決定了它可以作爲認識和判斷中國學術的一般性指南。

　　“萃編”是“匯編”的意思，不是“精華編”的意思。也就是説，《萃編》儘量努力做到不遺漏。我們在編纂過程中，全力搜求，推出了一些首次面世的史志目録或版本，如清王仁俊的稿本《補宋書藝文志》和《補梁書藝文志》，李正奮的稿本《補魏書藝文志》、《隋代藝文志》、《隋代藝文志輯證》，佚名（疑常麟書）的《漢隋二志存書述略》，孫德謙的殘稿本《金史藝文略》和初稿本《金史藝文略》，清鄭文焯的稿本《金史補藝文志》，吳騫的《四朝經籍志補》清抄本，張繼才的《補元史藝文志》抄本，等等。對於有些史志目錄的不幸亡佚，我們則深感遺憾。遠者如晉謝沈、袁山松的《後漢書》皆有藝文志，因爲早已亡佚，姑且不論外，清人、近人的史志著述也有不少查無下落。梁啓超在《圖書大辭典簿錄之部》中提到的清李賡芸《漢書藝文志考誤》一卷、厲鶚《補後漢藝文志》、洪飴孫《補後漢書藝文志》一卷、潘令華《隋代經籍志現存書目》一卷、清朱文藻《宋史藝文志》、清尤侗《明藝文志》五卷，等等，梁氏當日或得寓目或不曾寓目，今日皆無從搜尋；劉紀澤在《目錄學概論》中提到的李笠《漢書藝文志彙注箋評》、勞頴《補後漢書藝文志》、褚德懿《補梁書經籍志》、楊守敬《隋書經籍志補證》、王榮蘭《宋史藝文志補遺》、徐鼒《明史藝文志補遺》等，范希曾在《書目答問補正》中提到的杭世駿《補歷代藝文志》、湯洽《補梁書藝文志》和《補陳書藝文志》、汪士鐸《南北史補志》、柳逢良《隋書經籍志考證》等，臺灣梁子涵在《中國歷代書目總錄》中著錄的段淩辰《漢書藝文志彙注箋釋》、饒懿《新莽藝文志》、清王仁俊《隋書經籍志補校》、羅振玉《新唐書藝文志考證》等，如今皆下落不明。其他散見於文獻記載者，還有瞿潤緡《漢書藝文志疏證》、傅雲龍《補晉書藝文志》、清洪飴孫《隋書經籍志考證》、清金門詔《明史經籍志》等，皆無從找尋。我們不禁驚詫於史志目錄散亡的嚴重，期待着在古籍普查的深入展開中，這些史志目錄還能夠重見天日，屆時我們將續加匯輯，連同 1949 年之後問世的史志目錄考補之作，如張舜徽《漢書藝文志通釋》、陳樂素《宋史藝文志考證》、劉兆祐《宋史藝文志史部佚籍考》、蔣孝瑀《明史藝文志史部補》、《臺灣師範大學國文研究所集刊》創刊號所收 5 種，等等，做成《萃編》的續編。

　　面對數量龐大的史志目録，如何開發這一學術寶藏，是我們應該思考的問題，因爲這與學術文化的傳承創新息息相關。令人欣慰的是，海内外學者業已留意於此。民國二十一年，洪業在燕京大學編纂《藝文志二十種綜合引得》，爲藝文志所載典籍的查尋和使用提供了便利。1994 年人民衛生出版社出版李茂如、胡天福、李若鈞編著《歷代史志書目著録醫籍匯考》，書中匯采歷代史志、公私書目及諸家文集、札記、論説等文獻 180 餘種，分爲史志篇、書目篇、廣録篇三部分，史志篇涉及《漢書藝文志》至地方文獻書目 48 種，每種撰有提要，並輯録每種書目有關醫學著述的著録原文。2009 年上海交通大學出版社出版李勇先主編《中國歷史地理文獻輯刊》第六編《目録類地理文獻集成》，其《書目之屬·正史藝文及補續考卷》，收録史志目録 28 種，每種書目選擇某一版本作依據，影印地理類著録的原始文獻。1984 年臺灣“國立中央圖書館”編印《中國歷代藝文總志》經部，1986 年編印集部，1989 年編印子部，著録歷代前賢著述，其範圍以見於史志及補志者爲主，自《漢書·藝文志》至彭國棟《重修清史藝文志》，共采擇史志目録 30 家，另外采録《四庫全書總目》、《販書偶記》等數種，將每種書目著録的子目分類編排，每子目下先注書目根據，次注本書流傳情況，次注對於前代著録的補充或説明，第一次將 30 種史志目録融爲一體，爲編纂中國古代圖書總目做出了一次有益的嘗試。

　　《二十五史藝文經籍志考補萃編》於 2005 年 12 月立爲全國高校古籍整理工作委員會項目，後被列入國家古籍整理出版“十一五”重點規劃，2012 年獲得山東大學出版資助，2013 年獲得山東大學儒學高等研究院資助。在編纂和出版過程中，國家圖書館、上海圖書館、湖北省圖書館、北京大學圖書館和山東大學圖書館大力支持，前輩學者王紹曾、董治安兩位先生精心指導，山東大學樊麗明、方輝、王學典、巴金文、鄭傑文、周廣璜、張榮林等先生關心鼓勵，清華大學出版社特別是責任編輯馬慶洲先生通力合作，山東大學古典文獻研究所 2003 級至 2010 級碩士、博士研究生鼎力相助，對此，我們表示由衷的感謝。由於見聞和水平所限，收書或有遺漏，體例或有不當，標點校勘或有失誤，懇請讀者批評指正。

王承略　劉心明

2013 年 4 月於山東大學

整理説明

一、《二十五史藝文經籍志考補萃編》收録二十五史中的藝文志或經籍志及其在宋代至民國間的考證、注釋與補遺之作，收録清代至民國間補撰的各朝藝文志或經籍志，收録宋、明、清三朝的國史藝文志或經籍志，共計 83 種，附録 1 種。1949 年以後的補史志目録及舊志的考證、補遺之作，不在收録之列。專史藝文志，如《文獻通考·經籍考》、《通志·藝文略》，不在收録之列。

二、收録的 84 種書目，先根據朝代排列順序，同一朝代下根據作者生卒年排列，間亦爲了新排印本分卷的篇幅均衡，稍事調整。

三、每一種書目都選取較好的版本作底本和校本，進行標點、校勘。所用底本、校本，標識在每種書目整理本的扉頁。整理後的書目繁體横排，底本的雙行小字改爲單行小字。

四、如果底本文理可通，縱然文字與校本不同，也不出校記。只有當底本有明顯訛誤、需要改字時，才予出校。需要出校之處，用圈碼表示，即①②③④等，置於表示停頓的標點之下。校記放在當頁之末。校改之字和原本之字，皆加雙引號。

五、原書標目，有的先書名後作者，有的先作者後書名，一律在作者與書名之間空一格。將二者區分開的目的，一是眉目清晰，二是避免誤讀。

六、底本著録的條目連續排列不换行者，整理時區分條目。同一作者的不同著作之間空格接排，不同作者的著作另行起段。

七、凡原書以作者、書名標目，書名後加“又”字表示還有另
外著作，“又”字與其前後文之間各空一格。

八、原書目爲考據體，整理本首先考慮儘量保持底本格式，
但爲了醒目和方便閲讀，間亦有所更改。

九、底本的異體字，在不需要造字的情況下予以保留，不做
統一處理。底本的避諱字，能確定者儘量回改。

目　　録

漢藝文志考證校補

漢書藝文志

〔漢〕班固 撰

〔唐〕顏師古 注

張祖偉 整理

底本:1958 年上海商務印書館縮印《百衲本二十四史》影印北宋刻宋元遞修、以明正統本配補《漢書》本

校本:1983 年中華書局影印清光緒二十六年盧受堂刻《漢書補注》本

1986 年上海古籍出版社、上海書店影印清乾隆四年武英殿刻《漢書》本

序

　　昔仲尼沒而微言絕，李奇曰：“隱微不顯之言也。”師古曰：“精微要妙之言耳。”七十子喪而大義乖。師古曰：“七十子，謂弟子達者七十二人。舉其成數，故言七十。”故《春秋》分爲五，韋昭曰：“謂左氏、公羊、穀梁、鄒氏、夾氏也。”《詩》分爲四，韋昭曰：“謂毛氏、齊、魯、韓。”《易》有數家之傳。戰國從衡，真僞分爭，師古曰：“從，音子容反。”諸子之言紛然殽亂。師古曰：“殽，雜也。”至秦患之，乃燔滅文章，以愚黔首。師古曰：“燔，燒也。秦謂人爲黔首，言其頭黑也。燔，音扶元反。黔，音其炎反，又音琴。”漢興，改秦之敗，大收篇籍，廣開獻書之路。迄孝武世，書缺簡脫，禮壞樂崩，師古曰：“編絕散落，故簡脫。脫，音吐活反。”聖上喟然而稱曰：師古曰：“喟，嘆息貌也，音丘位反。”“朕甚閔焉！”於是建藏書之策，如淳曰：“劉歆《七略》曰：‘外則有太常、太史、博士之藏，內則有延閣、廣內、祕室之府。’”置寫書之官，下及諸子傳說，皆充祕府。至成帝時，以書頗散亡，使謁者陳農求遺書於天下。詔光祿大夫劉向校經傳、諸子、詩賦，步兵校尉任宏校兵書，太史令尹咸校數術，師古曰：“占卜之書。”侍醫李柱國校方技。師古曰：“醫藥之書也。”每一書已，師古曰：“已，畢也。”向輒條其篇目，撮其指意，錄而奏之。師古曰：“撮，總取也，音千括反。”會向卒，哀帝復使向子侍中奉車都尉歆卒父業。師古曰：“卒，終也。”歆於是總羣書而奏其《七略》，故有《輯略》，師古曰：“輯與集同，謂諸書之總要。”有《六藝略》，師古曰：“六藝，六經也。”有《諸子略》，有《詩賦略》，有《兵書略》，有《術數略》，有《方技略》，今刪其要，以備篇籍。師古曰：“刪去浮冗，取其指要也。其每略所條家及篇數，有與總凡不同者。轉寫脫誤，年代久遠，無以詳知。”

六藝略

易經十二篇，施、孟、梁丘三家　師古曰："上、下經及十翼，故十二篇。"

易傳周氏二篇　字王孫也。

服氏二篇　師古曰："劉向《別録》云：'服氏，齊人，號服光。'"

楊氏二篇　名何，字叔元，菑川人。

蔡公二篇　衞人，事周王孫。

韓氏二篇　名嬰。

王氏二篇　名同。

丁氏八篇　名寬，字元襄，梁人也。

古五子十八篇　自甲子至壬子，說《易》陰陽。

淮南道訓二篇　淮南王安聘明《易》者九人，號九師說。

古雜八十篇　雜災異三十五篇　神輸五篇　圖一　師古曰："劉向《別録》云：'神輸者，王道失則災害生，得則四海輸之祥瑞。'"

孟氏京房十一篇　災異孟氏京房六十六篇　五鹿充宗略說三篇　京氏段嘉十二篇　蘇林曰："東海人，爲博士。"晉灼曰："《儒林》不見。"師古曰："蘇說是也。嘉即京房所從受《易》者也。見《儒林傳》及劉向《別録》。"

章句，施、孟、梁丘氏各二篇

凡易十三家，二百九十四篇。

　　《易》曰："宓戲氏仰觀象於天，俯觀法於地，觀鳥獸之文與地之宜，近取諸身，遠取諸物，於是始作八卦，以通神明之德，以類萬物之情。"師古曰："《下繫》之辭也。鳥獸之文，謂其迹在地者。宓讀與伏同。"至于殷、周之際，紂在上位，逆天暴物，文王以諸侯順命而行道，天人之占可得而效，於是重《易》六爻，作上下篇。孔氏爲之《彖》、《象》、《繫辭》、《文言》、《序卦》之屬十篇。故曰《易》道深矣，人更三聖，韋昭曰：“伏羲、文王、孔子。”師古曰：“更，經也，音工衡反。”世歷三古。孟康曰：“《易·繫辭》曰：‘《易》之興，其於中古乎？’然則伏羲爲上古，文王爲中古，孔子爲下古。”及秦燔書，而《易》爲筮卜之事，傳者不絕。漢興，田何傳之。訖于宣、元，有施、孟、梁丘、京氏列於學官，而民間有費、高二家之說。師古曰：“費，音扶未反。”劉向以中《古文易經》校施、孟、梁丘經，師古曰：“中者，天子之書也，言中以別於外耳。”或脫去“無咎”、“悔亡”，唯費氏經與古文同。

尚書古文經四十六卷　爲五十七篇。師古曰：“孔安國《書·序》云：‘凡五十九篇，爲四十六卷。承詔作傳，引序各冠其篇首，定五十八篇。’鄭玄《敘贊》云：‘後又亡其一篇，故五十七。’”

經二十九卷　大、小夏侯二家。歐陽經三十二卷。師古曰：“此二十九卷，伏生傳授者。”

傳四十一篇

歐陽章句三十一卷

大、小夏侯章句各二十九卷

大、小夏侯解故二十九篇

歐陽說義二篇

劉向五行傳記十一卷

許商五行傳記一篇

周書七十一篇　周史記。師古曰：“劉向云：‘周時誥誓號令也，蓋孔子所論百篇之餘也。’今之存者四十五篇矣。”

議奏四十二篇　宣帝時石渠論。韋昭曰：“閣名也，於此論書。”

凡書九家，四百一十二篇。　入劉向《稽疑》一篇。師古曰：“此凡言入者，謂《七略》之外班氏新入之也。其云出者與此同。”

《易》曰：“河出圖，雒出書，聖人則之。”師古曰：“《上繫》之辭也。”故《書》之所起遠矣，至孔子纂焉，孟康曰：“纂音撰。”上斷於堯，下訖于秦，凡百篇，而爲之序，言其作意。秦燔書禁學，濟南伏生獨壁藏之。漢興，亡失，求得二十九篇，以教齊魯之間。
訖孝宣世，有歐陽、大小夏侯氏立於學官。《古文尚書》者，出
孔子壁中。師古曰："《家語》云孔騰字子襄，畏秦法峻急，藏《尚書》、《孝經》、《論
語》於夫子舊堂壁中，而《漢記·尹敏傳》云孔鮒所藏。二說不同，未知孰是。"武帝
末，魯共王壞孔子宅，欲以廣其宮，而得《古文尚書》及《禮
記》、《論語》、《孝經》凡數十篇，皆古字也。共王往入其宅，聞
鼓琴瑟鐘磬之音，於是懼，乃止不壞。孔安國者，孔子後也，
悉得其書，以考二十九篇，得多十六篇。師古曰："壁中書多，以考見
行世二十九篇之外，更得十六篇。"安國獻之。遭巫蠱事，未列於學官。
劉向以中古文校歐陽、大小夏侯三家經文，《酒誥》脫簡一，
《召誥》脫簡二。師古曰："召讀曰邵。"率簡二十五字者，脫亦二十五
字，簡二十二字者，脫亦二十二字，文字異者七百有餘，脫字
數十。《書》者，古之號令，號令於眾，其言不立具，則聽受施
行者弗曉。古文讀應爾雅，故解古今語而可知也。

詩經二十八卷，魯、齊、韓三家　應劭曰："申公作《魯詩》，后蒼作《齊詩》，韓
嬰作《韓詩》。"

魯故二十五卷　師古曰："故者，通其指義也。它皆類此。今流俗《毛詩》改故訓
傳爲詁字，失真耳。"

魯說二十八卷

齊后氏故二十卷

齊孫氏故二十七卷

齊后氏傳三十九卷

齊孫氏傳二十八卷

齊雜記十八卷

韓故三十六卷

韓內傳四卷

韓外傳六卷

韓説四十一卷

毛詩二十九卷

毛詩故訓傳三十卷

凡詩六家，四百一十六卷。

《書》曰：“詩言志，歌詠言。”師古曰：“《虞書·舜典》之辭也。在心爲志，發言爲詩。詠者，永也。永，長也。歌所以長言之。”故哀樂之心感，而歌詠之聲發。誦其言謂之詩，詠其聲謂之歌。故古有采詩之官，王者所以觀風俗，知得失，自考正也。孔子純取周詩，上采殷，下取魯，凡三百五篇。遭秦而全者，以其諷誦，不獨在竹帛故也。漢興，魯申公爲《詩》訓故，而齊轅固、燕韓生皆爲之傳。或取《春秋》，采雜説，咸非其本義。與不得已，魯最爲近之。師古曰：“與不得已者，言皆不得也。三家皆不得其真，而魯最近之。”三家皆列於學官。又有毛公之學，自謂之夏所傳，而河間獻王好之，未得立。

禮古經五十六卷，經七十篇① 后氏、戴氏。

記百三十一篇 七十子後學者所記也。

明堂陰陽三十三篇 古明堂之遺事。

王史氏二十一篇 七十子後學者。師古曰：“劉向《别録》云六國時人也。”

曲臺后倉九篇 如淳曰：“行禮射於曲臺，后倉爲記，故名曰《曲臺記》。《漢官》曰大射于曲臺。”晉灼曰：“天子射官也。西京無太學，於此行禮也。”

中庸説二篇 師古曰：“今《禮記》有《中庸》一篇，亦非本禮經，蓋此之流。”

明堂陰陽説五篇

周官經六篇 王莽時，劉歆置博士。師古曰：“即今之《周官禮》也，亡其《冬官》，以

① “七十”，武英殿本（以下簡稱殿本）同，王先謙《漢書補注》（以下簡稱王本）考證當作“十七”，中華書局標點本（以下簡稱中華本）改作“十七”。

《考工記》充之。"

周官傳四篇

軍禮司馬法百五十五篇

古封禪羣祀二十二篇

封禪議對十九篇　武帝時也。

漢封禪羣祀三十六篇

議奏三十八篇　石渠。

凡禮十三家，五百五十五篇。　入《司馬法》一家，百五十五篇。

《易》曰："有夫婦父子君臣上下，禮義有所錯。"師古曰："《序卦》之辭也。錯，置也，音千故反。"而帝王質文，世有損益，至周，曲爲之防，事爲之制，師古曰："委曲防閑，每事爲制也。"故曰："禮經三百，威儀三千。"韋昭曰："《周禮》三百六十官也。三百，舉成數也。"臣瓚曰："禮經三百，謂冠、婚、吉、凶。《周禮》三百，是官名也。"師古曰："禮經三百，韋說是也。威儀三千乃謂冠、婚、吉、凶，蓋《儀禮》是也。"及周之衰，諸侯將踰法度，惡其害己，皆滅去其籍，自孔子時而不具，至秦大壞。漢興，魯高堂生傳《士禮》十七篇。訖孝宣世，后倉最明。戴德、戴聖、慶普皆其弟子，三家立於學官。《禮古經》者，出於魯淹中蘇林曰："里名也。"及孔氏，學七十篇文相似，[①]多三十九篇。及《明堂陰陽》、《王史氏記》所見，多天子諸侯卿大夫之制，雖不能備，猶瘉倉等推《士禮》而致於天子之説。師古曰："瘉與愈同。愈，勝也。"

樂記二十三篇

王禹記二十四篇

雅歌詩四篇

雅琴趙氏七篇　名定，勃海人。宣帝時，丞相魏相所奏。

---

①　"學七十"，殿本同，王本考證當作"與十七"，中華本改作"與十七"。

雅琴師氏八篇 名中，東海人，傳言師曠後。

雅琴龍氏九十九篇 名德，梁人。師古曰："劉向《別錄》云亦魏相所奏也。與趙
定俱召見待詔，後拜爲侍郎。"

凡樂六家，百六十五篇。 出淮南劉向等《琴頌》七篇。

  《易》曰："先王作樂崇德，殷薦之上帝，以享祖考。"師古曰：
"《豫卦》象辭也。殷，盛也。"故自黃帝下至三代，樂各有名。孔子曰：
"安上治民，莫善於禮；移風易俗，莫善於樂。"師古曰："《孝經》載孔
子之言。"二者相與並行。周衰俱壞，樂尤微眇，以音律爲節，師古
曰："眇，細也。言其道精微，節在音律，不可具於書。眇亦讀言妙。"又爲鄭、衞
所亂，故無遺法。漢興，制氏以雅樂聲律，世在樂官，頗能紀
其鏗鏘鼓舞，而不能言其義。師古曰："鏗，音初衡反。"六國之君，魏
文侯最爲好古，孝文時得其樂人竇公，師古曰："桓譚《新論》云竇公年
百八十歲，兩目皆盲，文帝奇之，問曰：'何因至此？'對曰：'臣年十三失明，父母哀其
不及衆技，教鼓琴。臣導引，無所服餌。'"獻其書，乃《周官·大宗伯》之
《大司樂》章也。武帝時，河間獻王好儒，與毛生等共采《周
官》及諸子言樂事者，以作《樂記》，獻八佾之舞，與制氏不相
遠。其內史丞王定傳之，以授常山王禹。禹，成帝時爲謁者，
數言其義，師古曰："數，音所角反。"獻二十四卷記。劉向校書，得
《樂記》二十三篇，與禹不同，其道寖以益微。師古曰："寖，漸也。"

春秋古經十二篇　經十一卷 公羊、穀梁二家。

左氏傳三十卷 左丘明，魯太史。

公羊傳十一卷 公羊子，齊人。師古曰："名高。"

穀梁傳十一卷 穀梁子，魯人。師古曰："名喜。"

鄒氏傳十一卷

夾氏傳十一卷 有録無書。師古曰："夾音頰。"

左氏微二篇 師古曰："微謂釋其微指。"

鐸氏微三篇　　楚太傅鐸椒也。

張氏微十篇

虞氏微傳二篇　　趙相虞卿。

公羊外傳五十篇

穀梁外傳二十篇

公羊章句三十八篇

穀梁章句三十三篇

公羊雜記八十三篇

公羊顏氏記十一篇

公羊董仲舒治獄十六篇

議奏三十九篇　　石渠論。

國語二十一篇　　左丘明著。

新國語五十四篇　　劉向分《國語》。

世本十五篇　　古史官記黃帝以來訖春秋時諸侯大夫。①

戰國策三十三篇　　記春秋後。

奏事二十篇　　秦時大臣奏事及刻石名山文也。

楚漢春秋九篇　　陸賈所記。

太史公百三十篇　　十篇有録無書。

馮商所續太史公七篇　　韋昭曰：“馮商受詔續《太史公》十餘篇，②在班彪《別録》。商字子高。”師古曰：“《七略》云商陽陵人，治《易》，事五鹿充宗，後事劉向，能屬文，後與孟柳俱待詔，頗序列傳，未卒，病死。”

太古以來年紀二篇

漢著記百九十卷　　師古曰：“若今之起居注。”

漢大年紀五篇

凡春秋二十三家，九百四十八篇。　　省《太史公》四篇。

―――――

①　“訖”，原誤作“記”，據王本、殿本改。
②　“詔續”原脱，據王本、殿本補。

　　古之王者，世有史官，君舉必書，所以慎言行，昭法式也。左史記言，右史記事，事爲《春秋》，言爲《尚書》，帝王靡不同之。周室既微，載籍殘缺，仲尼思存前聖之業，乃稱曰："夏禮吾能言之，杞不足徵也；殷禮吾能言之，宋不足徵也。文獻不足故也，足，則吾能徵之矣。"師古曰："《論語》載孔子之言也。徵，成也。獻，賢也。孔子自謂能言夏、殷之禮，而杞、宋之君文章賢材不足以成之，故我不得成此禮也。"以魯周公之國，禮文備物，史官有法，故與左丘明觀其史記，據行事，仍人道，師古曰："仍亦因也。"因興以立功，就敗以成罰，假日月以定曆數，藉朝聘以正禮樂。有所褒諱貶損，不可書見，口授弟子，弟子退而異言。師古曰："謂人執所見，各不同也。"丘明恐弟子各安其意，以失其真，故論本事而作傳，明夫子不以空言説經也。《春秋》所貶損大人當世君臣，有威權埶力，其事實皆形於傳，是以隱其書而不宣，所以免時難也。及末世口説流行，故有《公羊》、《穀梁》、《鄒》、《夾》之傳。四家之中，《公羊》、《穀梁》立於學官，鄒氏無師，夾氏未有書。

論語古二十一篇　出孔子壁中，兩《子張》。如淳曰："分《堯曰》篇後子張問'何如可以從政'已下爲篇，名曰《從政》。"

齊二十二篇　多《問王》、《知道》。如淳曰："《問王》、《知道》，皆篇名也。"

魯二十篇，傳十九篇　師古曰："解釋《論語》意者。"

齊説二十九篇

魯夏侯説二十一篇

魯安昌侯説二十一篇　師古曰："張禹也。"

魯王駿説二十篇　師古曰："王吉子。"

燕傳説三卷

議奏十八篇　石渠論。

孔子家語二十七卷　師古曰："非今所有《家語》。"

孔子三朝七篇　師古曰："今《大戴禮》有其一篇，蓋孔子對魯哀公語也。三朝見公，故曰三朝。"

孔子徒人圖法二卷

凡論語十二家，二百二十九篇。

《論語》者，孔子應荅弟子、時人及弟子相與言而接聞於夫子之語也。當時弟子各有所記。夫子既卒，門人相與輯而論篹，故謂之《論語》。師古曰："輯與集同，篹與撰同。"漢興，有齊、魯之說。傳《齊論》者，昌邑中尉王吉、少府宋畸、師古曰："畸，音居宜反。"御史大夫貢禹、尙書令五鹿充宗、膠東庸生，唯王陽名家。

師古曰："王吉字子陽，故謂之王陽。"傳《魯論語》者，常山都尉龔奮、長信少府夏侯勝、丞相韋賢、魯扶卿、前將軍蕭望之、安昌侯張禹，皆名家。張氏最後而行於世。

孝經古孔氏一篇　二十二章。師古曰："劉向云古文字也。《庶人章》分爲二也，《曾子敢問章》爲三，又多一章，凡二十二章。"

孝經一篇　十八章。長孫氏、江氏、后氏、翼氏四家。

長孫氏說二篇①

江氏說一篇

翼氏說一篇

后氏說一篇

雜傳四篇

安昌侯說一篇

五經雜議十八篇　石渠論。

爾雅三卷二十篇　張晏曰："爾，近也。雅，正也。"

小爾雅一篇

---

①　"長"，原缺，據王本、殿本補。

古今字一卷

弟子職一篇　應劭曰："管仲所作，在《管子》書。"

說三篇

凡孝經十一家，五十九篇。

　　《孝經》者，孔子爲曾子陳孝道也。夫孝，天之經，地之義，民之行也，舉大者言，故曰《孝經》。漢興，長孫氏、博士江翁、少府后倉、諫大夫翼奉、安昌侯張禹傳之，各自名家。經文皆同，唯孔氏壁中古文爲異。"父母生之，續莫大焉"，"故親生之膝下"，諸家說不安處，古文字讀皆異。臣瓚曰："《孝經》云'續莫大焉'，而諸家之說各不安處之也。"師古曰："桓譚《新論》云《古孝經》千八百七十二字，今異者四百餘字。"

史籀十五篇　周宣王太史作大篆十五篇，建武時亡六篇矣。師古曰："籀音胄。"

八體六技　韋昭曰："八體，一曰大篆、二曰小篆、三曰刻符、四曰蟲書、五曰摹印、六曰署書、七曰殳書、八曰隸書。"

蒼頡一篇　上七章，秦丞相李斯作；《爰歷》六章，車府令趙高作；《博學》七章，太史令胡母敬作。

凡將一篇　司馬相如作。

急就一篇　元帝時，黃門令史游作。

元尚一篇　成帝時，將作大匠李長作。

訓纂一篇　揚雄作。

別字十三篇

蒼頡傳一篇

揚雄　蒼頡訓纂一篇

杜林　蒼頡訓纂一篇

杜林　蒼頡故一篇

凡小學十家，三十五篇。　入揚雄、杜林二家二篇。

　　《易》曰："上古結繩以治，後世聖人易之以書契，百官以治，萬民以察，蓋取諸《夬》。”師古曰：“《下繫》之辭。”“夬，揚于王庭”，師古曰：“《夬卦》之辭。”言其宣揚于王者朝廷，其用最大也。古者八歲入小學，故《周官》保氏掌養國子，教之六書，師古曰：“保氏，地官之屬也。保，安也。”謂象形、象事、象意、象聲、轉注、假借，造字之本也。師古曰：“象形，謂畫成其物，隨體詰屈，日、月是也。象事，即指事也，謂視而可識，察而見意，上、下是也。象意，即會意也，謂比類合誼，以見指撝，武、信是也。象聲，即形聲，謂以事爲名，取譬相成，江、河是也。轉注，謂建類一首，同意相受，考、老是也。假借，謂本無其字，依聲託事，令、長是也。文字之義，總歸六書，故曰立字之本焉。”漢興，蕭何草律，師古曰：“草，創造之。”亦著其法，曰：“太史試學童，能諷書九千字以上，乃得爲史。又以六體試之，課最者以爲尚書御史史書令史。韋昭曰：“若今尚書蘭臺令史也。”臣瓚曰：“史書，今之太史書。”吏民上書，字或不正，輒舉劾。”六體者，古文、奇字、篆書、隸書、繆篆、蟲書，師古曰：“古文，謂孔子壁中書。奇字，即古文而異者也。篆書，謂小篆，蓋秦始皇使程邈所作也。隸書亦程邈所獻，主於徒隸，從簡易也。繆篆，謂其文屈曲纏繞，所以摹印章也。蟲書，謂爲蟲鳥之形，所以書幡信也。”皆所以通知古今文字，摹印章，書幡信也。古制，書必同文，不知則闕，問諸故老，至於衰世，是非無正，人用其私。師古曰：“各任私意而爲字。”故孔子曰：“吾猶及史之闕文也，今亡矣夫！”師古曰：“《論語》載孔子之言，謂文字有疑，則當闕而不說。孔子自言，我初涉學，尚見闕文，今則皆無，任意改作也。”蓋傷其寖不正。師古曰：“寖，漸也。”《史籀篇》者，周時史官教學童書也，與孔氏壁中古文異體。《蒼頡》七章者，秦丞相李斯所作也；《爰歷》六章者，車府令趙高所作也；《博學》七章者，太史令胡母敬所作也：文字多取《史籀篇》，而篆體復頗異，所謂秦篆者也。是時始造隸書矣，起於官獄多事，苟趨省易，師古曰：“趨讀曰趣，謂趣向之也。易，音弋豉反。”施之於徒隸也。漢興，閭里書師合《蒼頡》、《爰歷》、《博學》三篇，斷六十字以爲一章，凡五十五章，并爲《蒼頡篇》。師古曰：“并，合也。總合以爲《蒼頡篇》也。”武帝時司馬相如作《凡將篇》，無

復字。師古曰："復，重也，音扶目反。後皆類此。"元帝時黃門令史游作
《急就篇》，成帝時將作大匠李長作《元尚篇》，皆《蒼頡》中正
字也。《凡將》則頗有出矣。至元始中，徵天下通小學者以百
數，各令記字於庭中。揚雄取其有用者以作《訓纂篇》，順續
《蒼頡》，又易《蒼頡》中重復之字，凡八十九章。臣復續揚雄
作十三章，韋昭曰："臣，班固自謂也。作十三章，後人不別，疑在《蒼頡》下篇三
十四章中。"①凡一百二章，無復字。六藝羣書所載略備矣。《蒼
頡》多古字，俗師失其讀，宣帝時徵齊人能正讀者，張敞從受
之，傳至外孫之子杜林，爲作訓故，并列焉。

凡六藝一百三家，三千一百二十三篇。　入三家百五十九篇，出
重十一篇。

　　六藝之文，《樂》以和神，仁之表也；《詩》以正言，義之用
也；《禮》以明體，明者著見，故無訓也；《書》以廣聽，知之術
也；《春秋》以斷事，信之符也。五者，蓋五常之道，相須而備，
而《易》爲之原。故曰"《易》不可見，則乾坤或幾乎息矣"，蘇林
曰："不能見《易》意，則乾坤近於滅息也。"師古曰："此《上繫》之辭也。幾，近也，音鉅
依反。"言與天地爲終始也。至於五學，世有變改，猶五行之更
用事焉。師古曰："更，互也，音工衡反。"古之學者耕且養，三年而通一
藝，存其大體，玩經文而已，是故用日少而畜德多，師古曰："畜讀
曰蓄。蓄，聚也。《易‧大畜卦》象辭曰：'君子以多識前言往行，以畜其德。'"三十
而五經立也。後世經傳既已乖離，博學者又不思多聞闕疑之
義，師古曰："《論語》稱孔子曰'多聞闕疑，慎言其餘，則寡尤'。言爲學之道，務在多
聞，疑則闕之，慎於言語，則少過也，故《志》引之。"而務碎義逃難，便辭巧
說，破壞形體，師古曰："苟爲僻碎之義，以避它人之攻難者，故爲便辭巧說，以

---

① "篇"，原誤作"章"，據王本、殿本改。

析破文字之形體也。"說五字之文，至於二三萬言。師古曰："言其煩妄也。桓譚《新論》云秦近君能說《堯典》，①篇目兩字之說至十餘萬言，但說'曰若稽古'三萬言。"後進彌以馳逐，故幼童而守一藝，白首而後能言；安其所習，毀所不見，師古曰："己所常習則保安之，未嘗所見者則妄毀誹。"終以自蔽。此學者之大患也。序六藝爲九種。

諸子略

晏子八篇　名嬰，謚平仲，相齊景公，孔子稱善與人交，有《列傳》。師古曰："有《列傳》者，謂《太史公書》。"

子思二十三篇　名伋，孔子孫，爲魯繆公師。

曾子十八篇　名參，孔子弟子。

漆彫子十三篇　孔子弟子，漆彫启後。

宓子十六篇　名不齊，字子賤，孔子弟子。師古曰："宓讀與伏同。"

景子三篇　說宓子語，似其弟子。

世子二十一篇　名碩，陳人也，七十子之弟子。

魏文侯六篇

李克七篇　子夏弟子，爲魏文侯相。

公孫尼子二十八篇　七十子之弟子。

孟子十一篇　名軻，鄒人，子思弟子，有《列傳》。師古曰："《聖證論》云軻字子車，而此《志》無字，未詳其所得。"

孫卿子三十三篇　名況，趙人，爲齊稷下祭酒，有《列傳》。師古曰："本曰荀卿，避宣帝諱，故曰孫。"

芈子十八篇　名嬰，齊人，七十子之後。師古曰："芈音弭。"

內業十五篇　不知作書者。

周史六弢六篇　惠、襄之間，或曰顯王時，或曰孔子問焉。師古曰："即今之《六韜》也，蓋言取天下及軍旅之事。弢字與韜同也。"

周政六篇　周時法度政教。

周法九篇　法天地，立百官。

河間周制十八篇　似河間獻王所述也。

讕言十篇　不知作者，陳人君法度。如淳曰："讕音粲爛。"師古曰："說者引《孔子家語》云孔穿所造，非也。"

功議四篇　不知作者，論功德事。

甯越一篇　中牟人，爲周威王師。

王孫子一篇　一曰《巧心》。

公孫固一篇　十八年，齊閔王失國，問之，固因爲陳古今成敗也。

李氏春秋二篇

羊子四篇　百章。故秦博士。

董子一篇　名無心，難墨子。

俟子一篇　李奇曰："或作伾子。"

徐子四十二篇　宋外黄人。

魯仲連子十四篇　有《列傳》。

平原君七篇　朱建也。

虞氏春秋十五篇　虞卿也。

高祖傳十三篇　高祖與大臣述古語及詔策也。

陸賈二十三篇

劉敬三篇

孝文傳十一篇　文帝所稱及詔策。

賈山八篇

太常蓼侯孔臧十篇　父聚，高祖時以功臣封，臧嗣爵。

賈誼五十八篇

河間獻王對上下三雍宮三篇

董仲舒百二十三篇

兒寬九篇

公孫弘十篇

終軍八篇

吾丘壽王六篇

虞丘說一篇　難孫卿也。

莊助四篇

臣彭四篇

鉤盾冗從李步昌八篇　宣帝時數言事。

儒家言十八篇　不知作者。

桓寬　鹽鐵論六十篇　師古曰：“寬字次公，汝南人也。孝昭帝時，丞相、御史與諸賢良文學論鹽鐵事，寬撰次之。”

劉向所序六十七篇　《新序》、《說苑》、《世說》、《列女傳頌圖》也。

揚雄所序三十八篇　《太玄》十九，《法言》十三，《樂》四，《箴》二。

右儒五十三家，八百三十六篇。　入揚雄一家，三十八篇。

　　　　儒家者流，蓋出於司徒之官，助人君順陰陽明教化者也。游文於六經之中，留意於仁義之際，祖述堯舜，憲章文武，宗師仲尼，以重其言，師古曰：“祖，始也。述，修也。憲，法也。章，明也。宗，尊也。言以堯舜爲本始而遵修之，以文王、武王爲明法，①又師尊仲尼之道。”於道最爲高。孔子曰：“如有所譽，其有所試。”師古曰：“《論語》載孔子之言也。言於人有所稱譽者，輒試以事，取其實效也。譽，音弋於反。”唐虞之隆，殷周之盛，仲尼之業，已試之效者也。② 然惑者既失精微，而辟者又隨時抑揚，違離道本，師古曰：“辟讀曰僻。”苟以譁衆取寵。師古曰：“譁，誼也。寵，尊也。譁，音呼華反。”後進循之，是以五經乖析，儒學寖衰，此辟儒之患。師古曰：“寖，漸也。辟讀曰僻。”

伊尹五十一篇　湯相。

太公二百三十七篇　呂望爲周師尚父，本有道者。或有近世又以爲太公術者所增加也。師古曰：“父讀曰甫也。”**謀八十一篇，言七十一篇，兵八十五篇**

辛甲二十九篇　紂臣，七十五諫而去，周封之。

---

① “以”，原脫，據王本、殿本補。
② “效”，原誤作“故”，據王本、殿本改。

鬻子二十二篇　名熊，爲周師，自文王以下問焉，周封爲楚祖。師古曰："鬻，音弋六反。"

筦子八十六篇　名夷吾，相齊桓公，九合諸侯，不以兵車也，有《列傳》。師古曰："筦讀與管同。"

老子鄰氏經傳四篇　姓李，名耳，鄰氏傳其學。

老子傅氏經說三十七篇　述老子學。

老子徐氏經說六篇　字少季，臨淮人，傳《老子》。

劉向說老子四篇

文子九篇　老子弟子，與孔子並時，而稱周平王問，似依託者也。

蜎子十三篇　名淵，楚人，老子弟子。師古曰："蜎，姓也，音一元反。"

關尹子九篇　名喜，爲關吏，老子過關，喜去吏而從之。

莊子五十二篇　名周，宋人。

列子八篇　名圄寇，先莊子，莊子稱之。

老成子十八篇

長盧子九篇　楚人。

王狄子一篇

公子牟四篇　魏之公子也，先莊子，莊子稱之。

田子二十五篇　名騈，齊人，游稷下，號天口騈。師古曰："騈，音步田反。"

老萊子十六篇　楚人，與孔子同時。

黔婁子四篇　齊隱士，守道不詘，威王下之。師古曰："黔，音其炎反。下，音胡稼反。"

宮孫子二篇　師古曰："宮孫，姓也，不知名。"

鶡冠子一篇　楚人，居深山，以鶡爲冠。師古曰："以鶡鳥羽爲冠。"

周訓十四篇　師古曰："劉向《別録》云人間小書，其言俗薄。"

黃帝四經四篇

黃帝銘六篇

黃帝君臣十篇　起六國時，與《老子》相似也。

雜黃帝五十八篇　六國時，賢者所作。

力牧二十二篇　六國時所作，託之力牧。力牧，黃帝相。

孫子十六篇　六國時。

捷子二篇　齊人，武帝時說。

曹羽二篇　楚人，武帝時說於齊王。

郎中嬰齊十二篇　武帝時。師古曰："劉向云故待詔，不知其姓，數從游觀，名能爲文。"

臣君子二篇　蜀人。

鄭長者一篇　六國時，先韓子，韓子稱之。師古曰："《別録》云鄭人，不知姓名。"

楚子三篇

道家言二篇　近世，不知作者。

右道三十七家，九百九十三篇。

　　　道家者流，蓋出於史官，歷記成敗存亡禍福古今之道，然後知秉要執本，清虛以自守，卑弱以自持，此君人南面之術也。合於堯之克攘，師古曰："《虞書·堯典》稱堯之德曰'允恭克讓'，言其信恭能讓也，故《志》引之云。攘，古讓字。"《易》之嗛嗛，一謙而四益，此其所長也。師古曰："四益，謂天道虧盈而益謙，地道變盈而流謙，鬼神害盈而福謙，人道惡盈而好謙也。此《謙卦》彖辭。嗛字與謙同。"及放者爲之，則欲絕去禮學，兼棄仁義，師古曰："放，蕩也。"曰獨任清虛可以爲治。①

宋司星子韋三篇　景公之史。

公檮生終始十四篇　傳鄒奭《始終》書。師古曰："檮音疇，其字從木。"

公孫發二十二篇　六國時。

鄒子四十九篇　名衍，齊人，爲燕昭王師，居稷下，號談天衍。

鄒子終始五十六篇　師古曰："亦鄒衍所說。"

_____

　　① "任"，原作"住"，王本同，據殿本、中華本改。

乘丘子五篇　六國時。

杜文公五篇　六國時。師古曰：“劉向《別錄》云韓人也。”①

黃帝泰素二十篇　六國時韓諸公子所作。師古曰：“劉向《別錄》云或言韓諸公孫之所作也，言陰陽五行，以爲黃帝之道也，故曰《泰素》。”

南公三十一篇　六國時。

容成子十四篇

張蒼十六篇　丞相北平侯。

鄒奭子十二篇　齊人，號曰彫龍奭。師古曰：“奭，音試亦反。”

閭丘子十三篇　名快，魏人，在南公前。

馮促十三篇　鄭人。

將鉅子五篇　六國時，先南公，南公稱之。

五曹官制五篇　漢制，似賈誼所條。

周伯十一篇　齊人，六國時。

衛侯官十二篇　近世，不知作者。

于長　天下忠臣九篇　平陰人，近世。師古曰：“劉向《別錄》云傳天下忠臣。”

公孫渾邪十五篇　平曲侯。

雜陰陽三十八篇　不知作者。

右陰陽二十一家，三百六十九篇。

　　陰陽家者流，蓋出於羲和之官，敬順昊天，歷象日月星辰，敬授民時，此其所長也。及拘者爲之，則牽於禁忌，泥於小數，師古曰：“泥，滯也，音乃計反。”舍人事而任鬼神。師古曰：“舍，廢也。”

李子三十二篇　名悝，相魏文侯，富國彊兵。

商君二十九篇　名鞅，姬姓，衛後也，相秦孝公，有《列傳》。

---

①　“錄”，原誤作“傳”，王本同，據殿本、中華本改。

申子六篇　名不害，京人，相韓昭侯，終其身，諸侯不敢侵韓。師古曰："京，河南京縣。"

處子九篇　師古曰："《史記》云趙有處子。"

慎子四十二篇　名到，先申韓，申韓稱之。

韓子五十五篇　名非，韓諸公子，使秦，李斯害而殺之。

游棣子一篇　師古曰："棣，音徒計反。"

鼂錯三十一篇

燕十事十篇　不知作者。

法家言二篇　不知作者。

右法十家，二百一十七篇。

　　法家者流，蓋出於理官，信賞必罰，以輔禮制。《易》曰"先王以明罰飭法"，師古曰："《噬嗑》之象辭也。飭，整也，讀與敕同。"此其所長也。及刻者爲之，則無教化，去仁愛，專任刑法而欲以致治，至於殘害至親，傷恩薄厚。師古曰："薄厚者，變厚爲薄。"

鄧析二篇　鄭人，與子產並時。師古曰："《列子》及《孫卿》並云子產殺鄧析。據《左傳》昭公二十年子產卒，定公九年駟歂殺鄧析而用其竹刑。則非子產所殺也。"

尹文子一篇　說齊宣王，先公孫龍。師古曰："劉向云與宋鈃俱游稷下。鈃音形。"

公孫龍子十四篇　趙人。師古曰："即爲堅白之辯者。"

成公生五篇　與黃公等同時。師古曰："姓成公。劉向云與李斯子出同時，由爲三川守，成公生游談不仕。"

惠子一篇　名施，與莊子並時。

黃公四篇　名疵，爲秦博士，作歌詩，在秦時歌詩中。師古曰："疵，音才斯反。"

毛公九篇　趙人，與公孫龍等並游平原君趙勝家。師古曰："劉向《別錄》云論堅白同異，以爲可以治天下。此蓋《史記》所云'藏於博徒'者。"

右名七家，三十六篇。

　　名家者流，蓋出於禮官。古者名位不同，禮亦異數。孔子曰："必也正名乎！名不正則言不順，言不順則事不成。"師古曰："《論語》載孔子之言也。言欲爲政，必先正其名。"此其所長也。及警者爲之，晉灼曰：“罄，許也。”師古曰：“罄，音工釣反。”則苟鉤釽析亂而已。師古曰：“釽，破也，音普革反，又音普狄反。”

尹佚二篇　周臣，在成、康時也。

田俅子三篇　先韓子。蘇林曰：“俅音仇。”

我子一篇　師古曰：“劉向《別錄》云爲《墨子》之學。”

隨巢子六篇　墨翟弟子。

胡非子三篇　墨翟弟子。

墨子七十一篇　名翟，爲宋大夫，在孔子後。

右墨六家，八十六篇。

墨家者流，蓋出於清廟之守。茅屋采椽，師古曰：“采，柞木也，字作採，本從木。以茅覆屋，以椽爲椽，言其質素也。採，音千在反。”是以貴儉；養三老五更，是以兼愛；選士大射，是以上賢；宗祀嚴父，是以右鬼；如淳曰：“右鬼，謂信鬼神。若杜伯射宣王，是親鬼而右之。”師古曰：“右猶尊尚也。”順四時而行，是以非命；蘇林曰：“非有命者。言儒者執有命，而反勸人修德積善，政教與行相反，故譏之也。”如淳曰：“言無吉凶之命，但有賢不肖善惡。”以孝視天下，是以上同。如淳曰：“言皆同，可以治也。”師古曰：“《墨子》有《節用》、《兼愛》、《上賢》、《明鬼神》、《非命》、《上同》等諸篇，故《志》歷序其本意也。視讀曰示。”此其所長也。及蔽者爲之，見儉之利，因以非禮，推兼愛之意，而不知別親疏。

蘇子二十一篇①　名秦，有《列傳》。

張子十篇　名儀，有《列傳》。

龐煖二篇　爲燕將。師古曰：“煖，音許遠反。”

闕子一篇

國筮子十七篇

---

① “二”，王本、殿本皆作“三”。

秦零陵令信一篇　難秦相李斯。

蒯子五篇　名通。

鄒陽七篇

主父偃二十八篇

徐樂一篇

莊安一篇

待詔金馬聊蒼三篇　趙人，武帝時。師古曰："《嚴助傳》作膠蒼，而此《志》作聊。《志》、《傳》不同，未知孰是。"

右從橫十二家，百七篇。

　　從橫家者流，蓋出於行人之官。孔子曰："誦《詩》三百，使於四方，不能顓對，雖多，亦奚以爲？"師古曰："《論語》載孔子之言也。謂人不達於事，誦《詩》雖多，亦無所用。"又曰："使乎，使乎！"師古曰："亦《論語》載孔子之言，歎使者之難其人。"言其當權事制宜，受命而不受辭，此其所長也。及邪人爲之，則上詐諼而棄其信。師古曰："諼，詐言也，音許遠反。"

孔甲盤盂二十六篇　黃帝之史，或曰夏帝孔甲。似皆非。

大𡉉二十七篇①　傳言禹所作，其文似後世語。師古曰："𡉉，古禹字。"

五子胥八篇　名員，春秋時爲吳將，忠直遇讒死。

子晚子三十五篇　齊人，好議兵，與《司馬法》相似。

由余三篇　戎人，秦穆公聘以爲大夫。

尉繚二十九篇　六國時。師古曰："尉，姓；繚，名也，音了，又音聊。劉向《別録》云繚爲商君學。"

尸子二十篇　名佼，魯人，秦相商君師之。鞅死，佼逃入蜀。師古曰："佼音絞。"

呂氏春秋二十六篇　秦相呂不韋輯智略士作。

---

①　"二"，王本、殿本皆作"三"。

淮南內二十一篇　王安。

淮南外三十三篇　師古曰："《內篇》論道，《外篇》雜說。"

東方朔二十篇

伯象先生一篇　應劭曰："蓋隱者也，故公孫敖難以無益世主之治。"

荊軻論五篇　軻爲燕刺秦王，不成而死。司馬相如等論之。

吳子一篇

公孫尼一篇

博士臣賢對一篇　漢世，難韓子、商君。

臣說三篇　武帝時作賦。師古曰："說者，其人名，讀曰悅。"

解子簿書三十五篇

推雜書八十七篇

雜家言一篇　王伯，不知作者。師古曰："言伯王之道。伯，讀曰霸。"

右雜二十家，四百三篇。　入兵法。

　　雜家者流，蓋出於議官。兼儒、墨，合名、法，知國體之有此，師古曰："治國之體，亦當有此雜家之說。"見王治之無不貫，師古曰："王者之治，於百家之道無不貫綜。"此其所長也。及盪者爲之，則漫羨而無所歸心。師古曰："漫，放也。羨，音弋戰反。"

神農二十篇　六國時，諸子疾時怠於農業，道耕農事，託之神農。師古曰："劉向《別録》云疑李悝及商君所說。"

野老十七篇　六國時，在齊、楚閒。應劭曰："年老居田野，相民耕種，故號野老。"

宰氏十七篇　不知何世。

董安國十六篇　漢代內史，不知何帝時。

尹都尉十四篇　不知何世。

趙氏五篇　不知何世。

氾勝之十八篇　成帝時爲議郎。師古曰："劉向《別録》云使教田三輔，有好田者師之，徙爲御史。氾，音凡，又音敷劍反。"

王氏六篇　不知何世。

蔡癸一篇　宣帝時，以言便宜，至弘農太守。師古曰："劉向《別録》云邯鄲人。"

右農九家，百一十四篇。

農家者流，蓋出於農稷之官。播百穀，勸耕桑，以足衣食，故八政一曰食，二曰貨。孔子曰"所重民食"，師古曰："《論語》載孔子稱殷湯伐桀告天辭也。言爲君之道，所重者在人之食。"此其所長也。及鄙者爲之，以爲無所事聖王，師古曰："言不須聖王，天下自治。"欲使君臣並耕，誖上下之序。師古曰："誖，亂也，音布内反。"

伊尹説二十七篇　其語淺薄，似依託也。

鬻子説十九篇　後世所加。

周考七十六篇　考周事也。

青史子五十七篇　古史官記事也。

師曠六篇　見《春秋》，其言淺薄，本與此同，似因託之。

務成子十一篇　稱堯問，非古語。

宋子十八篇　孫卿道宋子，其言黃老意。

天乙三篇　天乙謂湯，其言非殷時，皆依託也。

黃帝説四十篇　迂誕依託。

封禪方説十八篇　武帝時。

待詔臣饒心術二十五篇　武帝時。師古曰："劉向《別録》云，饒，齊人也，不知其姓。武帝時待詔，作書，名曰《心術》也。"

待詔臣安成未央術一篇　應劭曰："道家也，好養生事，爲未央之術。"

臣壽周紀七篇　項國圉人，宣帝時。

虞初周説九百四十三篇　河南人。武帝時，以方士侍郎，號黃車使者。應劭曰："其説以《周書》爲本。"師古曰："《史記》云，虞初，洛陽人，即張衡《西京賦》'小說九百，本自虞初'者也。"

百家百三十九卷

右小說十五家，千三百八十篇。

　　小說家者流，蓋出於稗官。如淳曰："稗，音鍛家排。《九章》'細米爲稗'。街談巷說，其細碎之言也。王者欲知閭巷風俗，故立稗官使稱說之。今世亦謂偶語爲稗。"師古曰："稗，音稊稗之稗，不與鍛排同也。稗官，小官。《漢名臣奏》唐林請省置吏，公卿大夫至都官稗官各減什三，是也。"街談巷語，道聽塗說者之所造也。孔子曰："雖小道，必有可觀者焉，致遠恐泥，是以君子弗爲也。"師古曰："《論語》載孔子之言。泥，滯也，音乃細反。"然亦弗滅也。閭里小知者之所及，亦使綴而不忘。如或一言可采，此亦芻蕘狂夫之議也。

凡諸子百八十九家，四千三百二十四篇。　出蹴鞠一家，二十五篇。

　　諸子十家，其可觀者九家而已。皆起於王道既微，諸侯力政，時君世主，好惡殊方，師古曰："好，音呼到反。惡，音一故反。"是以九家之術蠭出並作，師古曰："蠭與鋒同。"各引一端，崇其所善，以此馳說，取合諸侯。其言雖殊，辟猶水火，相滅亦相生也。師古曰："辟讀曰譬。"仁之與義，敬之與和，相反而皆相成也。《易》曰："天下同歸而殊塗，一致而百慮。"師古曰："《下繫》之辭。"今異家者各推所長，窮知究慮，以明其指，雖有蔽短，合其要歸，亦六經之支與流裔。師古曰："裔，衣末也。其於六經，如水之下流，衣之末裔。"使其人遭明王聖主，得其所折中，皆股肱之材已。師古曰："已，語終辭。"仲尼有言："禮失而求諸野。"師古曰："言都邑失禮，則於外野求之，亦將有獲。"方今去聖久遠，道術缺廢，無所更索，師古曰："索，求也。"彼九家者，不猶瘉於野乎？師古曰："瘉與愈同。愈，勝也。"若能修六藝之術，而觀此九家之言，舍短取長，則可以通萬方之略矣。師古曰："舍，廢也。"

詩賦略

屈原賦二十五篇　　楚懷王大夫，有《列傳》。

唐勒賦四篇　　楚人。

宋玉賦十六篇　　楚人，與唐勒並時，在屈原後也。

趙幽王賦一篇

莊夫子賦二十四篇　　名忌，吳人。

賈誼賦七篇

枚乘賦九篇

司馬相如賦二十九篇

淮南王賦八十二篇

淮南王羣臣賦四十四篇

太常蓼侯孔臧賦二十篇

陽丘侯劉隁賦十九篇　　師古曰："隁音偃。"

吾丘壽王賦十五篇

蔡甲賦一篇

上所自造賦二篇　　師古曰："武帝也。"

兒寬賦二篇

光祿大夫張子僑賦三篇　　與王褒同時也。

陽成侯劉德賦九篇

劉向賦三十三篇

王褒賦十六篇

右賦二十家，三百六十一篇。

陸賈賦三篇

枚皋賦百二十篇

朱建賦二篇

常侍郎莊忽奇賦十一篇　　枚皋同時。師古曰：“《七略》云‘忽奇者，或言莊夫子子，或言族家子莊助昆弟也。從行至茂陵，詔造賦’。”

嚴助賦三十五篇　　師古曰：“上言莊忽奇，下言嚴助，史駁文。”

朱買臣賦三篇

宗正劉辟彊賦八篇

司馬遷賦八篇

郎中臣嬰齊賦十篇

臣說賦九篇　　師古曰：“說，名，音悅。”

臣吾賦十八篇

遼東太守蘇季賦一篇

蕭望之賦四篇

河內太守徐明賦三篇　　字長君，東海人，元、成世歷五郡太守，有能名。

給事黃門侍郎李息賦九篇

淮陽憲王賦二篇

揚雄賦十二篇

待詔馮商賦九篇

博士弟子杜參賦二篇　　師古曰：“劉向《別錄》云：‘臣向謹與長社尉杜參校中祕書。’劉歆又云：‘參，杜陵人，以陽朔元年病死，死時年二十餘。’”

車郎張豐賦三篇　　張子僑子。

驃騎將軍朱宇賦三篇　　師古曰：“劉向《別錄》云‘驃騎將軍史朱宇’，《志》以宇在驃騎府，故總言驃騎將軍。”

右賦二十一家，二百七十四篇。　　入揚雄八篇。

孫卿賦十篇

秦時雜賦九篇

李思孝景皇帝頌十五篇

廣川惠王越賦五篇

長沙王羣臣賦三篇

魏内史賦二篇

東暆令延年賦七篇　師古曰："東暆，縣名。暆音移。"

衛士令李忠賦二篇

張偃賦二篇

賈充賦四篇

張仁賦六篇

秦充賦二篇

李步昌賦二篇

侍郎謝多賦十篇

平陽公主舍人周長孺賦二篇

雒陽錡華賦九篇　師古曰："錡，姓。華，名。錡，音魚綺反。"

睢弘賦一篇　師古曰："即眭孟也。眭，音元隨反。"

別栩陽賦五篇　服虔曰："栩音詡。"

臣昌市賦六篇

臣義賦二篇

黃門書者假史王商賦十三篇

侍中徐博賦四篇

黃門書者王廣呂嘉賦五篇

漢中都尉丞華龍賦二篇

左馮翊史路恭賦八篇

右賦二十五家，百三十六篇。

客主賦十八篇

雜行出及頌德賦二十四篇

雜四夷及兵賦二十篇

雜中賢失意賦十二篇

雜思慕悲哀死賦十六篇

雜鼓琴劍戲賦十三篇

雜山陵水泡雲氣雨旱賦十六篇　　師古曰："泡，水上浮漚也。泡，音普交反。漚，音一侯反。"

雜禽獸六畜昆蟲賦十八篇

雜器械草木賦三十三篇

大雜賦三十四篇

成相雜辭十一篇

隱書十八篇　　師古曰："劉向《別録》云'隱書者，疑其言以相問，對者以慮思之，可以無不諭'。"

右雜賦十二家，二百三十三篇。

高祖歌詩二篇

泰一雜甘泉壽宮歌詩十四篇

宗廟歌詩五篇

漢興以來兵所誅滅歌詩十四篇

出行巡狩及游歌詩十篇

臨江王及愁思節士歌詩四篇

李夫人及幸貴人歌詩三篇

詔賜中山靖王子噲及孺子妾冰未央材人歌詩四篇　　師古曰："孺子，王妾之有品號者也。妾，王之衆妾也。冰，其名。材人，天子內官。"

吳楚汝南歌詩十五篇

燕代謳鴈門雲中隴西歌詩九篇

邯鄲河間歌詩四篇

齊鄭歌詩四篇

淮南歌詩四篇

左馮翊秦歌詩三篇

京兆尹秦歌詩五篇

河東蒲反歌詩一篇

黃門倡車忠等歌詩十五篇

雜各有主名歌詩十篇

雜歌詩九篇

雒陽歌詩四篇

河南周歌詩七篇

河南周歌聲曲折七篇

周謠歌詩七十五篇

周謠歌詩聲曲折七十五篇

諸神歌詩三篇

送迎靈頌歌詩三篇

周歌詩二篇

南郡歌詩五篇

右歌詩二十八家，三百一十四篇。

凡詩賦百六家，千三百一十八篇。　入揚雄八篇。

傳曰："不歌而誦謂之賦，登高能賦可以爲大夫。"言感物造耑，材知深美，師古曰："耑，古端字也。因物動志，則造辭義之端緒。"可與圖事，故可以爲列大夫也。古者諸侯卿大夫交接鄰國，以微言相感，當揖讓之時，必稱《詩》以諭其志，蓋以別賢不肖而觀盛衰焉。故孔子曰"不學《詩》，無以言"也。師古曰："《論語》載孔子戒伯魚之辭也。"春秋之後，周道寖壞，師古曰："寖，漸也。"聘問歌詠不行於列國，學《詩》之士逸在布衣，而賢人失志之賦作矣。大儒孫卿及楚臣屈原離讒憂國，皆作賦以風，師古曰："離，遭也。風讀曰諷，次下亦同。"咸有惻隱古詩之義。其後宋玉、唐勒，漢興枚乘、司馬相如，下及揚子雲，競爲侈麗閎衍之詞，没其風諭之義。是以揚子悔之，曰："詩人之賦麗以則，辭人之賦麗以淫。師古曰："辭人，言後代之爲文辭。"如孔氏之門人用賦也，則賈誼登堂，相如入室矣，如其不用何！"師古曰："言孔氏之門既不用賦，不可如何。謂賈誼、相如無所施也。"自孝武立樂府而采歌謡，於是有代趙之謳，秦楚之風，皆感於哀樂，緣事而發，亦可以觀風俗，知薄厚云。序詩賦爲五種。

兵書略

吴孫子兵法八十二篇　圖九卷。師古曰："孫武也。臣於闔廬。"

齊孫子八十九篇　圖四卷。師古曰："孫臏。"

公孫鞅二十七篇

吴起四十八篇　有《列傳》。

范蠡二篇　越王句踐臣也。

大夫種三篇①　與范蠡俱事句踐。

李子十篇

娷一篇　師古曰："娷，音女瑞反。蓋說兵法者人名也。"

兵春秋三篇

龐煖二篇　師古曰："煖，音許遠反，又音許元反。"

兒良一篇　師古曰："六國時人也。兒，音五奚反。"

廣武君一篇　李左車。

韓信三篇　師古曰："淮陰侯。"

右兵權謀十三家，二百五十九篇。　省伊尹、太公、《管子》、《孫卿子》、《鶡冠子》、《蘇子》、蒯通、陸賈、淮南王二百五十九種，出《司馬法》入禮也。

　　權謀者，以正守國，以奇用兵，先計而後戰，兼形執，包陰陽，用技巧者也。

楚兵法七篇　圖四卷。

蚩尤二篇　見《呂刑》。

---

①　"三"，王本、殿本皆作"二"。

孫軫五篇　　圖三卷。①

繇叙二篇

王孫十六篇　　圖五卷。

尉繚三十一篇

魏公子二十一篇　　圖十卷。名無忌,有《列傳》。

景子十三篇

李良三篇

丁子一篇

項王一篇　　名籍。

右兵形埶十一家,九十二篇,圖十八卷。

　　形埶者,靁動風舉,後發而先至,離合背鄉,變化無常,師
古曰:“背,音步内反。鄉讀曰嚮。”以輕疾制敵者也。

太壹兵法一篇

天一兵法三十五篇

神農兵法一篇

黄帝十六篇　　圖三卷。

封胡五篇　　黄帝臣,依託也。

風后十三篇　　圖二卷。黄帝臣,依託也。

力牧十五篇　　黄帝臣,依託也。

鵊冶子一篇　　圖一卷。晉灼曰:“鵊音夾。”

鬼容區三篇　　圖一卷。黄帝臣,依託。師古曰:“即鬼臾區也。”

地典六篇

孟子一篇

東父三十一篇

師曠八篇　　晉平公臣。

────────

①　“三”,王本作“五”,殿本作“二”。

萇弘十五篇　　周史。

別成子望軍氣六篇　　圖三卷。

辟兵威勝方七十篇

右陰陽十六家，二百四十九篇。　　圖十卷。

　　　　陰陽者，順時而發，推刑德，隨斗擊，因五勝，師古曰：“五勝，
五行相勝也。”假鬼神而爲助者也。

鮑子兵法十篇　　圖一卷。

五子胥十篇　　圖一卷。

公勝子五篇

苗子五篇　　圖一卷。

逢門射法二篇　　師古曰：“即逄蒙。”

陰通成射法十一篇

李將軍射法三篇　　師古曰：“李廣。”

魏氏射法六篇

彊弩將軍王圍射法五卷　　師古曰：“圍，郁郅人也，見《趙充國傳》也。”

望遠連弩射法具十五篇

護軍射師王賀射書五篇

蒲苴子弋法四篇　　師古曰：“苴，音子余反。”

劍道三十八篇

手搏六篇

雜家兵法五十七篇

蹵鞠二十五篇　　師古曰：“鞠以韋爲之，實以物，蹵蹋之以爲戲也。蹵鞠，陳力之
事，故附於兵法焉。蹵，音子六反。鞠，音巨六反。”

右兵技巧十三家，百九十九篇。　　省《墨子》，重，入《蹴鞠》也。

　　技巧者，習手足，便器械，積機關，以立攻守之勝者也。

凡兵書五十三家，七百九十篇，圖四十三卷。　省十家二百七十一篇，重，入《蹵毱》一家二十五篇，出《司馬法》百五十五篇入禮也。

兵家者，蓋出古司馬之職，王官之武備也。《鴻範》八政，八曰師。孔子曰爲國者"足食足兵"，師古曰："《論語》載孔子之言。無兵與食，不可以爲國。""以不教民戰，是謂棄之"，師古曰："亦《論語》所載孔子之言，非其不素習武備。"明兵之重也。《易》曰"古者弦木爲弧，剡木爲矢，弧矢之利，以威天下"，師古曰："《下繫》之辭也。弧，木弓也。剡，謂銳而利之也，音弋冉反。"其用上矣。後世燿金爲刃，割革爲甲，師古曰："燿讀與鑠同，謂銷也。"器械甚備。下及湯武受命，以師克亂而濟百姓，動之以仁義，行之以禮讓，《司馬法》是其遺事也。自春秋至於戰國，出奇設伏，變詐之兵並作。漢興，張良、韓信序次兵法，凡百八十二家，删取要用，定著三十五家。諸呂用事而盜取之。武帝時，軍政楊僕捃摭遺逸，紀奏兵録，師古曰："捃摭，謂拾取之。捃，音九問反。摭，音之石反。"猶未能備。至于孝成，命任宏論次兵書爲四種。

數術略

泰壹雜子星二十八卷

五殘雜變星二十一卷　師古曰："五殘，星名也。見《天文志》。"

黃帝雜子氣三十三篇

常從日月星氣二十一卷　師古曰："常從，人姓名也，老子師之。"

皇公雜子星二十二卷

淮南雜子星十九卷

泰壹雜子雲雨三十四卷

國章觀霓雲雨三十四卷

泰階六符一卷　李奇曰："三台謂之泰階，兩兩成體，三台故六。觀色以知吉凶，故曰二符。"①

金度玉衡漢五星客流出入八篇

漢五星彗客行事占驗八卷

漢日旁氣行事占驗三卷

漢流星行事占驗八卷

漢日旁氣行占驗十三卷

漢日食月暈雜變行事占驗十三卷

海中星占驗十二卷

海中五星經雜事二十二卷

海中五星順逆二十八卷

海中二十八宿國分二十八卷

海中二十八宿臣分二十八卷

---

　　①　王本、殿本皆無"二"字。

海中日月彗虹雜占十八卷

圖書祕記十七篇

右天文二十一家,四百四十五卷。

天文者,序二十八宿,步五星日月,以紀吉凶之象,聖王所以參政也。《易》曰:"觀乎天文,以察時變。"師古曰:"《賁卦》之象辭也。"然星事殞悍,非湛密者弗能由也。師古曰:"殞讀與凶同。湛讀曰沈。由,用也。"夫觀景以譴形,非明王亦不能服聽也。以不能由之臣諫不能聽之王,此所以兩有患也。

黃帝五家曆三十三卷

顓頊曆二十一卷

顓頊五星曆十四卷

日月宿曆十三卷

夏殷周魯曆十四卷

天曆大曆十八卷

漢元殷周諜曆十七卷

耿昌月行帛圖二百三十二卷

耿昌月行度二卷

傳周五星行度三十九卷

律曆數法三卷

自古五星宿紀三十卷

太歲謀日晷二十九卷

帝王諸侯世譜二十卷

古來帝王年譜五卷

日晷書三十四卷

許商筭術二十六卷

杜忠筭術十六卷

右曆譜十八家,六百六卷。

　　曆譜者,序四時之位,正分至之節,會日月五星之辰,以考寒暑殺生之實。故聖王必正曆數,以定三統服色之制,又以探知五星日月之會。凶阨之患,吉隆之喜,其術皆出焉。此聖人知命之術也,非天下之至材,其孰與焉!_{師古曰:"與讀曰豫。"}道之亂也,患出於小人而強欲知天道者,壞大以爲小,削遠以爲近,是以道術破碎而難知也。

泰一陰陽二十三卷

黃帝陰陽二十五卷

黃帝諸子論陰陽二十五卷

諸王子論陰陽二十五卷

太元陰陽二十六卷

三典陰陽談論二十七卷

神農大幽五行二十七卷

四時五行經二十六卷

猛子閭昭二十五卷

陰陽五行時令十九卷

堪輿金匱十四卷　_{師古曰:"許慎云'堪,天道。輿,地道也'。"}

務成子災異應十四卷

十二典災異應十二卷

鍾律災應二十六卷

鍾律叢辰日苑二十二卷①

鍾律消息二十九卷

黃鍾七卷

———————————

　① "二十二",殿本同,王本作"二十三"。

天一六卷

泰一二十九卷

刑德七卷

風鼓六甲二十四卷

風后孤虚二十卷

六合隨典二十五卷

轉位十二神二十五卷

羨門式法二十卷

羨門式二十卷

文解六甲十八卷

文解二十八宿二十八卷

五音奇胲用兵二十三卷　　如淳曰:"音該。"師古曰:"許慎云'胲,軍中約也'。"

五音奇胲刑德二十一卷

五音定名十五卷

右五行三十一家,六百五十二卷。

　　五行者,五常之形氣也。《書》云"初一曰五行,次二曰羞用五事",師古曰:"《周書·洪範》之辭也。"言進用五事以順五行也。貌、言、視、聽、思心失,而五行之序亂,五星之變作,皆出於律曆之數而分爲一者也。師古曰:"說皆在《五行志》也。"其法亦起五德終始,推其極則無不至。而小數家因此以爲吉凶,而行於世,寖以相亂。師古曰:"寖,漸也。"

龜書五十二卷

夏龜二十六卷

南龜書二十八卷

巨龜三十六卷

雜龜十六卷

蓍書二十八卷

周易三十八卷

周易明堂二十六卷

周易隨曲射匿五十卷

大筮衍易二十八卷

大次雜易三十卷

鼠序卜黃二十五卷

於陵欽易吉凶二十三卷

任良易旗七十一卷

易卦八具

右蓍龜十五家，四百一卷。

　　蓍龜者，聖人之所用也。《書》曰："女則有大疑，謀及卜筮。"師古曰："《周書·洪範》之辭也。言所爲之事有疑，則以卜筮決之也。龜曰卜，蓍曰筮。"《易》曰："定天下之吉凶，成天下之亹亹者，莫善於蓍龜。""是故君子將有爲也，將有行也，問焉而以言，其受命也如嚮，無有遠近幽深，遂知來物。非天下之至精，其孰能與於此！"師古曰："皆《上繫》之辭也。亹亹，深致也。言君子所爲行，皆以其言問於《易》。受命如嚮者，謂示以吉凶，其應速疾，如響之隨聲也。遂猶究也。來物謂當來之事也。嚮與響同。與讀曰豫。"及至衰世，解於齊戒，而婁煩卜筮，師古曰："解讀曰懈。齊讀曰齋。婁讀曰屢。"神明不應。故筮瀆不告，《易》以爲忌；師古曰："《易·蒙卦》之辭曰'初筮告，再三瀆，瀆則不告'，言童蒙之來決疑，初則以實而告，至于再三，爲其煩瀆，乃不告也。"龜厭不告，《詩》以爲刺。師古曰："《小雅·小旻》之詩曰'我龜既厭，不我告猶'，言卜問煩數媟嫚於龜，龜靈厭之，不告以道也。"

黃帝長柳占夢十一卷

甘德長柳占夢二十卷

武禁相衣器十四卷

噬耳鳴雜占十六卷　師古曰："噬，音丁計反。"

禎祥變怪二十一卷

人鬼精物六畜變怪二十一卷

變怪誥咎十三卷

執不祥劾鬼物八卷

請官除訞祥十九卷　師古曰："訞字與妖同。"

禳祀天文十八卷　師古曰："禳，除災也，音人羊反。"

請禱致福十九卷

請雨止雨二十六卷

泰壹雜子候歲二十二卷

子贛雜子候歲二十六卷

五法積貯寶臧二十三卷

神農教田相土耕種十四卷

昭明子釣種生魚鼈八卷

種樹臧果相蠶十三卷

右雜占十八家，三百一十三卷。

　　雜占者，紀百事之象，候善惡之徵。師古曰："徵，證也。"《易》："占事知來。"師古曰："《下繫》之辭也。言有事而占，則覩方來之驗也。"衆占非一，而夢爲大，故周有其官。師古曰："謂大卜掌三夢之法，又占夢中士二人，皆宗伯之屬官。"而《詩》載熊羆虺蛇衆魚旐旟之夢，著明大人之占①，以考吉凶，師古曰："《小雅·斯干》之詩曰：'吉夢維何？維熊維羆，男子之祥；維虺維蛇，女子之祥。'《無羊》之詩曰：'牧人乃夢，衆維魚矣，旐維旟矣。大人占之，衆維魚矣，實維豐年，旐維旟矣，室家溱溱。'言熊羆虺蛇皆爲吉祥之夢，而生男女。及見衆魚，則爲豐年之應，旐旟則爲多盛之象。大人占之，謂以聖人占夢之法占之也。畫龜蛇曰旐，鳥隼曰旟。"蓋參卜筮。《春秋》之説訞也，曰：

---

①　"著"，原作"箸"，據殿本、中華本改。

“人之所忌，其氣炎以取之，訞由人興也。人失常則訞興，人無釁焉，訞不自作。”師古曰：“申繻之辭也，事見莊公十四年。炎謂火之光始燄燄也。言人之所忌，其燄燄引致於災也。釁，瑕也。失常，謂反五常之德也。炎讀與燄同。”故曰：“德勝不祥，義厭不惠。”師古曰：“厭，音伊葉反。惠，順也。”桑穀共生，大戊以興；雊雉登鼎，武丁爲宗。師古曰：“說在《郊祀》、《五行志》。”然惑者不稽諸躬，而忌訞之見，師古曰：“稽，考也，計也。”是以《詩》刺“召彼故老，訊之占夢”；師古曰：“《小雅·正月》之詩也。故老，元老也。訊，問也。言不能修德以禳災，但問元老以占夢之吉凶。”傷其舍本而憂末，不能勝凶咎也。

山海經十三篇

國朝七卷

宮宅地形二十卷

相人二十四卷

相寶劍刀二十卷

相六畜三十八卷

右形法六家，百二十二卷。

　　形法者，大舉九州之埶以立城郭室舍形，人及六畜骨法之度數、器物之形容以求其聲氣貴賤吉凶。猶律有長短，而各徵其聲，非有鬼神，數自然也。然形與氣相首尾，亦有有其形而無其氣，有其氣而無其形，此精微之獨異也。

凡數術百九十家，二千五百二十八卷。

　　數術者，皆明堂羲和史卜之職也。史官之廢久矣，其書既不能具，雖有其書而無其人。《易》曰：“苟非其人，道不虛行。”師古曰：“《下繫》之辭也，言道由人行。”春秋時，魯有梓慎，鄭有裨竈，晉有卜偃，宋有子韋。六國時，楚有甘公，魏有石申夫。漢有唐都，庶得麤觕。師古曰：“觕，粗略也，音才戶反。”蓋有因而成易，無因而成難，故因舊書以序數術爲六種。

方技略

黃帝内經十八卷

外經三十七卷

扁鵲内經九卷

外經十二卷

白氏内經三十八卷

外經三十六卷

旁篇二十五卷

右醫經七家,二百一十六卷。

醫經者,原人血脉經落骨髓陰陽表裏,以起百病之本,死生之分,而用度箴石湯火所施,師古曰:"箴,所以刺病也。石謂砭石,即石箴也。古者攻病則有砭,今其術絶矣。箴,音之林反。砭,音彼廉反。"調百藥齊和之所宜。師古曰:"齊,音才詣反,其下並同。和,音乎臥反。"至齊之得,猶慈石取鐵,以物相使。拙者失理,以瘉爲劇,以生爲死。師古曰:"瘉讀與愈同。愈,差也。"

五藏六府痹十二病方三十卷 師古曰:"痹,風溼之病,音必二反。"

五藏六府疝十六病方四十卷 師古曰:"疝,心腹氣病,音山諫反,又音删。"

五藏六府癉十二病方四十卷 師古曰:"癉,黄病,音丁韓反。"

風寒熱十六病方二十六卷

泰始皇帝扁鵲俞拊方二十三卷 應劭曰:"黄帝時醫也。"師古曰:"拊音膚。"

五藏傷中十一病方三十一卷

客疾五藏狂顛病方十七卷

金創瘲瘛方三十卷　服虔曰："音癉引之癉。"師古曰："小兒病也。瘛,音充制反。瘲,音子用反。"

婦人嬰兒方十九卷

湯液經法三十二卷

神農黃帝食禁七卷

右經方十一家,二百七十四卷。

　　經方者,本草石之寒溫,量疾病之淺深,假藥味之滋,因氣感之宜,辯五苦六辛,致水火之齊,以通閉解結,反之於平。及失其宜者,以熱益熱,以寒增寒,精氣內傷,不見於外,是所獨失也。故諺曰："有病不治,常得中醫。"

容成陰道二十六卷

務成子陰道三十六卷

堯舜陰道二十三卷

湯盤庚陰道二十卷

天老雜子陰道二十五卷

天一陰道二十四卷

黃帝三王養陽方二十卷

三家內房有子方十七卷

右房中八家,百八十六卷。

　　房中者,情性之極,至道之際,是以聖王制外樂以禁內情,而爲之節文。傳曰："先王之作樂,所以節百事也。"樂而有節,則和平壽考。及迷者弗顧,以生疾而隕性命。

宓戲雜子道二十篇

上聖雜子道二十六卷

道要雜子十八卷

黄帝雜子步引十二卷

黄帝岐伯按摩十卷

黄帝雜子芝菌十八卷　　師古曰："服餌芝菌之法也。菌，音求閔反。"

黄帝雜子十九家方二十一卷

泰壹雜子十五家方二十二卷

神農雜子技道二十三卷

泰壹雜子黄冶三十一卷　　師古曰："黄冶，釋在《郊祀志》。"

右神僊十家，二百五卷。

　　　　神僊者，所以保性命之真，而游求於其外者也。聊以盪
意平心，同死生之域，師古曰："盪，滌。一曰，盪，放也。"而無怵惕於匈
中。然而或者專以爲務，則誕欺怪迂之文彌以益多，師古曰：
"誕，大言也。迂，遠也。"非聖王之所以教也。孔子曰："索隱行怪，
後世有述焉，吾不爲之矣。"師古曰："《禮記》載孔子之言。索隱，求索隱暗
之事。而行怪迂之道，妄令後人有所祖述，非我本志。"

凡方技三十六家，八百六十八卷。

　　　　方技者，皆生生之具，王官之一守也。大古有岐伯、俞
拊。中世有扁鵲、秦和。師古曰："和，秦醫名也。"蓋論病以及國，原
診以知政。師古曰："診，視驗，謂視其脉及色候也。診音軫，又丈刃反。"漢興
有倉公。今其技術晻昧，師古曰："晻與暗同。"故論其書，以序方技
爲四種。

　　　　大凡書，六略三十八種，五百九十六家，萬二千二百六十
九卷。[①]入三家五十篇，省兵十家。

　　　　《志》序神僊者內云："孔子曰：‘索隱行怪。’"顏師古注

────────────

①　"二"，王本、殿本皆作"三"。

云:"《禮記》載孔子之言。索隱,求索隱暗之事。"臣似案《禮記·中庸》篇有云:"子曰:'素隱行怪,後世有述焉。吾弗爲之矣。'"鄭玄注云:"素讀如'攻城攻其所傃'之傃。傃猶鄉也。言方鄉避害隱身而行傄譎,以作後世名也。弗爲之矣,恥之也。"今《志》作"索隱",師古從而解之,文、注即與《禮記》不同,意義亦不相遠,故"索"字不更刊正作"素"字。

漢藝文志考證

[宋] 王應麟 撰

尹承 整理

底本：民國開明書店《二十五史補編》本
校本：北京圖書館出版社《中華再造善本》
　　　影印元至元刻本
　　　日本中文出版社 1977 年影印元至正
　　　重刊《玉海》附刻本
　　　清光緒浙江書局重刊《玉海》附刻本
　　　文淵閣《四庫全書》本

卷一

藝文

秦燔滅文章

《大事記》："始皇三十四年，焚書。非博士官所職，天下敢有藏《詩》、《書》、百家語者，悉詣守、尉雜燒之。"東萊呂氏曰："所燒者，天下之書；博士官所職，固自若也。蕭何獨收圖籍而遺此，惜哉！"《韓非·五蠹篇》云"明主之國，無書簡之文，以法爲教；無先王之語，以吏爲師"[①]，即李斯之說也。

漢興，大收篇籍

《惠帝紀》：四年三月，除挾書律。《爾雅》："挾，藏也。"劉歆移書太常博士曰："漢興，獨有一叔孫通略定禮儀，天下唯有《易》卜，未有他書。至孝惠之世，乃除挾書之律。至孝文，始使掌故朝錯從伏生受《尚書》。《詩》始萌牙。至孝武，然後鄒、魯、梁、趙頗有《詩》、《禮》、《春秋》先師，皆起於建元之間。《泰誓》後得，博士集而讀之。"趙岐《孟子題辭》："孝文欲廣遊學之路，《論語》、《孝經》、《孟子》、《爾雅》皆置博士。"

---

① "師"字原誤作"事"，文淵閣《四庫全書》本（以下簡稱"四庫本"）及清光緒浙江書局重刊《玉海》附刻本（以下簡稱"浙局本"）同，據北京圖書館出版社《中華再造善本》（以下簡稱"再造善本"）影印元至元刻本（以下簡稱"至元本"）、日本中文出版社 1977 年影印至正重刊《玉海》附刻本（以下簡稱"至正本"）、《四部叢刊》影印清黃丕烈校覆宋鈔本《韓非子》及日本中文出版社 1977 年影印元至正刻本《玉海》（以下簡稱"至正本《玉海》"）附刻《通鑑答問》卷二"燒詩書百家語"條引韓非語改。

朕甚閔焉

《孝武紀》元朔五年夏六月詔曰："今禮壞樂崩，朕甚閔焉。"劉歆書又云"書缺簡脱"。

於是建藏書之策 注：劉歆《七略》曰："外則有太常、太史、博士之藏，內則有延閣、廣內、祕室之府。"

《通典》："漢氏圖籍所在，有石渠、延閣、廣內，貯之於外府；又御史中丞居殿中，掌蘭臺祕書及麒麟、天禄二閣，藏之於內禁。"《百官表》："御史中丞，在殿中蘭臺，掌圖籍祕書。"劉向受詔校書，每一書竟，表上輒言："臣向書、①長水校尉臣參書、太常博士書，中外書合若干本，以相比校，然後殺青。"《向傳》云："領校中五經祕書。"

霍山坐寫祕書。蘇昌為太常，坐藉霍山書，泄祕書，免。班斿，賜以祕書之副。時書不布，自東平思王以叔父求《太史公》、諸子書，大將軍白不許。《張安世傳》："上行幸河東，嘗亡書三篋。詔問，莫能知。唯安世識之。"《通典》："中丞有石室，以藏祕書、圖讖之屬。"

司馬遷為太史令，紬史記石室金鐀之書。《西都賦》："天禄、石渠，典籍之府。"《七略》曰："孝武敕丞相公孫弘廣開獻書之路，百年之間，書積如丘山。"河平三年，謁者陳農使使求遺書於天下。

劉向條其篇目 歆奏《七略》

《隋志》："劉向《七略別録》二十卷、劉歆《七略》七卷。剖析條疏，各有其部。"歆嗣父業，乃徙溫室中書於天禄閣上，著為《七略》，大凡三萬三千九十卷。《風俗通》云："劉向典校書籍，皆先書竹，為易刊定，可繕寫者以上素。"《成帝紀》："河平三年，光禄大夫劉向校中祕書。"言"中"以別外。

①　按"劉向"至"殺青"出《北史·樊遜傳》，"臣向書"之"書"字原作"與"，浙局本同，云據文瀾閣《四庫全書》本補（見清光緒浙江書局重刊本《玉海》後附清張大昌《校補瑣記》，後同），四庫本誤作"以"，至元本、至正本空格，據《再造善本》影印宋刻本《北史》及至正本《玉海》卷四十三"漢校中五經秘書"條引《北史》改。

易

易經十二篇　注：上、下經及十翼。

今《易·乾卦》至“用九”，即古《易》之本文。鄭康成始以《彖》、《象》連經文，王輔嗣又以《文言》附《乾》、《坤》二卦，至於文辭連屬，不可附卦爻，則仍其舊篇。自康成、輔嗣合《彖》、《象》、《文言》於經，學者遂不見古本。秦漢之際，《易》亡《說卦》。宣帝時，河內女子發老屋得之。後漢荀爽《集解》又得八卦逸象三十有一。東萊呂氏因晁氏書，參考傳記，復定爲十二篇。朱文公曰：“其卦本伏羲所畫，有‘交易’、‘變易’之義，故謂之‘易’。其辭則文王、周公所繫，故繫之周。簡袟重大，故分爲上、下兩篇。經則伏羲之畫，文王、周公之辭也；并孔子所作之傳十篇，凡十二篇。中間頗爲諸儒所亂，近世晁氏始正其失，未能盡合古文。呂氏又更定著爲經二卷、傳十卷，乃復孔氏之舊。”又曰：“《易》更三聖，制作不同。包羲氏之象、文王之辭，皆依卜筮以爲教，而其法則異；孔子之贊，一以義理爲教，而不專於卜筮。豈其故相反哉？俗之淳漓既異，故爲教爲法不得不異，而道未嘗不同也。”孔穎達云：“‘十翼’，謂《上象》、《下象》、《上象》、《下象》、《上繫》、《下繫》、《文言》、《說卦》、《序卦》、《雜卦》。”

易傳周氏二篇　字王孫。　**服氏二篇**　光。　**楊氏二篇**　何。
王氏二篇　同。

《儒林傳》：“田何授王同、周王孫、丁寬、服生，皆著《易傳》數篇。同授楊何。”言《易》者本之田何。太史公受《易》於楊何。晁氏曰：“商瞿受《易》孔子，五傳而至田何。漢之《易》家，蓋自田何始。何而上，未嘗有書。管輅謂‘《易》安可注’者，其得先儒之心歟！《易》家著書自王同始，學官自楊何始。"所謂"《易》楊"
者是也。

韓氏二篇 嬰。

韓嬰亦以《易》授人，推《易》意而爲之傳。燕、趙間好《詩》，故
其《易》微，唯韓氏自傳之。涿郡韓生，其後也，曰："所受《易》
即先太傅所傳也。嘗受《韓詩》，不如《韓氏易》深。"蓋寬饒從
受焉。寬饒封事引《韓氏易傳》言"五帝官天下，三王家天
下"。

丁氏八篇 寬。

丁寬事田何，學成，復從周王孫受古義，號《周氏傳》。寬作
《易說》三萬言，訓故舉大誼而已，今《小章句》是也。高相專
說陰陽災異，自言出於丁將軍。艾軒林氏曰："先秦之爲《易》
者，未有及理義也。自田何而後，章句傳說多矣，見於今者，
獨有費氏之書。費氏舊亡章句，而學者宗王弼之說。至於京
氏之陰陽占筮，其書雖存，視之爲術數之流矣。《易》有聖人
之道四焉，理義之學，以其辭耳。王弼而下，其說紛紛，不若
象數之粗有所明也。"

古五子十八篇

劉向《別錄》："所校讎中《古五子書》，除復重，定著十八篇。
分六十四卦，著之日辰，自甲子至壬子，凡五子。"《律曆志》
"日有六甲，辰有五子"，注云："六甲之中，唯甲寅無子。"

淮南道訓二篇

《七略》曰："《九師道訓》者，淮南王安所造。"張平子《思玄賦》
"文君爲我端著兮，利飛遁以保名"，注云："《遯》上九曰：'飛
遯，無不利。'《淮南九師道訓》曰：'遁而能飛，吉孰大焉。'"曹
子建《七啓》"飛遯離俗"，注亦引之。蓋以"肥"爲"飛"。劉向《別
錄》："所校讎中《易》傳《淮南九師道訓》，除復重，定著十二

篇。淮南王聘善爲《易》者九人，從之採獲，故中書著曰《淮南
九師書》。"《文中子》謂"九師興而《易》道微"。《隋志》已亡其書。

孟氏京房十一篇　災異孟氏京房六十六篇　京氏段嘉十二篇

唐《大衍曆・卦議》曰："十二月卦出於孟氏章句，其說《易》本
於氣，而後以人事明之。京氏又以卦爻配朞之日，《坎》、
《離》、《震》、《兌》，其用事自分、至之首，皆得八十分日之七十
三。《頤》、《晉》、《井》、《大畜》皆五日十四分，餘皆六日七分。
止於占災眚與吉凶善敗之事，①至於觀陰陽之變，則錯亂而不
明。"《京房傳》注：孟康曰："分卦直日之法，一爻主一日，六
十四卦爲三百六十日，餘四卦《震》、《離》、《兌》、《坎》爲方伯
監司之官，消息卦爲辟。辟，君也。息卦曰'太陰'，消卦曰
'太陽'，其餘卦曰'少陰'、'少陽'，謂臣下也。"《五行志》引
《京房易傳》"尊卦用事"，注：孟康曰：尊卦，《乾》、《坤》也。"賢者居
《明夷》之世，知時而傷，或衆在位"，"《震》'遂泥'，厥咎國多
麋"，"《復》'崩來無咎'，自上下者爲崩"，"'潛龍勿用'，衆逆
同志，至德逎潛，厥異風。行不解物，不長"，"'幹父之蠱，有
子，②考亡咎'，子三年不改父道，思慕不皇，亦重見先人之
非，不則爲私"，"'婦貞厲，君子凶'，言君弱而婦彊，爲陰所
乘，則月並出"。谷永以《京房易占》對日食。③李固對策引
《京房易》。郎顗按房《飛候》，參察衆政。"正月三日至乎九

---

① "與"字原誤作"於"，浙局本同，至元本、至正本缺頁，據四庫本、《再造善本》影
印宋刻宋元遞修本《唐書》及至正本《玉海》卷十"唐開元大衍曆……"條、卷三十五"漢京
房易、易占、分卦直日法"條、至正本《玉海》附刻《六經天文編》卷上"七日來復"條引《唐
曆志・大衍曆議》改。

② "有"字原誤作"亡"，四庫本及浙局本同，至元本、至正本缺頁，據《再造善本》
影印北宋刻遞修本《漢書》、中華書局1988年影印宋刻本《周易注疏》及上下文意改。

③ "日食"二字原作"後志"，屬後讀，浙局本同，至元本、至正本缺頁，據四庫
本改。

日，三公卦”。《集韻》“觀我瑞頤”①，《釋文》：坎卦京作“欿”；剥牀以膚，京作“簠”，謂祭器。龜山楊氏曰：“以爻當期，其原出於《繫辭》。而以星日、氣候分布諸爻，《易》未有也。其流詳於緯書，世傳《稽覽圖》是也。”艾軒林氏曰：“如《復》所謂‘七日’，《臨》所謂‘八月’，《蠱》所謂‘先甲’、‘後甲’，《巽》所謂‘先庚’、‘後庚’。又如‘十年三歲’、‘月幾望’、‘巳日乃孚’，是皆陰陽氣數當然之變。孟氏而下，有焦贛氏，以一卦變爲六十四，積而至於四千九十六。凡一卦所主六日，《震》、《離》、《坎》、《兌》寄直於分、至之日。如曰冬至則《坎》用事，次《未濟》，次《蹇》，次《頤》，次《中孚》，次《復》。當期之數，循環爲變。”後魏《正光曆》推四正卦術：“四正爲方伯，《中孚》爲三公，《復》爲天子，《屯》爲諸侯，《謙》爲大夫，《睽》爲九卿，《升》還從三公，周而復始。九三應上九，清淨微溫陽風；九三應上六，絳赤決溫陰雨；六三應上六，白濁微寒陰雨；六三應上九，麴塵決寒陽風。諸卦上有陽爻者陽風，上有陰爻者陰雨。”京房分六十卦更直日用事，以風、雨、寒、溫爲候。《釋文·序錄》：孟喜《章句》十卷、無《上經》。《七錄》云：“又《下經》無《旅》至《節》，無《上繫》。”一行《易纂》引孟喜《序卦》曰：“陰陽養萬物，必訟而成之；君臣養萬民，亦訟而成之。”《隋志》：八卷，殘缺。京房《章句》十二卷。《七錄》云十卷。晁氏曰：“《漢志》《易》京氏凡三種，八十九篇。《隋志》有京《章句》十卷，又有《占候》十種七十三卷。《唐·藝文志》有京《章句》十卷，而《占候》存者五種二十三卷。今其《章句》亡矣，乃略見於僧一行及李鼎祚之書，而其傳者曰《易傳》三卷、《積算雜占條例法》一卷；或共題《易傳》四卷，而名皆與古不同。今所謂《京氏易傳》者，或題曰《京氏

積算易傳》，疑隋、唐《志》之《錯卦》是也。《錯卦》在《隋》七卷，《唐》八卷。所謂《積算雜占條例法》者，疑《隋》'《逆刺占災異》十二卷'是也。至《唐》《逆刺》三卷，而亡其九卷。元祐八年，高麗進書有《京氏周易占》十卷，疑《隋志》'《周易占》十二卷'是也。《正義》："'大衍之數五十'，京房云：'五十者，謂十日、十二辰、二十八宿也，凡五十。其一不用者，天之生氣，將欲以虛來實。'"

章句，施、孟、梁丘氏各二篇

《儒林傳》："初，《易》唯有楊。孝宣世，立施、孟、梁丘。元帝立京氏。"《隋志》："梁丘、施、高亡於西晉，孟、京有書無師。"陸澄曰："《易》自商瞿之後，雖有異家之學，同以象數爲宗。"許氏《說文》稱《易》孟氏，其文多異。虞翻傳其家五世孟氏之學。丁寬授田王孫，王孫授施讎、孟喜、梁丘賀，縣是《易》有施、孟、梁丘之學。《釋文》云："晉卦，孟作'齊'。"

文王重《易》六爻

重卦之人有四說。王輔嗣等以爲伏羲，鄭康成之徒以爲神農，淳于俊曰："包羲因燧皇之圖而制八卦，神農演之爲六十四。"孫盛以爲夏禹，史遷等以爲文王。《淮南子》："伏戲爲之六十四變，周室增以六爻。"張行成曰："伏羲先天示《易》之體，故孔子謂之'作八卦'；文王後天明《易》之用，故子雲謂之'重六爻'。"①楊繪曰："筮非八卦之可爲，必六十四之，然後爲筮。舜、禹之際曰'龜筮協從'，則何文王重卦之有乎？'八卦成列，象在其中矣；因而重之，爻在其中矣'，按是而言，重卦之始，其在上古乎？"京房引夫子曰："神農重乎八純。"

《易》爲筮卜之事，傳者不絕

呂氏曰："古者教人之通法，《詩》、《書》、禮、樂而已，至於

---

① 按張行成所云見於文淵閣《四庫全書》本張行成《皇極經世索隱》卷上，爲張氏引邵雍語。

《易》，則未嘗躐等與人。是以孔子、孟子之問答，初未嘗及《易》也。若如魏晉祖尚浮虛，談《老》、《易》者徧天下，則秦焚之久矣。”朱文公曰：“《易經》本爲卜筮而作，皆因吉凶以示訓戒，故其言雖約而所包甚廣。夫子作傳，亦略舉其一端以見凡例而已。”薛氏曰：“六經之道，《易》爲之宗。他經亡而《易》傳不殊，其書之存也。”

民間有費、高二家之說

費直本皆古字，號“古文《易》”，以授王璜，未得立。陳元、鄭衆皆傳費氏學。建武中，韓歆上疏，欲爲費氏立博士，范升奏非急務。馬融爲《傳》，授鄭康成。康成作《易注》，荀爽又作《傳》，自是費氏大興。《釋文·序錄》：費直《章句》四卷，殘缺。高相專說陰陽災異，未立學官。後漢費興，高遂微。費直說“十二次度數”，見《晉·天文志》。王弼所傳，本費氏。晁氏曰：“先儒謂費直專以《彖》、《象》、《文言》參解《易》爻。以《彖》、《象》、《文言》雜入卦中者，自費氏始。其初，費氏不列學官，唯行民間，至漢末陳元方、鄭康成之徒，皆學費氏，古十二篇之《易》遂亡。孔穎達又謂：‘輔嗣之意，《象》本釋經，宜相附近。分爻之《象》辭，各附當爻。’則費氏初變亂古制時，猶若今《乾卦》《彖》、《象》繫卦之末歟？古經始變於費氏，而卒大亂於王弼。昔韓宣子適魯，見《易》象，是古人以卦爻統名之曰‘象’也。故曰‘易者象也’，其意深矣。豈若後之人，卦必以象明，象必以辭顯，紛紛多岐哉！”

劉向以中古文《易經》校施、孟、梁丘經

《釋文》引古文，如“彙”作“胄”，“翩”作“偏”，“介”作“砎”，“枕”作“沈”，“蹢躅”作“蹢蹾”，“繻”作“襦”。劉向引《易》曰“飛龍在天，大人聚也”，與今《易》異。又引《易大傳》曰：“誣神者，殃及三世。”《說苑》引《易》曰：“建其本而萬物理，失之毫釐，差以

千里。"司馬遷引《易》曰："差以毫釐，謬以千里。"東方朔引
"正其本，萬事理，失之毫釐，差以千里"。《經解》引"君子慎
始，差若毫釐，繆以千里"。今《易》無此語。沙隨程氏曰："此
緯書《通卦驗》之文。"《說苑》引"勞而不怨，有功而不德，厚之
至也"，"有一道，大足以守天下，中足以守國家，小足以守其
身，謙之謂也。夫天道毀滿而益謙，不損而益之，故損；自損
而終，故益"。又云："天地動而萬物變化。"《坊記》引"不耕
穫，不菑畬，凶"。晁氏曰："文字之傳，始有齊、楚之異音，卒
有科斗、籀、篆、隸書之四變，因而訛謬者多矣。劉向嘗以中
古文《易經》校施、孟、梁丘經。至蜀李譔，又嘗著《古文易》。
則今之所傳者，皆非古文也。"

唯費氏經與古文同

呂氏曰："漢興，言《易》者六家，獨費氏傳古文《易》，而不立於
學官。費氏《易》在漢諸家中最近古，最見排擯。千載之後，
歸然獨存，豈非天哉？"晁氏公武曰："歐陽永叔謂孔子古經已
亡，費氏經與古文同，則古經何嘗亡哉？"《易》文之異者，《漢
書》引"嗛嗛"，"喪其齊斧"，"日中見眛"，"其欲涑涑"，"不如
西鄰之瀹祭"。《說文》引"夕惕若夤"，"忼龍有悔"，"乘馬驙
如"，"再三瀆"，"褆既平"，"百穀草木麗於地"，"以往遴"，"包
冘，用馮河"，"僮牛之告"，"泣涕漣如"，"其牛觢"，"天且
劓"①，"君子豹變，其文斐也"，"噬乾胾"，"明出地上，晉"，
"臩"，異。"叵"，艮。"楷恆凶"，"扴馬，壯，吉"，"龡升，大吉"，
"履虎尾，虩虩"，"豐其屋"，"日厞之離"，"需有衣絮"，"槷黜"，
"埶飪"，"夫乾㩺然"，"天地壼壼"，"牿牛乘馬"，"參天兩地"，

---

① "且"字原誤作"卑"，浙局本同，據至元本、至正本、四庫本及《續古逸叢書》影印
宋本《說文解字》改。

"重門擊柝"，"燥萬物者，莫暵于離"，"雜而不越"，"爲駒顙"。又引"地可觀者，莫可觀於木"，"井，法也"，今《易》所無。《說文序》曰："其稱《易》孟氏，皆古文也。"《周禮注》引"其刑劓"，"襦有衣絮"，"參天兩地而奇數"，"巽爲宣髮"。《緇衣》引"恆其德，偵"。《深衣》引"直其政，方其義也"。《史記》引"《乾》稱'蜚龍'，鴻漸于般"，"狐涉水，濡其尾"。後漢《劉修碑》"動乎儉中"，"鬼神富謙"。《魏文帝紀》注太史許芝引"初六'履霜'，陰始凝也"。《內則》注引"明夷睇于左股"。郎顗引"困而不失其所"。无"亨"字。《史記索隱》劉向《別録》云：《易》家有救氏注。"

連山　歸藏　不著録。

桓譚《新論》曰："《連山》八萬言，《歸藏》四千三百言。"漢世蓋有二《易》矣。《水經注》引《連山易》曰："有崇伯鯀伏于羽山之野。"《帝王世紀》引《連山易》曰："禹娶塗山之子，名曰攸女，生余。"《唐志》有十卷，蓋劉炫偽作。梁元帝三十卷，在五行家。《禮運》"坤乾"注："其書存者有《歸藏》。"晉《中經》有之。《隋》、《唐志》皆十三卷，今唯存《初經》、《齊母》、《本蓍》三篇。《初經》云："初《乾》、初《奭》、《坤》。初《艮》、初《兌》、初《犖》、《坎》。初《離》、初《釐》、《震》。初《巽》，卦皆六畫。"漢上朱氏謂伏羲初畫八卦，因而重之者也。《齊母經》云："《瞿》，有瞿有觚，宵梁爲酒，尊於兩壺。兩羭，飲之三日，然後穌。士有澤，我取其魚。"見《爾雅疏》。傳注所引，若"君子戒車，小人戒徒"，"有鳧鴛鴦，有雁鸕鷀"，"有白雲自蒼梧入大梁"，"上有高臺，下有雞池"，"若以賈市，其富如河漢"，"昔女媧筮，張雲幕，枚占之曰吉"，"昭昭九州，日月代極，平均土地，和合四國"，"黃神將戰，筮於巫咸"，"帝堯降二女以舜妃"，"殷王其國，常母谷"，"羿彈十日"，"《明夷》曰：昔夏后啓筮，乘龍飛以登于天，皋陶占之曰吉"，"昔者河伯筮與洛戰，而枚卜，昆吾占之，不吉”，“昔夏后啓筮享神於大陵，而上鈞臺枚占，皋陶曰不吉”，“昔夏后啓筮享神於晉之墟，作爲璿臺於水之陽”，“昔者桀筮伐唐，而枚占於《熒惑》，曰：不吉，不利出征，唯利安處。彼爲貍，我爲鼠。勿用作事，恐傷其父”，“昔穆王子筮卦於禺强”，“昔常娥以西王母不死之藥服之，遂奔月爲月精”。孔穎達謂僞妄之書，非殷《易》也。按《周官》：“大卜掌三《易》之法，一曰《連山》，二曰《歸藏》，三曰《周易》，其經卦皆八，其別皆六十有四。”《連山》首《艮》，象山之出雲，連連不絕；《歸藏》首《坤》，萬物莫不歸藏於其中；《周易》首《乾》。杜子春云：“《連山》，伏戲；《歸藏》，黃帝。”《山海經》云：“伏羲氏得河圖，夏后氏因之，曰《連山》。黃帝氏得河圖，殷人因之，曰《歸藏》。列山氏得河圖，周人因之，曰《周易》。”姚信謂：“連山氏得河圖，夏人因之，曰《連山》；歸藏氏得河圖，殷人因之，曰《歸藏》；伏羲氏得河圖，周人因之，曰《周易》。”皇甫謐謂夏人因炎帝曰《連山》，殷人因黃帝曰《歸藏》。《世譜》：“神農，一曰連山氏、列山氏；黃帝，一曰歸藏氏。”張行成謂：“《連山》，天《易》也；《歸藏》，地《易》也，有法數而未有書；《周易》，人《易》也，始有書矣。”先儒謂夏、殷《易》以七、八不變者占，《左氏傳》：穆姜筮，《艮》之八。《晉語》：公子重耳筮，得貞《屯》、悔《豫》，皆八。董因筮之，得《泰》之八。《周易》以九、六變者占，而沙隨程氏曰：“古之筮者，兼用三《易》之法。衛元之筮，遇《屯》，曰‘利建侯’，是《周易》或以不變者占也。季友之筮，遇《大有》之《乾》，曰‘同復于父，敬如君所’，此固二《易》辭也。既之《乾》，則用變矣。是《連山》、《歸藏》或以變者占也。”夾漈鄭氏以爲，《連山》用三十六策，《歸藏》用四十五策，《周易》用四十九策。《子華子》曰：“出於一，立於兩，成於三，《連山》以之而呈形，《歸藏》以之而御氣，大《易》以之而立數。”《春秋演孔圖》云：“孔子修《春

秋》，九月而成，卜之，得《陽豫》之卦。"宋均注謂夏、殷之卦
名，蓋意之也。元豐中，《三墳書》始出于唐州比陽民家，曰：
"《山》、《氣》、《形》。天皇伏戲氏本《山墳》而作《易》曰《連
山》，人皇神農氏本《氣墳》而作《易》曰《歸藏》，地皇黃帝氏本
《形墳》而作《易》曰坤乾》。雖不畫卦，而《連山》大象八，曰：
君、臣、民、物、陰、陽、兵、象，而統以'山'。《歸藏》大象八，
曰：歸、藏、生、動、長、育、止、殺，而統以'氣'。《坤乾》大象
八，曰：天、地、日、月、山、川、雲、氣，而統以'形'。皆八而八
爲六十四。"龜山楊氏曰："是書《太古河圖代姓紀》曰'博厚而
濁，謂之太易，太易之數三'[1]，是以形數名《易》，知其非古書
也。"揚雄《太玄》"日始於寅"，義取《連山》。衛元嵩《元包》，
卦首於《坤》，義取《歸藏》。司馬公《潛虛》亦取《歸藏》云。晉郭
璞"摹《洞林》乎《連山》"。

子夏易傳　不著錄。

《隋志》：《周易》二卷，子夏傳，殘缺，梁六卷。《釋文·序
錄》："《子夏易傳》三卷，卜商。《七略》云'漢興，韓嬰傳'，
《中經簿錄》云丁寬作，張璠云或馯臂子弓所作，薛虞記。"
《唐志》：二卷。[2] 今本十卷。案陸德明《音義》云"地得水
而柔，水得地而流，故曰'比'"，今本作"地藏水而澤，水得
地而安"，但小異爾。"束帛戔戔"作"殘殘"。又云"五匹
爲束，三玄二纁，象陰陽"，今本無此文，蓋後人附益者多。
景迂晁氏曰唐張弧僞作，孫氏曰漢杜子夏之學，唐司馬氏

---

① "三"字各本皆同，綫裝書局 2004 年《宋集珍本叢刊》影印明萬曆十九年林氏刻
本《龜山先生全集》卷二十六《跋三墳傳》亦同，《再造善本》影印宋刻本《古三墳書·太古
河圖代姓紀》作"二"，云"太易之數二，二爲兩儀"。

② "卷"字各本皆誤作"志"，據上下文意及至正本《玉海》卷三十五"子夏易
傳"條引《唐志》改。

曰《七略》有子夏《傳》。《七録》：^①六卷。或云韓嬰，或云丁寬。《中經簿》：四卷。

書

尚書古文經四十六卷　爲五十七篇。注：鄭玄《敍贊》云"後又亡其一篇"，故五十七。

　　孔安國作《傳》，值巫蠱，不行，遂有張霸之徒，僞作《舜典》、《汨作》、《九共》九篇、《大禹謨》、《益稷》、《五子之歌》、《胤征》、《湯誥》、《咸有一德》、《典寶》、《伊訓》、《肆命》、《原命》、《武成》、《旅獒》、《冏命》二十四篇。除《九共》九篇共卷，爲十六卷，蓋亦略見百篇之序。故以伏生二十八篇者，復出《舜典》、《益稷》、《盤庚》二篇、《康王之誥》及《泰誓》，共爲三十四篇。而僞作此二十四篇十六卷，附以求合於孔氏之五十八篇四十六卷之數。

　　張霸僞造《尚書》百兩篇，而爲緯者附之，云："孔子求書，得黃帝玄孫帝魁之書，迄於秦穆公，凡三千二百四十篇，斷遠取近，定可以爲世法者百二十篇，以百二篇爲《尚書》。"^②愚按《尚書大傳·虞傳》有《九共》，引《書》曰："予辯下土，使民平平，使民無傲。"《殷傳》有《帝告》，^③引《書》曰："施章乃服，明上下。"此伏生所傳，必有所據。其張霸僞《書》，若鄭康成引《胤征》曰："厥篚玄黃，昭我周王。"注《咸有一德》云

---

　　①　"七"字原誤作"十"，四庫本及浙局本同，至元本漫漶，據至正本改。

　　②　按"張霸僞造"至"爲尚書"出孔穎達《尚書序》正義，"爲"後"尚書"二字，各本皆誤作"中候"，據《再造善本》影印宋刻本《尚書正義》、至正本《玉海》卷三十七"周書、周史記……"條引《書正義》及上下文意改。

　　③　各本皆脱"告"字，據本卷"傳四十一篇"條及至正本《玉海》卷三十七"尚書大傳"條、《四部叢刊三編》影印元刻本《困學紀聞》卷二引《書大傳》補。

“伊陟臣扈曰”。又注《典寶》引《伊訓》云“載孚在亳”，又曰
“征是三朡”。注《旅獒》云：“獒讀曰豪，謂是酋豪之長。”
《三統曆譜》引《伊訓篇》曰：“惟太甲元年十有一月乙丑朔，
伊尹祀于先王，誕資有牧方明。”《武成篇》曰“粤若來三月，
既死霸，粤五日，咸劉商王紂”，“惟四月，既旁生霸，粤六日
庚戌，武王燎于周廟。翌日辛亥，祀于天位。粤五日乙卯，
乃以庶國祀馘于周廟”。古文《月采篇》曰：“三日曰朏。”
《畢命豐刑》曰：“惟十有二年六月庚午，朏，王命作策《豐
刑》。”《王莽傳》引逸《嘉禾篇》曰：“周公奉鬯立于阼階。延
登，贊曰：‘假王莅政，勤和天下。’”康成云《武成》逸《書》，
建武之際亡，謂彼僞《武成》也。又逸篇有册命霍侯之事，
又似異於《豐刑》，皆妄作也。康成所謂“亡一篇”者，即《武
成》。杜林於西州得漆書《古文尚書》一卷。

劉向《別錄》云五十八篇，《藝文志》云古文又多十六篇。篇即
卷也。即是僞《書》二十四篇，不見《孔傳》。劉向、班固、劉
歆、賈逵、馬融、鄭玄之徒，皆不見真古文，而誤以此爲古文之
《書》。庸生、賈、馬等惟傳孔學經文三十三篇。鄭與三家同，以爲古文。鄭承其
後，所注皆同賈、馬之學，題曰《古文尚書》，篇與夏侯等同，而經字多異。鄭序以爲
《虞夏書》二十篇、《商書》四十篇、《周書》四十篇。《贊》云：“三科之條、五家之教，是
虞、夏同科也。”百篇次第，孔、鄭不同。孔依壁內篇次及《序》爲文，鄭依賈氏所奏別
錄爲次。鄭注《禮記》遇引今《尚書》所有之文，皆曰《逸書》。桓譚《新論》云：“《古文
尚書》舊有四十五卷。”服虔、杜預亦不之見，注《左傳》“亂其紀綱”云“夏桀
時”。杜又注《左傳》“成允成功”、“念茲在茲”、“寧失不經”、“辰不集于房”①、“官占，
唯能蔽志”、“惟彼陶唐”、“怨不在明”、“皇天無親”、“民之所欲”、“大國畏其力”、“官
師相規”，趙岐注《孟子》“天降下民，作之君，作之師”、“綏厥士女”、“湯一征，自葛
始”、“丕顯丕承”，韋昭注《國語》“衆非元后何戴”、“關石、龢均”，皆以爲《逸書》。《孟

子》引《大誓》曰"我武惟揚"，趙岐謂古《尚書》百二十篇之時《太誓》也。王肅注《書》，始似竊見《孔傳》。注"亂其紀綱"爲夏太康時。晉鄭沖以古文授蘇愉，愉授梁柳，柳之內兄皇甫謐從柳得之。柳又以授臧曹，曹授梅頤。頤於前晉奏上其書時，已亡《舜典》一篇，范甯爲《解》時，已不得。乃取王肅注《堯典》"慎徽五典"以下，分爲《舜典》續之。齊姚方興得於大航以獻。"曰若稽古帝舜曰重華協于帝"十二字，是方興上，《孔氏傳》本無。或此下更有"濬哲文明"至"乃命以位"凡二十八字異。隋開皇二年，始得其篇，然後《書》大備。自武帝至隋開皇，凡六百七十餘年，然後五十八篇傳學者。唐開元十四年，改《洪範》"無偏無頗"爲"無偏無陂"。天寶三載，詔衛包改古文從今文。《釋文·序錄》云："今以孔氏爲正，其《舜典》一篇，仍用王肅本。"薛氏曰："唐明皇更以正隸改定，而俗儒承詔，文多踳駁。"《文選注》引《七略》曰："《尚書》有青絲編目錄。"後周郭忠恕定《古文尚書》并《釋文》。本朝開寶五年，別定今文音義，與古文並行。

經二十九卷

伏生口傳二十八篇，後得《泰誓》一篇。

> 劉歆曰："《泰誓》後得，博士集而讀之。"董仲舒引"白魚入于王舟，有火復于王屋，流爲烏"。《郊祀志》引"正稽古立功立事，可以永年，丕天之大律"。《毛詩箋》引"天將有立父母，民之有政有居"。《詩正義》引"師乃鼓譟，前歌後舞，格于上天下地。咸曰孜孜無怠"，又曰"司馬在前"。《周禮疏》引"周公曰：'都，懋哉。子聞古先哲王之格言。'大子發拜手稽首"。《說苑》引"附下而罔上者死，附上而罔下者刑，與聞國政而無益於民者退，在上位而不能進賢者逐"。伏生無此篇，而《書傳》有八百諸侯俱至孟津，白魚入舟之事，與《泰誓》同。不知伏生先爲此語，抑《泰誓》出後，後人加此語？未可知也。房宏等說宣帝本始元年，河內女子有

壞老人屋,得古文《泰誓》三篇。《別録》云"武帝末,得於壁
内,獻之。與博士,使讀說之。數月皆起傳,以教人",不得
云"宣帝時始出"也。鄭康成《書論》云:"民間得《泰誓》。"
《墨子》引《大誓》曰:"小人見姦巧乃聞,不言也,發罪鈞。"

二十九篇是計卷,若計篇則三十四。去《泰誓》,猶有三十一,
伏生所傳,謂之今文,則歐陽、夏侯三家所傳,及蔡邕石經是
也。《泰誓》非伏生所傳,而《史記·儒林傳》云:"秦時焚書,
伏生壁藏之。漢定,伏生求其書,亡數十篇,獨得二十九篇。"
蓋太史公當武帝時,《泰誓》已出,而入伏生《書》内,故總言
之。孔臧與安國書云:"曩雖爲今學,亦多所不信。唯聞《尚
書》二十八篇取象二十八宿,謂爲至然也。河圖古文乃自百
篇邪?"此劉歆所謂"以《尚書》爲備"。

傳四十一篇

伏生作《尚書傳》四十一篇,授張生,張生授歐陽生。《隋志》
云:"濟南伏生之傳,唯劉向父子所著《五行傳》,是其本法,而
又多乖戾。"《釋文·序録》:《尚書大傳》三卷,伏生作。鄭康
成注,其序曰:"伏生至孝文時,年且百歲,歐陽生、張生從學
焉。伏生終後,數子各論所聞,以己意彌縫其間,[①]而別作章
句。又特撰其大義,因經屬指,名之曰'傳'。劉子政校中書,
奏此。目録凡四十一篇。"康成詮次爲八十三篇。今本四卷,
首尾不倫。《劉向傳》贊云:"《鴻範論》發明《大傳》,著天人之
應。"《唐志》又有《暢訓》一卷。《大傳》篇有《九共》、《帝告》,
以《西伯戡黎》爲《紂者》,《冏命》爲《臩命》,《費誓》爲《肸誓》,
《呂刑》爲《甫刑》。序又有《嘉禾》、《揜誥》,今本闕。又引《盤
庚》"若德明哉,湯任父言卑應言",《酒誥》"王曰:封。唯曰若

---

① "間"字各本皆同,至正本《玉海》卷三十七"尚書大傳"條引作"闕"。

圭璧"，皆古文所無。漢儒五行傳，其原自《大傳》，其流爲災異之說。吳氏曰："馬融、鄭康成之學，悉本伏生。"石林葉氏曰："《大傳》以天、地、人、四時爲七政，謂《金縢》作於周公沒後，何可盡據？"《史記》以"平在朔易"爲"便在伏物"，索隱云據《大傳》。《周禮疏》云："《白虎通》引《尚書大傳》云'拊革，裝之以秣'。今《書傳》無者，在亡逸中。"

歐陽章句　大小夏侯章句

初，《書》唯有歐陽。孝宣世，立大、小夏侯。《七錄》云："三家至西晉並亡，其說間見於義疏。"葉氏曰："自漢訖西晉，言《書》惟祖歐陽氏。"鄭康成云："歐陽氏失其本義。"《郊祀志》引歐陽、大小夏侯三家說"六宗"，皆曰："上不及天，下不及墜，旁不及四方，在六者之間，助陰陽變化，實一而名六。"《後漢·輿服志》："永平二年，乘輿服從歐陽氏說，公卿以下從大、小夏侯氏說。"桓榮習《歐陽尚書》，受朱普學，章句四十萬言，浮辭繁長，多過其實。及榮入授顯宗，減爲二十三萬言。子郁復刪省定成十二萬言。夏侯勝從歐陽氏問，建自師事勝及歐陽高，左右采獲，又從五經諸儒問與《尚書》相出入者，牽引以次章句。然則大、小夏侯皆歐陽之學。

劉向五行傳記十一卷

本傳曰《洪範五行傳論》。本伏生《大傳》，云："維王后元祀，帝令大禹步于上帝。"沈約曰："伏生創紀《大傳》，五行之體始詳；劉向廣演《洪範》，休咎之文益備。"歐陽氏曰："箕子陳《洪範》，條其事爲九類，別其說爲九章。考其說，不相附屬。向爲《五行傳》，乃取五事、皇極、庶證附於五行，以爲八事皆屬五行歟？則至於八政、五紀、三德、稽疑、福、極之類，又不能附。至俾《洪範》之書，失其倫理，所謂旁引曲取而遷就其說也。然自漢以來，未有非之者。又祥眚禍痾之說，自其數術之學。"向治《穀梁》，數其禍福，傳以《洪範》。子歆治《左氏》，言《五行傳》頗不同。《隋志》：《洪範五行傳論》十一卷，劉向注。《郎顗傳》引《尚書洪範記》曰：
"月行中道，移節應期，德厚受福，重華留之。"

許商五行傳記一篇

夏侯始昌推《五行傳》，傳族子勝。下及許商。其《傳》與劉向
同。《儒林傳》"商善爲算，著《五行論》"。夏侯勝曰："天久陰而不雨，
臣下有謀上者。"對言"在《鴻範傳》"。

周書七十一篇　周史記。

劉知幾《史通》曰："《周書》與《尚書》相類，即孔氏刊約百篇之
外，凡爲七十一章。上自文、武，下終靈、景。其有典雅高義，
亦有淺末常說。殆似後之好事者所增益也。至若《職方》之
言，與《周官》無異；《時訓》之說，比《月令》多同。斯百王之正
書，五經之別録。"《隋志》雜史有《周書》十卷。今本凡七十
篇，始於《度訓》，終於《器服》，晉孔晁注。《隋》、《唐志》皆云
得之晉太康中汲郡魏安釐王冢，《晉紀》："咸寧五年十月，得竹簡古書。"
然劉向、班固所録，並著《周書》，而司馬遷《史記》武王克殷事
與此合。鄭康成注《周禮》、《儀禮》引《王會》，許叔重《說文》
亦引《逸周書》。馬融注《論語》引《周書·月令》有更火之文，
豈漢世已入中祕，其後稍隱邪？今篇目比漢但闕其一，繫之
汲冢，失其本矣。杜預注《左傳》"蠻之柔矣"，謂"逸《詩》，見
《周書》"。而狼瞫所稱《周志》"勇則害上，不登於明堂"，其語
今見篇中。"千里百縣，縣有四郡"，又引以爲"上大夫受縣"
之注。預注《左傳》既訖，汲冢書始出，見《後序》。《呂氏春秋》引"民善之
則畜也，不善則讎也"。《楚世家》引"欲起無先"。蘇秦引"緜
緜不絕，蔓蔓奈何"。《蒙恬傳》引"必參而伍之"。蕭何引"天
予不取，反受其咎"。主父偃引"安危在出令，存亡在所用"。
谷永引"記功忘過宜爲君"。《王商傳》引"以左道事君者誅"。
楊賜引"天子見怪則修德"。《說苑》引"前車覆，後車戒"。

《墨子》引"國無三年之食，非其國"。《淮南子》引"掩雉不得，更順其風"，"上言者常，下言者權"。《戰國策》引魏任章"將欲敗之，必姑輔之；將欲取之，必姑與之"。《貨殖傳》引"農不出則乏食，工不出則乏事，商不出則三寶絕"。《說文》引"朕實不明，以俒伯父"。《書正義》引《月令》云："三日粵朒。"《張衡集》引"乃命少皞清"。皆曰《周書》。今文有無其語者，豈在逸篇乎？書多駮辭，宜孔子所不取。抑戰國之士，私相綴續，託周爲名，孔子亦未必見也。唐《大衍曆議》曰："七十二候原于周公，《時訓》、《月令》，雖頗有增益，然先後之次則同。"《謚法》即此書第五十四篇也。若"周史記"之名，太史公謂"孔子西觀周室，論史記舊聞"，又謂"周太史伯陽讀史記"、"孔子讀史記至'楚復陳'"，又曰"史記獨藏周室"。而說《公羊》者，以爲"孔子制《春秋》之義，使子夏等十四人求周史記，得百二十國寶書"。薛氏曰："先王之制，諸侯無史。外史掌四方之志，而職於太史。"止齋陳氏曰："古者諸侯無私史。有邦國之志，小史掌之，而藏周室。魯人所謂'周人御書'，晉人所謂'辛有之二子董之，於是有董史'是也。"秦宓曰："書非史記、周圖，仲尼不采。"《墨子》曰："吾見百國《春秋》。"

議奏四十二篇　石渠論。

論石渠者，歐陽地餘、林尊、周堪、張山拊、假倉。

河出圖，雒出書

成王之末，《河圖》尚在。邵子曰："圓者，《河圖》之數；方者，《洛書》之文。"朱文公曰：《河圖》與《易》之天一至地十者合，而載天地五十有五之數，《易》之所自出也；《洛書》與《洪範》之初一至次九者合，而具九疇之數，《洪範》之所自出也。世傳一至九數者爲《河圖》，一至十數者爲《洛書》，正是反而置之。"朱震、張行成皆以九爲《河圖》，十爲《洛書》。震本劉牧，行成本邵子。鶴山魏氏曰："戴九履一之圖，其象圓；五行生成之圖，其象方。是九圓而十方也。安知邵子不以九爲圖十爲書乎？朱子雖力攻劉氏，而猶曰《易》、《範》之數相表裏爲可疑。又曰：'安知圖之不爲書，書之不爲圖？'是朱子尚有疑於此也。"《大戴禮·明堂篇》有"二九四七五三六一八"之語，鄭氏注云：按《北史》，《大戴禮》乃後魏盧辯注，今本云"鄭氏注"，誤也。"法龜文。"則漢人固以九數爲《洛書》矣。蘇氏曰："《河圖》、《洛書》著於《易》，見於《論語》，今學者或疑焉。山川出圖、書，有時而然。魏、晉之間，張掖出石圖，文字粲然，時無聖人，莫識其意爾。"

孔子纂焉，上斷於堯，下訖於秦，凡百篇，而爲之序，言其作意

《書序》，古文本自爲一篇，在百篇之後。劉歆曰："孔子修《易》序《書》。"朱文公曰："《書小序》非孔子作，或頗與經不合。《序》云'《書序》，序所以爲作者之意'未嘗以爲孔子所作。至劉歆、班固，始以爲孔子所作。"五峯胡氏曰："《康誥》蓋武王命康叔之辭，不得不捨《書序》而從經史。"林氏曰："《序》乃歷代史官相傳以爲《書》之總目，猶《詩》之有《小序》也。"吳氏曰："先序者，孔子之序，猶《詩》之《大序》也；再序者，當時之序，猶《詩》之《小序》也。"

《古文尚書》者，出孔子壁中

注：師古曰："《家語》：孔騰藏《尚書》、《孝經》、《論語》於夫子舊堂壁中。《漢記·尹敏傳》云孔鮒所藏。二說不同。"《決疑》曰："《隋志》云：'武帝時，魯恭王壞孔子宅，得其末孫惠所藏之書，皆古文也。'《史通》亦以爲孔惠所藏。則又非師古所引二人者矣。"

《酒誥》脫簡一

揚子曰："昔之說《書》者，序以百。而《酒誥》之篇俄空焉。今亡夫。"伏生《大傳》：《酒誥》曰："王曰：封，唯曰若圭璧。"其脫簡之文與？

文字異者七百有餘

歐陽、夏侯之學不傳，今無所考。以古文考之，呂大防得古文于宋敏求、王欽臣。如“嬴內”。《國語》。“放勛”，“中㘓”，“伯鷖”，“薈絲”。《史記》。“廄乃攫”。《周禮注》。“大命”，“咼”，“莽”，“南僞”，“揖五瑞”，“楸遷”，“傅納”，“栞木”，“沛河”，“厥棐”，“惟咎”，“盟豬”，“夏狄”，“瑤瓂”，“內憂服”，“服田力嗇”，“思曰睿”，“畏用六極”。《漢書》。“梟咎繇”，“平豑東作”，“剛而塞”，“五品不愻”，“睿畎澮距川”，“若丹朱𢓜”，“竄三苗”，“鳥獸毨—作“㲋”。髦，一作“𡕷毛”。“遹以記之”，“艸木蘄苞”，“弓咨”，“譒告”，“惟箘輅枯”，“盦山”，“雔州”，“坶野”，“相時𢝜民”，“若顚木之有甹枿”，一作“櫱”。“我興受其退”，“西伯戡𥟒”，“使百工復求，得之傅巖”，“至于嬻婦”，“上不善于凶德”，“我之不辟”，“無有作姧”，“曰圛”，圛者，色澤光明，古文作“悌”，今文作“圛”。賈逵以今文校之，定以為“圛”，鄭依賈氏所奏。“曰貞曰毋”，“夏氏之民叨墊”，“有疾不念”，“焯見三有俊心”，“在受德忝”，“王三宿，三祭，三詫”，“柴誓”，“𪘨猗無他技”，“大命不勢”，“一人冕執鈗”，“維綏有稽”，“惟其𣪠丹雘”，“戳戳善諞言”，“璪火黺米”，“旁逑孱功”，“教育子”。《說文》。皆與古文合。“度西曰柳穀”，“於蕃時雍”，“辯秩東作”，“辯秩南僞”，“辯秩南譌，敬致日永”，“寅餞入日”，“辯秩西成”，“辯在朔易，日短”，“宅嵎夷”，“稘三百有六旬”，“顧畏于民喦”，《說文》：“多言也。”“舜讓于德，不台”，“朱斯”，“柏譽”，“有能俾乂”，“惟刑之謐哉”，“修五禮五樂”，“黎民祖飢”，“亡敖佚欲有國”，“一日二日萬機”，“五刑五庸哉”，“茂哉茂哉”，“禹拜讜言”，“敬授民時”，“還瑞于羣后”，“鄙德忝帝位”，“歌詠言，聲依詠”，“歸假于祖禰，用特”，“貿遷有無，化居”，“鮮食根食”，“天功，人其代之”，“予欲聞六律、五聲、八音、七始詠”，一作“采政忽”，一作“來始滑”。“辯章百姓”，又作“便”。“知人則悊”，“五流有度”，“贪淺納日”，“毋曠庶官”，“放勛乃殂”，“欽明文思晏晏”，“旁施象刑維明”，“堋淫于家”，“沇州”，“海瀕廣潟”，“滎播既都”，“民降丘宅土”，“均于江海”，“二百里任邦”，“毋若丹朱敖”，“天用剝—作“擭”。絕其命”，“予則奴戮女”，“作女鳩、女房”，“毋若火始庸庸”，“若矢之有志”，“今女慸慸”，“若藥不瞑眩”，“說築傅險之野”，“有螮雊登鼎耳而雛”，“自清，人自獻于先王”，“惟先假王正厥事”，“天既付命正厥德”，“庶艸繁蕪”，“叶疑”，“彝倫攸斁”，“毋侮矜寡，而畏高明”，“不黨不偏，王道平平。不偏不黨，王道蕩蕩”，“叶用五紀”，“饗用五福”，“羞用五事”，“艾用三德”，“艾，時陽若；悊，時奧若；舒，恆奧若；霧，恆風若”，“鮌堙洪水”，“三人議則從二人之言”，“曰雨曰濟曰圛曰瞀曰尅”，“西旅獻豪”，“是有負子之責於天”，“我舊云孩子”，“民儀有十夫”，“惟乃丕顯考文王，克明俊德”，“克明明德”，“祇祇畏畏顯民”，“戴璧秉圭”，“羣飲，女無失”，“不敢僭上帝命”，“爾不克遠省”，“在夏后之詷”①，“維丙午蠹”，“皇天既附中國民”，“知我國有疵”，“辨來，來，示予卜，休恆吉”，“乃女其悉自學功”，“高宗梁闇，三年不言”，—作“涼陰”。“毋逸”，“以萬民惟正之共”，“毋淫于酒，毋逸于游田”，“不禦克奔”，“乃惟孺子攽”，“越惟有胥賦小大多政”，“則克度之，克猶繹之”，“剖申勸寧王之德”，“武王惟瞡”，“勿以譖人”，“文王作孝作敬”，“公毋困我”，“哉生霸”，“恫矜乃身”，“乃用其婦人之言”，“尚狟狟”，“作餽禾”，“常故、常任”，“哲民惟刑”，—作“悊”。“我嗣事子孫，大不克共上下，遏失前人光，在家不知命不易，

天應棐諶，乃亡隊命”，“用勸相我邦家”，“天棐諶辭”，“凭玉几”①，“畢力賞罰”，“兹道能念予一人”，“王乃洮沬水”，“我有截于西”，“敢翼殷命”，“作賄息謹之命”，“王耄荒”，“度作詳刑，以詰四方”，“刑罰時輕時重”，“罰懲非死，佞極于病”，“報以庶訧”，“天齊乎人，假我一日”，“爰制百姓于刑之衷”，“其審核之”，“告汝詳刑”，“惟貨惟求”，“上刑挾輕，下刑挾重”，“其罰百率”，“即我御事，罔克耆壽”，“迪一人使四方，若卜筮”，“陳宗赤刀”，“鮮誓”，一作“朌”。②“峙乃餱粻”，“黃髮之言，則無所愆”，“維諓諓善靖言”，“俾君子易怠”，“善諞言”。以“諞”爲“徧”。漢世諸儒所引異字，此其略也。蔡邕所書石經，“女毋翕侮成人”③，“度爾口”，“安定厥國”，“興降不永”，“崇降弗祥”。“女比猶念以相從”，“各翕中”，“勖建大命”，“厥遺任父母弟不迪”，“曰陳其五行”，“毋偏毋黨”，“有年于兹雒”，“乃勃乃憲既延”，“乃逸乃諺既誕”。“天命自亮，以民祇懼”，“肆高宗之饗國百年”，“懷保小人，惠于矜寡”，“毋勃于遊田”，“毋兄曰今日”，“無皇”。“人乃訓，變正刑”，“則兄曰敬德”，“旦以前人之微言”，“是罔顯哉厥世”，“鮮光”，“耿光”。“黼衣”。“宸”。此殘碑存於今者也。若《左傳》引“聖有謩勳”，“茂不茂”，引《五子之歌》衍“帥彼天常”四字，又引《康誥》曰“父子兄弟，罪不相及”，今亦無。“惟命不于常”，注云《康誥》，今少無。《禮記》引《兌命》、“敬孫務時敏”，“民立而正事，純而祭祀，是爲不敬”。《尹告》、“惟尹躬及湯”。《君雅》，“夏日暑雨，小民惟曰怨資；冬祁寒，小民亦惟曰怨資”。又引“《太甲》曰：民非后，無能胥以寧”，“高宗云三年其惟不言，

　　①　“几”字原誤作“凡”，浙局本同，據至元本、至正本、四庫本及《續古逸叢書》影印宋本《說文解字》改。

　　②　“朌”字原誤作“盻”，浙局本同，四庫本誤作“盼”，據至元本、至正本改。

　　③　“女”字原誤作“文”，屬前讀，浙局本同，據至元本、至正本及四庫本改。

言乃讙"，"《甫刑》曰：苗民匪用命"，"播刑之不迪"，"《帝典》曰：克明峻德"。又以"割申勸寧王之德"爲"周田觀文王之德"。注："今博士讀爲'厥亂勸寧王之德'，古文似近之。"引"庶言同"而無"則繹"二字。《尹吉》曰："惟尹躬天見于西邑夏"。《尹吉》亦《尹誥》也。"天"當爲"先"。《國語》引"民可近也，而不可上也"，"惠于小民，唯政之恭"，又引《湯誓》曰："余一人有辠，無以萬夫"。《孟子》引"天誅造攻自牧宮"，"有攸不惟臣，東征，綏厥士女"，"無畏，寧爾也，非敵百姓也"，"惟曰其助上帝，寵之四方。有罪無罪，惟我在"，"凡民罔不憝"，"自作孽，不可活"。《墨子》引《呂刑》"羣后之肆在下，明明不常"，"三后成功，維假於民"。皆文字之異者。至於《荀子》引《中蘬之言》"諸侯自爲得師者王，得友者霸，得疑者存，自爲謀而莫己若者亡"，又引《康誥》"弘覆乎天"，"惟文王敬忌，一人以擇"。先儒以爲繆妄。又引"《道經》曰：人心之危，道心之微"，"《書》曰：從命而不拂，微諫而不倦。爲上則明，爲下則遜"。注以爲《伊訓》，今無此語。又引"舜曰：維予從欲而治"。後漢劉陶推三家《尚書》及古文，是正文字七百餘事，名曰《中文尚書》。賈逵撰歐陽、大小夏侯《尚書》古文同異，集爲三卷。

《書》者，古之號令

艾軒林氏曰："古者，言爲'尚書'，事爲'春秋'，蓋以左、右二史分掌之。秦置尚書於禁中，以通章奏。漢之詔命，在尚書。以尚書主王言，故秦、漢因是名官。先儒以爲'上古之書'，則失之。"《七略》曰："《尚書》，直言也。"

逸書　附見。

"聖作則"，"慎始而敬終"，"終以不困"。"命以《伯禽》、《唐誥》"，皆策命篇名。《左傳》。"先其算命"。《漢書》。"維高宗報上甲微"。《孔叢子》。"太社唯松，東社唯柏，南社唯梓，西社唯栗，

北社唯槐”，“厥兆天子爵”。《白虎通》。“不及貢，以政接于有
庳”。《孟子》。“恃德者昌，恃力者亡”。《史記》。吳氏曰：“自漢
而下，《書》之逸者已不復見。雖間出，既所未讀，必不能知其
爲《書》。如所謂‘先其算命’、‘高宗報上甲微’、‘不及貢，以
政接于有庳’之類，先儒指以爲《逸書》，世方知之。不然，孰
知其爲《書》也？”

卷二

詩

詩經二十八卷，魯、齊、韓三家

《儒林傳》：“言《詩》，於魯則申培公，於齊則轅固生，於燕則韓太傅。”齊、魯，以其國所傳，皆衆人之說也；毛、韓，以其姓所傳，乃專門之學也。肅宗令賈逵撰齊、魯、韓《詩》與《毛詩》異同。晁氏曰：“齊、魯、韓三家之《詩》，早立博士。以《關雎》、《葛覃》、《卷耳》、《鵲巢》、《采蘩》、《采蘋》、《騶虞》、《鹿鳴》、《四牡》、《皇皇者華》之類，皆爲康王詩，《王風》爲魯詩，《鼓鍾》爲昭王詩，異同不可悉舉。賈誼以《騶虞》爲天子之囿，以《木瓜》爲下之報上。劉向以衞宣夫人作《邶·柏舟》，黎莊公夫人作《式微》陳婦道，蔡人之妻作《芣苢》之類，皆三家之說也。揚雄曰：‘周康之時，《頌》聲作乎下，《關雎》作乎上，習治也。’與《毛詩》大不類。如此則其《序》必不同也。今所略見者，《韓詩》之《序》曰‘《芣苢》，傷夫也’；‘《漢廣》，悅人也’；‘《汝墳》，辭家也’；‘《蝃蝀》，刺奔女也’，其詳可勝言哉！”《韓詩序》又云：《黍離》，伯封作也；《賓之初筵》，衞武公飲酒悔過也。又謂《商頌》美宋襄公。歐陽氏曰：“《韓詩》遺說，[1]往往見於他書。至經文亦不同，如‘逶迤’、‘郁夷’之類。”又曰：“孔子言

---

① “詩”字原作“氏”，浙局本同，據至元本、至正本、四庫本及《四部叢刊三編》影印宋刻本《詩本義》改。

'《關雎》，哀而不傷'，太史公曰'周道缺，詩人本之袵席，《關雎》作'，而三家皆以爲康王政衰之時，謂爲周衰之作者近是矣。"彭俊民曰："申公得《詩》之約也，轅固得《詩》之直者也。以約窮理，而以直行己。觀其言以察其所行，信有異於毛公、韓嬰之所聞也。"《隋志》："《齊詩》魏代已亡，《魯詩》亡於西晉，《韓詩》雖存，無傳之者。唯《毛詩》鄭《箋》至今獨立。"詳見《詩考》。

魯故二十五卷

《儒林傳》："申公事浮丘伯受《詩》，獨以《詩經》爲訓故以教，亡傳，疑者則闕弗傳。"晁氏曰："《詩》有《魯故》、《韓故》、《齊后氏故》、《孫氏故》、《毛詩故訓傳》，《書》有《大小夏侯解故》，前人惟'故'之尚如此。"《後漢·輿服志》注引《魯訓》。

魯說二十八卷 [①]

《荀卿子》、劉向《說苑》、《新序》、《列女傳》間引《詩》以證其說，與毛義絕異。蓋《魯詩》出於浮丘伯，乃荀卿門人。荀卿之學，《魯詩》之原也。劉向爲楚元王交之孫，交亦受《詩》於浮丘伯。劉向之學，《魯詩》之流也。《魯詩》有韋氏學，後漢《執金吾丞武榮碑》云："治《魯詩經》韋君章句。"

元王詩　不著錄。

楚元王交與魯穆生、白生、申公俱受《詩》於浮丘伯。伯者，孫卿門人也。申公始爲《詩傳》，號《魯詩》。元王亦次《詩傳》，號曰《元王詩》，世或有之。劉向《列女傳》稱《詩·芣苢》、《柏舟》、《大車》之類，與今序《詩》者之說尤乖異。《汝墳》，謂周南大夫妻作；《行露》，謂申女作；《式微》一篇，謂二人之作；《碩人》之詩，謂莊姜始至，操行衰惰，傅母作之。《新序》謂衛

---

① "說"字原誤作"詩"，浙局本同，據至元本、至正本、四庫本及《再造善本》影印北宋刻遞修本《漢書·藝文志》改。

宣公子伋方乘舟時，伋傅母恐其死也，閔而作詩，《二子乘舟》之詩是也；壽閔其兄之且見害，作憂思之詩，《黍離》之詩是也。《黍離》爲《王風》之首，向之言殆未可信。封事引"飴我釐麰"，《說苑》引"蔽芾甘棠"傳曰："舍于甘棠之下而聽斷焉。""尸鳩在桑"傳曰："尸鳩之所以養七子者，一心也；君子之所以理萬物者，一儀也。"向乃元王之孫，必本於《魯詩》。

齊后氏故二十卷

后蒼事夏侯始昌，授翼奉、蕭望之、匡衡。奉言五際，流爲災異之說。衡議論最爲近理。伏黯以明《齊詩》，改定章句，作《解說》九篇。子恭省減浮辭，定爲二十萬言。

齊孫氏故二十七卷

《儒林傳》："《齊詩》有翼、匡、師、伏之學。"孫氏，未詳其名。

韓內傳四卷

韓生推《詩》之意，爲《內外傳》數萬言，其語頗與齊、魯間殊，然其歸一也。《白虎通》引《韓詩內傳》。《隋志》：《韓詩》二十二卷，薛氏章句。《文選注》多引之。後漢薛漢父子以章句著名，杜撫受業於漢，定章句。

韓外傳六卷

《隋志》：十卷。《太史公自序》"厥協六經異傳"，如子夏《易傳》、毛公《詩》及韓嬰《外傳》、伏生《尚書大傳》之流。歐陽子曰："《外傳》非要傳《詩》之詳者，其遺說時見於他書，與毛之義絕異，而人亦不信。"

毛詩二十九卷　故訓傳三十卷

《六藝論》曰："河間獻王好學，其博士毛公善說《詩》，獻王號之曰《毛詩》。"《正義》云"毛爲《詁訓》，與經別"，"二十九卷，不知併何卷"。《經典·序錄》："河間人大毛公爲《詩故訓傳》。一云魯人，不言其名。"《初學記》："荀卿授魯國毛亨，作《詁訓傳》，以授趙國毛萇，時人謂亨爲'大毛公'，萇爲'小毛公'。"《詩譜》曰：

“魯人大毛公爲《故訓傳》於其家，河間獻王得而獻之，以小毛公爲博士。”《後漢·儒林傳》“趙人毛萇傳《詩》”，然則小毛公名萇。《正義》：“大毛公爲《傳》，由小毛公而題‘毛’也。”《序錄》：“小毛公，一云名萇。”蕭宗詔選高才生受《毛詩》，遂行於世。鄭衆、賈逵傳《毛詩》，後馬融作《傳》，鄭玄作《箋》。淇水李氏曰：“毛之說，簡而深，此獻王所以高其學也。鄭氏之釋，繁塞而其失愈多。鄭學長於禮，以禮訓《詩》，是按迹而議性情也。”魏氏曰：“《毛傳》簡要平實，無臆說，無改字。”《正義》云：“故訓者，依故昔典訓而爲傳義。”曹氏曰：“許氏《說文》援據古文《毛氏詩》，其文與今多異。”呂氏曰：“《左氏》所引《詩》，多與《毛詩》合。”歐陽氏曰：“《毛詩序》與孟子說詩多合。”《隋志》：“毛萇善《詩》，自謂子夏所傳。先儒相承，謂《毛詩》。《序》，子夏所創，毛公及衛敬仲又加潤益。”《後漢·儒林傳》：“衛宏作《毛詩序》。”鄭氏以爲諸序本自合爲一編，毛公始分以寘諸篇之首。

《書》曰：“詩言志。”

唐氏曰：“‘在心爲志’，《詩序》一言而盡作詩之本；‘以意逆志’，孟子一言而盡說詩之道。”

古有采詩之官

《食貨志》：“孟春之月，羣居者將散，行人振木鐸，徇于路，以采詩獻之，太師比其音律，以聞於天子。”葉氏曰：“《列子》言‘立我烝民，莫匪爾極’者，堯之時所謂‘詩’也；《尚書大傳》言‘日月光華，弘余一人’者，舜之時所謂‘詩’也。古者，天子五載一巡狩，則太師陳詩以觀風俗。二帝之世，工以納言，時而颺之。其施之學校以教士，與禮、樂、書相參，謂之‘四術’。至孔子，始删取，著以爲經。”

凡三百五篇①

《孔子世家》："古者，《詩》三千餘篇。及至孔子，去其重，取可施於禮義，上采契、后稷，中述殷、周之盛，至幽、厲之缺，始於衽席，故曰'《關雎》之亂，以爲《風》始，《鹿鳴》爲《小雅》始，《文王》爲《大雅》始，《清廟》爲《頌》始。'三百五篇，孔子皆弦歌之，以求合《韶》、《武》、《雅》、《頌》之音。"今按《詩》三百十一篇，亡其辭者六篇，考之《儀禮》，皆笙詩也。曰"笙"曰"樂"曰"奏"而不言"歌"，則有聲而無辭明矣。漢世毛學不行，故云"三百五篇"。王式以三百五篇諫。龔遂曰："誦《詩》三百五篇，人事浹，王道備。"《詩》有先孔子而亡者，如《新宮》、《貍首》之類。

以其諷誦，不獨在竹帛

程子曰："古之人，幼而聞歌、誦之聲，長而識刺、美之意，故人之學由《詩》而興。"艾軒林氏曰："古書皆以言傳，唯《詩》以聲隸之。列國《風》詩，皆隨時而變。聞其聲，審其邪正，而知其時俗。自訓詁之學起，誦《詩》者泥其辭而不復求其聲。聲之邪正既不可辯，所得於《詩》者，特在言句之間爾。"

魯最爲近之

林氏曰："班固論三家之爲《詩》，寧有取於魯而未始及毛氏也。"杜欽謂"佩玉晏鳴，《關雎》歎之"；鄭氏注《坊記》，以"先君之思"爲衛夫人定姜之詩，皆《魯詩》也。

毛公之學，自謂子夏所傳

《序錄》徐整云："子夏授高行子，高行子授薛倉子，薛倉子授帛妙子，帛妙子授河間大毛公。一云子夏傳曾申，申傳魏人李克，克傳魯人孟仲子，孟仲子傳根牟子，根牟子傳趙人孫卿

---

①　"三"字原誤作"二"，四庫本及浙局本同，據至元本、至正本、《再造善本》影印北宋刻遞修本《漢書·藝文志》及上下文意改。

子，孫卿子傳魯人大毛公。"今按《詩序》"高子曰：靈星之尸也"。即高行子。《孟子》："公孫丑問曰：'高子曰：《小弁》，小人之詩也。'、'怨'。曰：'固哉！高叟之爲《詩》也。'"《維天之命》傳孟仲子曰："大哉！天命之無極，而美周之禮也。"《詩譜》云："子思論《詩》'於穆不已'，仲子曰'於穆不似'。"仲子，子思弟子。

禮

禮古經五十六卷

劉歆欲立逸《禮》，移書曰："魯恭王得古文於壞壁，逸《禮》有三十九。"《論衡》謂宣帝時，河內女子壞老屋得佚《禮》。《儀禮疏》曰："高堂生傳十七篇，是今文也。孔子宅得古《儀禮》五十六篇，其字皆篆書，是古文也。古文十七篇，與高堂生所傳者同，而字多不同。餘三十九篇，絕無師說，《七錄》云餘篇皆亡。祕在於館。"《志》云："《禮》古經出於魯淹中及孔氏。"劉原父曰："孔氏安國所得壁中書也。"《六藝論》云孔壁得之。今其篇名頗見於他書，若《學禮》、《賈誼傳》。《天子巡狩禮》、《內宰》注。《朝貢禮》、《聘禮》注。《朝事儀》、《覲禮》注。《烝嘗禮》、《射人》疏。《中霤禮》、《月令》注疏，《詩·泉水》疏。《王居明堂禮》、《月令》、《禮器》注。《古大明堂禮》、《昭穆篇》、蔡邕論。《本命篇》、《通典》。《聘禮志》，《荀子》。又有《奔喪》、《投壺》、《遷廟》、《釁廟》、《曲禮》、《少儀》、《內則》、《弟子職》諸篇，見大、小戴《記》及《管子》。《七錄》云："古經，周宗伯所掌五禮威儀之事。"

經七十篇　劉原父曰："當作'十七'。"

《儒林傳》："魯高堂生傳《士禮》十七篇。"《史記正義》謝承云："秦代有魯人高堂伯人。"[1]按今《儀禮》，士禮有《冠》、《昏》、《相

---

① "高堂伯人"四字各本皆同，至正本《玉海》附刻《姓氏急就篇》卷下"東樓高堂"條亦同，《再造善本》影印宋淳熙張杅刻耿秉重修本《史記》無"人"字。

見》、《喪》、《夕》、《虞》、《特牲饋食》七篇，他皆天子、諸侯、卿大夫禮。《喪服傳》，子夏所爲，《白虎通》謂之《禮服傳》。鄭康成注以"今""古"二字並之，或從今，或從古，或疊二文，別釋餘義。張淳曰："漢初未有'儀禮'之名，疑後漢學者見十七篇中有儀有禮，遂合而名之也。"歐陽氏曰："《大射》之篇，獨曰'儀'，蓋射主於容，升降揖遜不可失。"
《七錄》云博士侍其生得十七篇。

記百三十一篇

《隋志》云河間獻王"得仲尼弟子及後學者所記一百三十一篇獻之"，今逸篇之名可見者有《三正記》、《別名記》、《親屬記》、《明堂記》、《曾子記》、《禮運記》、《五帝記》、《白虎通》。《王度記》、《禮記注》，《禮記》，《周禮》疏，《白虎通》，《後漢·輿服志》注。《王霸記》、《夏官》注。《瑞命記》、《文選注》、《論衡》。《辨名記》、《春秋疏》。《孔子三朝記》、《史記》、《漢書》注。《月令記》、《大學志》。蔡邕論。《雜記》正義云："案《別錄》，'《王度記》云'似齊宣王時淳于髠等所說也。"

明堂陰陽三十三篇

隋牛弘曰："案劉向《別錄》及馬宮、蔡邕等所見，當時有《古文明堂禮》、《王居明堂禮》、《明堂圖》、《明堂大圖》、《明堂陰陽》、《泰山通義》、《魏文侯孝經傳》等，並說古明堂之事，其書皆亡。《唐會要》引《禮記·明堂陰陽錄》，牛弘亦引《明堂陰陽錄》。今《禮記·月令》於《別錄》中屬明堂陰陽記，故謂之《明堂月令》。《說文》引《明堂月令》。

王史氏二十一篇

《隋志》："河間獻王得《記》一百三十一篇，劉向檢得一百三十篇，第而敘之。又得《明堂陰陽記》三十三篇、《孔子三朝記》

七篇、《王氏史氏記》二十一篇、①《樂記》二十三篇，凡五種合二百十四篇。"

曲臺后倉九篇

本傳"倉說《禮》數萬言，號曰《后氏曲臺記》"，授大、小戴。服虔曰："在曲臺校書，著記，因以爲名。"《七略》曰："宣皇帝時，行射禮，博士后倉爲之辭，至今記之，曰《曲臺記》。"顏氏曰："曲臺殿在未央宮。"初，《禮》唯有后。孝宣世，復立大、小戴《禮》。按《大戴·公符篇》載孝昭冠辭，蓋宣帝時《曲臺記》也。

大戴禮　小戴禮　不著錄。

二戴皆傳《儀禮》十七篇，次第自《冠》、《昏》、《士相見》已下，大、小戴先後不同。唯劉向《別錄》《大射》以上七篇與小戴同，其下尊卑吉凶次第倫敘，鄭氏用之。《禮記》，所以釋《儀禮》之義也。陳邵《周禮論敘》云："戴德刪古《禮》二百四篇爲八十五篇，謂之《大戴禮》。戴聖刪《大戴禮》爲四十九篇，是爲《小戴禮》。按劉向《別錄》，有四十九篇。後漢馬融、盧植考諸家同異，附戴聖篇章，去其繁重及所缺略，而行於世，即今《禮記》是也。"《中庸》，子思作；《緇衣》，公孫尼子；《月令》，呂不韋；《王制》，漢博士所爲。今《大戴禮》十三卷，總四十篇。《隋志》《夏小正》別爲卷。始三十九，終八十一。當爲四十三篇，中間缺者四篇，重出者一篇。兩篇七十三。其上不見者猶三十八篇，不能合八十五篇之數，豈但當爲八十一耶？其缺者，或既逸；其不見者，抑聖所取者？然《哀公問》、《投壺》二篇與小戴書無甚異，《禮察篇》與《經解》亦同，《曾子大孝篇》與《祭義》相似，則聖已取之篇，豈其文無所刪者也？《勸學》、《禮三本》見《荀卿子》，取舍之

---

① "王氏史氏"四字各本皆同，上海古籍出版社 2004 年版錢大昕《廿二史考異》卷三十四《隋書》云："《漢書》作'王史氏'。王史，複姓也，漢有新豐令王史音，見《廣韻》。此衍一'氏'字。"

說及《保傳》見賈誼疏,間與經子同者尚多有之。《隋志》:"戴聖刪大戴之書爲四十六篇,馬融足《月令》一篇、《明堂位》一篇、《樂記》一篇,合四十九篇。"《七錄》云:"自後漢諸儒多爲《小戴》訓,即今之《禮記》。"

中庸說二篇

孔子之孫子思伋作《中庸》。程氏曰:"《中庸》之書,是孔門傳授,成於子思,傳於孟子。"《白虎通》謂之《禮·中庸記》。《孔叢子》云:"子思年十六撰《中庸》之書四十九篇。"東萊呂氏曰:"未冠既非著書之時,而《中庸》之書亦不有四十九篇也。此蓋戰國流傳之妄。"

周官經六篇

河間獻王得《周官》。有李氏得而上於獻王,獨缺《冬官》,取《考工記》補之,合成六篇。《禮記疏》云:"孝文時,求得此書。不見《冬官》一篇,乃使博士作《考工記》補之。"謂孝文時非也。五峯胡氏曰:"司徒掌邦教,司空掌邦土,《冬官》未嘗闕也。乃劉歆妄以《冬官》事屬之《地官》。"俞庭椿取其說爲《周禮復古編》,謂《司空》之篇雜出於五官之屬,且因《司空》之復,而六官之譌誤亦遂可以類考。程氏曰:"《冬官》之屬才二十八,而五官各有羨數。考冢宰,六屬各六十。今天官六十三,地官七十八,春官七十,夏官六十九,秋官六十六。蓋斷簡失次,名實散亡。取羨數,凡百工之事,歸之冬官,其數乃周。"賈氏《疏》曰:"劉向未校之前,或在山巖石室,有古文,考校後爲今文。古、今不同,鄭氏據今文注。"朱文公以爲"廣大精密,周家之法度在焉"。齊文惠太子鎮雍州,有發楚王冢獲竹簡書,青絲編簡,廣數分,長二尺。有得十餘簡以示王僧虔,僧虔曰:"是科斗書《考工記》。"然則《考工記》亦先秦書,謂之漢博士作,誤矣。馬融云:"成帝命劉歆考理祕書,始得列序,著于《錄》、《略》。知其周公致太平之迹。永平初，杜子春年且九十，能通其讀，鄭衆、賈逵往受業焉。"鄭康成序云："鄭少贛、興。仲師、衆。衞次仲、賈景伯、馬季長皆作《周禮解詁》。"《說文》引"任削地"、"祧五帝於四郊"、"廟門容大鼏"、"七箇"、"孤乘夏軸"、"赤魃氏"、"燦牙外不煉"，與今字異。

周官傳四篇

《詩正義》："漢初爲傳訓者皆與經別行，及馬融爲《周禮》注，乃云欲省學者兩讀，故具載本文。然則後漢以來，始就經爲注。"

軍禮司馬法百五十五篇

《周官·縣師》"將有軍旅、會同、田役之戒，則受灋于司馬，以作其衆庶"，《小司馬》"掌事如大司馬之灋"，《司兵》"授兵，從司馬之灋以頒之"，此古者《司馬灋》，即周之政典也。《周禮疏》云："齊景公時，大夫穰苴作《司馬法》。至齊威王大夫等追論古法，又作《司馬法》附於穰苴。"太史公曰："自古王者而有《司馬法》，穰苴能申明之。"又曰："《司馬法》所從來尚矣，太公、孫、吳、王子王子成甫。能紹而明之。"《穰苴傳》曰："齊威王使大夫追論古者《司馬兵法》，而附穰苴於其中，因號曰《司馬穰苴兵法》。"太史公曰："余讀《司馬兵法》，閎廓深遠，雖三代征伐，未能竟其義。如其文也，亦少襃矣。若夫穰苴，區區爲小國行師，何暇及《司馬兵法》之揖讓乎？"漢武帝詔引"登車不式"，《周禮注》引"鼓聲不過閭，鼙聲不過闒，鐸聲不過琅"，"上卜下謀，是謂參之"，"昏鼓四通爲大鼜"，"弓，矢，圍；殳，矛，守；戈，戟，助"，《疏》引"十人之長執鉦，百人之師執鐸，千人之師執鼙，萬人之主執大鼓"。《左傳疏》服虔引《謀帥篇》曰："大前驅、啓，乘卑；[①]大晨，倅車屬

---

①　"卑"字至正本、四庫本及浙局本同，至元本作"申"，疑是"車"字之訛。《再造善本》影印宋刻宋元遞修本《春秋左傳正義》作"車"，綫裝書局 2001 年《日本宮內廳書陵部藏宋元版漢籍影印叢書》影印宋刻本《論語注疏》引《司馬法》亦作"車"；至正本《玉海》卷一百四十六"齊革車"條所引無"車"（"卑"）字。

焉。"又引"五十乘爲兩，百二十乘爲伍，八十一乘爲專，二十九乘爲參，二十五乘爲偏"。《説文》引"驪衞斯輿"，"善者忻民之善，閉民之惡"，"師多則人讀"。杜佑引"上謀下鬪"、"圍其三面，開其一面"之類。然其文或不見今五篇中。百五十五篇，今存五篇而已。李靖曰："周《司馬法》，本太公者也。"[1]按《周禮注》引《軍禮》曰："無干車，無自後射。"豈即此書所載歟？大宗伯所掌軍禮之别有五。《孔叢子》有《問軍禮》之篇。

古封禪羣祀二十二篇

梁許懋曰："燧人之前，世質民淳，安得泥金檢玉；結繩而治，安得鐫文告成？"胡氏曰："考《舜典》，可以知後世封禪之失；稽懋言，可以知史遷著書之謬。"《文中子》曰："封禪之費非古也，徒以夸天下，其秦漢之侈心乎！"孫氏曰："帝王巡守，每至方嶽，必燔柴以告至，非謂自陳功於天也。"

議奏三十八篇　石渠。

論石渠者，戴聖、韋玄成、聞人通漢。《隋志》：《石渠禮論》四卷，戴聖撰。《後漢·禮儀》《輿服志》注、《王制》疏、《詩疏》並引《石渠論》。《通典》引《石渠禮議》：甘露三年三月，黄門侍郎臨奏："經曰'鄉射合樂，大射不'，何也？"戴聖曰："鄉射合樂者，質也；大射，人君之禮，儀多，故不合樂也。"聞人通漢曰："鄉射合樂，所以和百姓也；大射不合樂者，諸侯之禮也。"韋玄成曰："鄉人本無樂，故合樂，所以和百姓而同其意；諸侯當有樂，故不曰合樂。"時公卿以玄成議是。梁丘臨爲黄門郎，奉使問諸儒於石渠。

王制　不著録。

《史記·封禪書》"文帝使博士諸生刺六經中作《王制》"，索隱

---

①　"太"後各本皆衍"史"字，據《續古逸叢書》影印宋刻《武經七書》本《唐太宗李衞公問對》及上下文意删。

劉向《七録》云：“文帝所造書，有《本制》、《兵制》、《服制篇》。”
《白虎通》引《禮·王制》曰：“天子棺槨九重。”今《禮記·王制
篇》，蓋其略也。

漢儀 不著録。

肅宗章和元年正月，召曹褒詣嘉德門，令小黄門持班固所上
叔孫通《漢儀》十二篇敕褒曰：“此制散略，多不合經。”然十二
篇不著于《七略》，蓋與律令同録，藏於理官法家。《禮記正
義》云：“許氏謹案，高祖時皇太子納妃，叔孫通制禮，以爲天
子無親迎。”《南史》沈文阿云：“叔孫定禮，尤失前憲。奠贄不
珪，致享無帛，公王同璧，鴻臚奏賀：若此數事，未聞於古。”三
禮注疏所引《漢禮器制度》，通所作也。《隋志》已亡此書。《儀禮·
鄉射》疏引《漢禮》云：“五武成步，步六尺。”《周禮·小祝》注
杜子春云：“《漢儀》：每街路輒祭。”《禮記·祭法》疏：“案《漢
儀》，高帝廟主九寸，前方後圓，圍一尺。”《論衡》：高祖詔叔孫通制作
《儀品》十六篇。

凡禮十三家

《六藝論》云：“傳《禮》者十三家，唯高堂生及五傳弟子戴德、
戴聖名在也。”熊氏曰：“高堂生、蕭奮、孟卿、后蒼及戴德、戴聖爲五，此所傳皆
《儀禮》也。”《文選注》：《七略》曰“禮家先魯有桓生，說經頗異。”

禮經三百，威儀三千

《禮器》曰：“《經禮》三百，《曲禮》三千。”注：“《經禮》，謂《周
禮》也。《周禮》六篇，其官有三百六十。曲猶事也，‘事禮’謂
今《禮》也。《禮》篇多亡，本數未聞，其中事儀三千。”《中庸》
曰：“禮儀三百，威儀三千。”《禮樂志》與此志同。朱文公曰：
“臣瓚曰‘禮經，謂冠、昏、吉、凶’，蓋以《儀禮》爲‘經禮’也。
葉夢得曰：‘經禮，制之凡；曲禮，文之目。先王之世，二者蓋
皆有書藏於有司。祭祀、朝覲、會同，則大史執之以涖事，小

史讀之以喻衆。而鄉大夫受之以教萬民，保氏掌之以教國子者，亦此書也。'《禮》篇之名，《禮器》爲勝；諸儒之說，瓚、葉爲長。"《禮記正義》："《禮說》云'正經三百'、'動儀三千'，非謂篇有三千，但事之殊別有三千條。"《儒林·王式傳》："歌《驪駒》。江翁曰：'經何以言之？'式曰：'在《曲禮》。'"注："逸《詩》，見《大戴禮》。其辭云：'驪駒在門，僕夫具存。驪駒在路，僕夫整駕。'"朱文公曰："《曲禮》，戴氏編《禮》時已亡逸，故特因其首章之幸存者，而雜取諸書所引與他記相似者，以補續之。"

學七十篇文相似，多三十九篇

劉原父云："'學'當作'與'，'七十'當作'十七'，五十六卷除十七，正多三十九。"朱文公曰："《疏》云'古文十七篇，與高堂生所傳相似'，是唐初時《漢志》猶未誤也。"

推《士禮》而致於天子之說

朱文公曰："《士禮》，特略舉首篇以名之，其曰'推而致於天子'者，蓋專指冠、昏、喪、祭而言。若燕、射、朝、聘，則士豈有是禮而可推耶？"又曰："《儀禮》乃本經，而《禮記·郊特牲》、《冠義》等篇，乃其義疏。"

卷三

樂

樂記二十三篇

《禮記正義》云：“《樂記》者，記《樂》之義。此於《別録》屬樂記。蓋十一篇合爲一篇，謂有《樂本》，有《樂論》，有《樂施》，有《樂言》，有《樂禮》，有《樂情》，有《樂化》，有《樂象》，有《賓牟賈》，有《師乙》，有《魏文侯》。今雖合此，略有分焉。劉向所校二十三篇，著於《別録》。今《樂記》所斷取十一篇，餘有十二篇，其名猶在：《奏樂》第十二，《樂器》第十三，《樂作》第十四，《意始》第十五，《樂穆》第十六，《說律》第十七，《季札》第十八，《樂道》第十九，《樂義》第二十，《昭本》第二十一，《昭頌》第二十二，《竇公》第二十三。”王禹二十四卷《記》無所録。《周禮·樂師》注云：“《貍首》在《樂記》。”蔡邕《明堂論》引《樂記》曰：“武王伐殷，爲俘馘于京太室。”沈約云：“《樂記》取《公孫尼子》。”《史記正義》云：“《樂記》，公孫尼子次撰。”

樂經　不著録。

元始四年，立《樂經》。《三禮圖》云：“舊圖引《樂經》云‘黃鍾磬云云’。”《周禮·磬氏》疏案《樂》云“磬前長三律，二尺七寸；後長二律，尺八寸”，與《三禮圖》所引同。今《樂經》亡傳，莫知誰作。王充《論衡》曰：“陽成子長作《樂經》，非庶幾之才不能成也。”又曰：“陽成子張作《樂》。”然則漢儒所作歟？《後漢·律曆志》注：建初二年七月太常丞鮑鄴上言，亦引《樂經》曰：“十

二月行之，所以宣氣豐物也。"《隋志》有《樂經》四卷。沈約云："秦
代滅學，《樂經》殘亡。"晉《中經簿》無復《樂》書。《別錄》所載，已復亡逸。
《尚書大傳》引《樂》曰："舟張辟雍，鶬鶬相從。八風回回，鳳
皇嗜嗜。"

雅歌詩四篇

《文選注》：《七略》曰："漢興，魯人虞公善雅歌，發聲盡動梁
上塵。"《晉志》："杜夔傳舊雅樂四曲，一曰《鹿鳴》，二曰《騶
虞》，三曰《伐檀》，四曰《文王》，皆古聲辭。"此四篇豈即四曲
歟？當考。

雅琴趙氏七篇　師氏八篇　龍氏九十九篇

劉向《別錄》："雅琴之意，皆出龍德《諸琴雜事》中。宣帝元
康、神爵間，丞相奏能鼓琴者渤海趙定、梁國龍德，皆召入見
溫室，使鼓琴待詔。定爲人尚清靜，少言語，善鼓琴。時間燕
爲散操。"向有《雅琴賦》，見《文選注》。沈約曰："《別錄》：《龍氏雅
琴》百六篇。"劉昆能彈雅琴，知清角之操。《文選注》引《七略》"《雅
暢》第十七"。夾漈鄭氏曰："琴之九操十二引，以音相授，並不著
辭。琴之有辭，自梁始。"《王襃傳》："上頗作歌詩，欲興協律之事。丞相魏
相奏言知音善鼓雅琴者：渤海趙定、梁國龔德，皆召見待詔。"

樂元語　不著録。

《食貨志》"《樂語》有五均"，鄧展曰："《樂元語》，河間獻王所
傳，道五均事。"瓚曰："其文云：天子取諸侯之士以立五均，①
則市無二賈，四民常均。"《白虎通》引《樂元語》曰："東夷之樂
曰《朝離》，南夷樂曰《南》，西夷樂曰《味》，北夷樂曰《禁》。"又
云："受命而六樂，樂先王之樂，明有法也。"

---

　　①　"士"字各本皆同，《再造善本》影印北宋刻遞修本《漢書》及至正本《玉海》卷一
百零四"漢樂元語"條、至正本《玉海》附刻《小學紺珠》卷四"樂語五均"條所引《漢書》皆
同，清光緒刻本王先謙《漢書補注》云清乾隆武英殿本《漢書·食貨志》注作"土"是。

殷薦之上帝，以享祖考

今《易》作"以配祖考"①。

自黃帝下至三代，樂各有名

《通典》："伏羲樂名《扶來》，亦曰《立本》。神農樂名《扶持》，亦曰《下謀》。黃帝作《咸池》，少皞作《大淵》，顓頊作《六莖》，帝嚳作《五英》，堯作《大章》，舜作《大韶》，禹作《大夏》，湯作《大濩》，周武王作《大武》，周公作《勺》。《大司樂》周所存六代之樂：黃帝：《雲門》、《大卷》；堯：《大咸》；舜：《大磬》；②禹：《大夏》；湯：《大濩》；武王：《大武》。"

河間獻王作《樂記》，獻八佾之舞

本傳："武帝時，獻王來朝，獻雅樂。"《大事記》在元光五年冬十月。《禮樂志》："河間獻王有雅材，亦以爲治道非禮樂不成，因獻所集雅樂。天子下大樂官，常存肄之。歲時以備數。然不常御，常御及郊廟皆非雅聲。至成帝時，謁者常山王禹世受河間樂，能說其義。其弟子宋曅等上書言之，下大夫博士平當等考試。當以爲：'河間獻王聘求幽隱，修興雅樂以助教化。時大儒公孫弘、董仲舒等皆以爲音中正雅，立之大樂。春秋鄉射，作於學官，希闊不講。今曅等守習孤學，大指歸於興助教化。宜領屬雅樂，以繼絕表微。'事下公卿，以爲久遠難分明，當議復寢。"

---

① "配"字原誤作"享"，浙局本同，據至元本、至正本、四庫本、中華書局 1988 年影印宋刻本《周易注疏》及上下文意改。

② "磬"字原誤作"聲"，浙局本同，據至元本、至正本、四庫本及日本東京汲古書院 1980 年影印北宋刻本《通典》改。

春秋

春秋古經十二篇

《周禮・小宗伯》注：“古文《春秋經》‘公即位’爲‘公即立’。”

疏云：“《春秋古經》是此古文經所藏之書。文帝除挾書律，此本然後行於世。”《史記・吳世家》“余讀《春秋》古文”，服虔注《左氏》云：“古文，篆書，一簡八字。”

經十一卷　　公羊、穀梁二家。

《詩正義》：“漢初爲傳訓者，皆與經別行。三傳之文不與經連，故石經書《公羊傳》皆無經文。”

左氏傳三十卷

漢初，出張蒼之家。文帝時，賈誼爲訓詁，授趙人貫公。太史公《十二諸侯年表序》云：“孔子西觀周室，論史記舊聞，興於魯而次《春秋》。七十子之徒口受其傳指，爲有所刺譏褒諱挹損之文辭，不可以書見也。魯君子左丘明懼弟子人人異端，各安其意，失其真，故因孔子史記具論其語，成《左氏春秋》。”劉歆以爲左丘明好惡與聖人同，親見夫子，而公羊、穀梁在七十子後。傳聞之與親見，其詳略不同。建平中，歆欲立《左氏》，諸儒排之，謂《左氏》不傳《春秋》。沈氏云：“《嚴氏春秋》引《觀周篇》云：‘孔子將修《春秋》，與左丘明乘如周，觀書於周史，歸而修《春秋》之經。丘明爲之傳，共爲表裏。’”唊氏曰：“《左氏》比於二傳，其功最高。博采諸家，敘事尤備，能令後代頗見本末，因以求意經文可知。”劉氏曰：“仲尼之時，魯國賢者無不從之游，獨丘明不在弟子之籍。若丘明真受經作傳者，豈得不在弟子之籍哉？丘明自用其意說經，汎以舊章常例，通之於史策，可以見成敗耳。其襃貶之意，非丘明所盡也，以其不受經也。”石林葉氏曰：“古者以左史書言，右史書動。左氏蓋左史之後，以官名氏者也，所以得其目以爲傳。”東萊呂氏曰：“左氏於定、哀之間載孔子之事，皆傳聞失實，本不曾登聖門。”《公羊疏》云：“《左氏》先著竹帛，故漢時謂之古學。”平帝時，始立學官。建武以李封爲博士，復廢。肅宗令賈逵選《公羊》嚴、顏諸生，教以《左氏》，與簡紙經、傳各一通。雖不立學官，然擢高第，爲講郎。《說文》引古文《左氏》“無以菭酒”，“附婁無松柏”，“攢濆鬼神”，“諸侯敵王所鍰”，“誃誃出出”，“王室日惷惷焉”，“澤之目籑”，“不義不剢”，“奯夷蘊崇之”，“楄部薦榦”，其字多異。後漢言《左氏》，祖鄭興，而賈逵傳父業，故有鄭、賈之學。

公羊傳十一卷

戴宏序云：“子夏傳與公羊高，高傳與子平，平傳與子地，地傳與子敢，敢傳與子壽。至漢景帝時，壽乃共弟子齊人胡母子都著於竹帛。”《儒林傳》：胡母生爲景帝博士，與董仲舒同業，齊之言《春秋》者宗事之。公孫弘亦頗受焉，武帝因尊《公羊》家。何休自謂本胡母生條例。劉氏曰：“《公羊》異二傳者，大指有三：一曰據百二十國寶書而作，二曰張三世，三曰新周、故宋、以春秋當新王。三者皆非也。”《隋志》：《春秋公羊傳》十二卷，嚴彭祖撰。荀崧謂《公羊》“辭義清俊，斷決明審”。晁氏曰：“既曰一家之傳，而特書‘子公羊子’者，孰謂謂高歟？又載魯子、高子之辭，何耶？而又復有子沈子、子女子、子北宮子者，高之所子歟？抑平、地、敢、壽之所子歟？”石林葉氏曰：“公羊、穀梁受學於子夏，此出於讖緯之書所謂《說題辭》者，①其言不經見。”劉知幾《史通》曰：“《左氏》之

---

①　“題”字原誤作“顯”，至正本用明萬曆刻本配補頁、四庫本及浙局本同，至元本漫漶，據至正本《玉海》卷四十“五傳”條引葉氏語改。“說題辭”蓋緯書《春秋說題辭》。

義有三長，二傳之義有五短。"吳兢《書目》云高乃子夏弟子。

穀梁傳十一卷

韋賢、夏侯勝言穀梁子本魯學，公羊氏迺齊學也。吳兢《書目》云秦孝公時人。楊士勛《疏》云："穀梁子名俶，字元始，魯人，一名赤。顏師古曰名喜。受經于子夏，爲經作傳，傳孫卿，卿傳魯人申公，申公傳博士江翁。其後魯人榮廣大善《穀梁》，又傳蔡千秋。漢宣帝好《穀梁》，擢千秋爲郎，由是行於世。"《隋志》：梁有《春秋穀梁傳》十五卷，漢諫大夫尹更始撰。劉歆曰孝宣立《穀梁》。後漢賈逵兼通五家《穀梁》之說。晁氏曰："《穀梁》晚出於漢，因得監省《左氏》、《公羊》之違畔而正之，其精深遠大者，真得子夏之所傳。《左氏》之失專而縱，《公羊》之失雜而拘，《穀梁》司典刑而不縱，崇信義而不拘，有意乎蹈道而知變通矣。不免失之隨也。"石林葉氏曰："《左氏》傳事不傳義，是以詳於史，而事未必實，以不知經故也。《公羊》、《穀梁》傳義不傳事，是以詳於經而義未必當，以不知史故也。"又曰："《穀梁》或記尸子、沈子，其所從來亦不一。"鄭康成曰："《左氏》善於禮，《公羊》善於讖，《穀梁》善於經。"荀崧謂《穀梁》"文清義約"。啖氏曰："二傳傳經，[①]密於《左氏》，《穀梁》意精，《公羊》詞辯。但守文堅滯，或至矛楯，不近聖人夷曠之體。"

鄒氏傳十一卷　夾氏傳十一卷

《七錄》云："建武中，鄒、夾氏皆絕。"王吉能爲《騶氏春秋》。《隋志》："王莽之亂，《鄒氏》無師，《夾氏》亡。"范升奏曰："《春秋》之家，又有騶、夾。"

---

① "二"字原誤作"三"，四庫本及浙局本同，據至元本、至正本及上下文意改。

鐸氏微三篇

太史公曰：“鐸椒爲楚威王傅，爲王不能盡觀《春秋》，采取成敗卒四十章爲《鐸氏微》。”劉向《別録》云：“左丘明授曾申，申授吳起，起授其子期，期授楚人鐸椒，鐸椒作《抄撮》八卷，授虞卿。”《說苑》：“魏武侯問‘元年’於吳子，吳子對曰：‘言國君必謹始也。’‘謹始奈何’？曰：‘正之。’‘正之奈何’？曰：‘明智。’”吳起學《春秋》見於此。

虞氏微傳二篇

劉向《別録》云：“虞卿作《抄撮》九卷，授荀卿，荀卿授張蒼。”

公羊顏氏記十一篇

顏安樂事眭孟。《六藝論》云：“治《公羊》者，胡母生、董仲舒、仲舒弟子嬴公、公弟子眭孟、孟弟子嚴彭祖及顏安樂。”彭祖爲嚴氏學，安樂爲顏氏學，皆立博士。後漢張霸減定嚴氏《春秋》爲二十萬言。

公羊董仲舒治獄十六篇

《隋志》：董仲舒《春秋決事》十卷。《唐志》：《春秋決獄》十卷。《七録》云《春秋斷獄》五卷。應劭曰：“仲舒居家，朝廷每有政議，遣廷尉張湯問其得失，於是作《春秋決獄》二百三十二事，動以經對。”《論衡》曰：“仲舒表《春秋》之義，稽合於律，無乖異者。”《太平御覽》載《仲舒決獄》二事，引《春秋》“許止進藥”、“夫人歸於齊”。《通典》載仲舒斷疑獄，引“《春秋》之義，父爲子隱”。

議奏三十九篇　石渠論。

《劉更生傳》：“初立《穀梁春秋》，徵更生受《穀梁》。講論五經於石渠。”《禮記正義》引議郎尹更始、待詔劉更生等議石渠云：後漢陳元曰：“孝宣爲石渠論而《穀梁氏》興。”

國語二十一篇

《司馬遷傳》贊：“左丘明爲傳，又纂異同爲《國語》。”《史通》

曰：“左丘明既爲《春秋內傳》，又稽逸文，纂別說，分周、魯、齊、晉、鄭、楚、吳、越八國事，起周穆王，終魯悼公，爲外傳《國語》。六經之流，三傳之亞也。”陸淳謂與《左傳》文體不倫，定非一人所爲。太史公曰：“左丘失明，厥有《國語》。”石林葉氏曰：“按《姓氏譜》，有左氏，有左丘氏，則豈一家之言乎？唐啖、趙之徒頗知之，然未有以傳其說也。”宋氏曰：“自魏晉以後，書録所題，皆曰《春秋外傳國語》，是則《左傳》爲‘內’，《國語》爲‘外’，二書相副，以成大業。”《說文》引《國語》“侊飯不及一食”，“於其心伏然”，“兵不解医”，其字多異。

世本十五篇

《周官·瞽矇》“世奠繫”，注謂：“世之而定其繫，謂書於《世本》也。《國語》曰：‘教之《世》，以休懼其動。’”[1]《小史》“定繫世，辨昭穆”。注謂“《帝繫》、《世本》之屬”，天子曰《帝繫》，諸侯曰《世本》。《司馬遷傳》贊：“《世本》録黃帝以來至春秋時帝王、公侯、卿大夫祖世所出。”司馬遷采《世本》。劉向曰：“《世本》，古史官明於古事者所記，録黃帝以來帝王、諸侯及卿大夫系、諡、名、號，凡十五篇。”《隋志》：《世本王侯大夫譜》二卷；又《世本》二卷，劉向撰；又四卷，宋衷撰；又云：“漢初得《世本》，敘黃帝以來祖世所出。”《春秋正義》云：“今之《世本》與司馬遷言不同，《世本》多誤，不足依憑。”顏之推曰：“《世本》，左丘明所書，此說出皇甫謐《帝王世紀》。而有燕王喜、漢高祖，非本文也。”項氏曰：“古者立氏必告于太

---

① “侎”字各本皆同，至正本《玉海》卷五十“周繫世、世本”條引《國語》及民國董氏誦芬室影印宋刻本《周禮疏》引《國語》亦同，《士禮居叢書》影宋刻本《國語》及韋注作“休”；中華書局 2002 年版徐元誥《國語集解》卷十七《楚語》上云：“《釋文》云……北本作‘休’……王念孫謂：‘休，喜也，言喜懼其動也。’……是作‘休’不作‘侎’。”中華書局1984 年版高亨《周易古經今注》卷一《否》九五注謂“休”猶“庥”，古“休”有“庥”義；《周禮》鄭注引《國語》“休”作“侎”乃後人所改。

史氏。春秋之末，知果別族於太史，爲輔氏。後世史職既廢，宗法又亡。"鄭氏曰："三代之前，姓、氏分而爲二，男子稱氏，婦人稱姓。三代之後，姓、氏合而爲一。"

戰國策三十三篇

劉向校書録序云："中書本號或曰《國策》，或曰《國事》，或曰《短長》，或曰《事語》，或曰《長書》，或曰《修書》。臣向以爲戰國時游士輔所用之國，爲之笑謀，宜爲《戰國策》。"邊通學《短長》，蒯通善爲《長短說》，主父偃學《長短》從橫術。《隋志》：三十四卷，劉向録。《唐志》缺二卷。今世所傳三十三卷。《史通》曰："其篇有東西二周、秦、齊、燕、楚、三晉、宋、衞、中山，合十二國，分爲三十二卷。謂之'策'者，蓋録而不序，即簡以爲名。"司馬遷采《戰國策》。姚氏校定，總四百八十餘條。太史公采九十餘條，其事異者止五六條。

奏事二十篇　秦時大臣奏事、刻石名山文。

七國未變古式，言事於王，皆稱"上書"。秦初改"書"曰"奏"。秦刻石者四：嶧山、琅邪臺、之罘、會稽。

楚漢春秋九篇

陸賈記項氏與漢高初起及惠文間事。《隋志》：九卷。《史通》云："晏子、虞卿、呂氏、陸賈，其書篇第，本無年月，而亦謂'春秋'。"《司馬遷傳》贊："漢興，伐秦定天下，有《楚漢春秋》。"劉氏曰："歷代國史，其流出於《春秋》。劉歆敘《七略》，王儉撰《七志》，《史記》以下皆附《春秋》。荀勖分四部，史記、舊事入丙部。阮孝緒《七録·記傳録》紀史傳，由是經與史分。"洪氏曰："陸賈書當時事，而所言多與史不合，顏師古屢辨之。若高祖之臣，別有絳灌、南宮侯張耳、淮陰舍人謝公。"

太史公百三十篇　十篇有録無書。

東萊呂氏曰："以張晏所列亡篇之目校之《史記》，或其篇具在，或草具而未成，非皆無書也。其一曰《景紀》，此其篇具在者也，所載間有班書所無者。其二曰《武紀》，十篇唯此篇亡。

衛宏《漢舊儀注》曰：'司馬遷作本紀，極言景帝之短及武帝之過，武帝怒而削去之。'衛宏與班固同時，是時兩紀俱亡。今《景紀》所以復出者，武帝特能毀其'副在京師'者耳；'藏之名山'，固自有他本也。《武紀》終不見者，豈非指切尤甚，雖民間亦畏禍而不敢藏乎？其三曰《漢興以來將相年表》，其書具在，但前闕敘。其四曰《禮書》，其敘具在。自'禮由人起'以下，則草具而未成者也。其五曰《樂書》，其敘具在。自'凡音之起'而下，則草具而未成者也。其六曰《律書》，其敘具在，自'《書》曰七正二十八舍'以下，則草具而未成者也。其七曰《三王世家》，其書雖亡，然敘傳云'三子之王，文辭可觀，作《三王世家》'，則其所載不過奏請及策書。或如《五宗世家》，其首略敘其所自出亦未可知也。贊乃真太史公語也。其八曰《傅靳蒯成列傳》，此其篇具在而無刊缺者也，張晏乃謂褚先生所補。褚先生論著附見《史記》者甚多，試取一二條與此傳並觀之，則雅俗工拙自可了矣。其九曰《日者列傳》，自'余志而著之'以上，皆太史公本書。其十曰《龜策列傳》，其序具在，自'褚先生曰'以下，乃其所補爾。方班固時，東觀、蘭臺所藏十篇，雖有録無書，正如《古文尚書》，兩漢諸儒皆未嘗見，至江左始盛行，固不可以其晚出，遂疑以爲僞也。"

馮商所續太史公七篇

《張湯傳》贊："馮商稱張湯之先與留侯同祖。"《史通》云："《史記》所書，年止漢武。太初已後，闕而不録。其後劉向、向子歆及諸好事者，若馮商、衛衡、揚雄、史岑、梁審、肆仁、晉馮、段肅、金丹、馮衍、韋融、蕭奮、劉恂等，相次撰續，迄于哀、平間，猶名《史記》。至建武中，司徒掾班彪以爲其言鄙俗，不足以踵前史。又雄、歆偏襃新室，誤後惑衆，不當垂之後代。於是採其舊事，傍貫異聞，作《後傳》六十五篇，其子固爲《漢書》。"《論衡》曰："揚子雲録宣帝以至哀、平,陳平仲紀光武。"

太古以來年紀二篇

李德林曰："史者,編年也,故魯號'紀年'。《墨子》又云'吾見百國春秋'。"《春秋緯》曰："開闢至獲麟二百七十六萬歲,[①]分爲十紀,大率一紀二十七萬六千年。"艾軒林氏曰："伏羲氏元年辛巳,或以爲甲寅。陶唐氏元年戊辰,或以爲辛卯,或以爲甲辰。舜之年月以孟子、司馬遷之言求之,《虞書》似亦有不合者。"《六藝論》云："燧人至伏犧一百八十七代。"

漢著記百九十卷

劉毅曰："漢之舊典,世有注記。"荀悦《申鑒》曰："先帝故事,有起居注,曰注,動靜之節必書焉。"[②]《通典》曰："漢武帝有《禁中起居注》,馬后撰《明帝起居注》,則漢起居似在宮中,爲女史之任。"谷永言災異,有"八世著記,久不塞除"之語。

漢大年紀五篇

《高祖》、《文帝》、《武帝紀》臣瓚注引《漢帝年紀》,蓋即此書。

左史記言,右史記事

《玉藻》曰"動則左史書之,言則右史書之",與此不同。東萊呂氏曰："《玉藻》云云,說者遂以《尚書》爲右史所書,殊不知三典兼載言、動;[③]如《禹貢》一篇,皆紀事,未嘗有禹之言也。"

冥氏春秋　不著錄。

《秋官·冥氏》注:鄭司農云:"'冥',讀爲《冥氏春秋》之'冥'。"愚按《儒林傳》"堂谿惠授泰山冥都"。顏氏有筮、冥之學。

---

①　"二"字原誤作"三",浙局本同,據至元本、至正本、四庫本、至正本《玉海》附刻《小學紺珠》卷五"十紀"條引《春秋元命苞》及上下文意改。

②　"曰注"二字各本皆同,至正本《玉海》卷四十八"漢建武注記、顯宗起居注"條引《申鑒》亦同,《四部叢刊三編》影印元刻本《困學紀聞》卷十引《申鑒》無此二字,《四部叢刊》影印明刻本《申鑒》作"日用"。

③　"三"字各本皆同,清同治《金華叢書》本呂祖謙《大事記解題》作"二",於義較勝。

《疏》謂若《晏子》、《呂氏春秋》之類,恐非。

夾氏未有書

《夾氏傳》十一卷,有録無書。然則録存而書亡也。謂之未有書,[①]當考。

---

① "謂之未"三字原脱,四庫本及浙局本同,至元本"書亡也"下缺數字,據至正本補。

卷四

論語

論語古二十一篇　出孔子壁中。兩《子張》。注：如淳曰："分《堯曰篇》後'子張問何如可以從政'已下爲篇，名曰《從政》。"

《家語後序》云孔安國爲《古文論語訓》二十一篇。何晏序云："《古論》唯博士孔安國爲之訓解，而世不傳。"《新論》云文異者四百餘字。《正義》曰"孔子舊宅壁中得"古文經傳，即謂《論語》、《孝經》爲"傳"也。古文者，科斗書。蒼頡本體，周所用。以今所不識，故名"古文"。《春秋正義》引"哀公問主於宰我"："案《古論語》及孔、鄭皆以爲'社主'，張、包、周等並爲'廟主'。"《釋文》云："'不知命，無以爲君子也'，《魯論》無此章，今從《古》。"《說文》引"狐貉之厚"，"絏衣長，短右袂"，"色孛如也"，"文質份份"，"不使勝食既"，"朝服，袉身"①，"羿善射"，"小人窮斯濫"，"謞曰：禱爾于上下神祇"，"友諞佞"，"以杖荷莜"，"有荷臾而過孔氏之門"，"翼湯舟"，皆古文也。又引《論語》"跖予之足"。

齊二十二篇　多《問王》、《知道》。

晁氏公武曰："《齊論》有《問王》、《知道》兩篇。詳其名，是必論內聖之道、外王之業，未必非夫子之最致意者，不知何說而張禹獨遺之。禹身不知王鳳之邪正，其不知此固宜。然勢位

---

①　"身"字各本皆同，《續古逸叢書》影印宋本《說文解字》作"紳"。

足以軒輊一世，使斯文遂喪，惜哉！"何晏序云："鄭玄就《魯論》篇章，考之《齊》、《古》爲之註。"艾軒林氏曰："康成溺於章句，其竄定未必審也。許氏《說文》有所謂《逸論語》，是康成之說未行，而《論語》散逸，已有不傳者。"《說文》：《逸論語》曰"玉粲之瑧兮，其璊猛也"，"如玉之瑩"。又曰："璵璠，魯之寶玉也。孔子曰：'美哉璵璠，遠而望之奐若也，近而眡之瑟若也。[1] 一則理勝，二則孚勝。"《初學記》亦謂《逸論語》之文。愚謂《問王》疑即《問玉》也，篆文相似。《季氏篇》，洪氏曰："或以爲《齊論》。"《正義》曰："《齊論》者，齊人所傳。"

魯二十篇

《釋文》曰："鄭校周之本，以《齊》、《古》讀正凡五十事。"《皇覽》引《魯》讀六事。《正義》曰："《魯論》者，魯人所傳，即今所行篇次是也。"石經《論語》載盍、毛、包、周有無不同之說，其文有增損者，其字亦有假借及用《古》者，有字異而訓不遠，若"置其杖"、"賈之哉"者。後漢傳有"遵五进四"之文，《祝睦碑》云："鄉黨逡逡。"《劉修碑》云："鄉黨遜遜如也。"《古今人表》"卑湛"，"尾生高"，"尾生晦"，"厥黨童子"，"祝佗"，"革子成"，"萐肦"。《廣韻》引"子西彼哉"，彼義切。《集韻》引"捣爾，[2]捨瑟而作"。

魯安昌侯說二十一篇

何晏序云："張禹本受《魯論》，兼講《齊》說，善者從之，號曰《張侯論》，爲世所貴。"本傳："禹爲成帝師，以上好《論語》，難數對己問經，爲《論語章句》獻之。"鄭玄以《張侯論》爲本，參考《齊》、《古》而爲之註。[3]

---

　　[1]　"眡"字原誤作"跡"，浙局本同，據至元本、至正本、四庫本、《續古逸叢書》影印宋本《說文解字》及至正本《玉海》卷八十七"魯璵璠"條引《說文》改。

　　[2]　"捣"字原誤作"摻"，四庫本及浙局本同，據至元本、至正本及中華書局1989年影印宋刻本《集韻》改。

　　[3]　"註"字原誤作"法"，至正本、四庫本及浙局本同，至元本缺頁，據本卷"齊二十二篇"條"何晏序云：鄭玄就《魯論》篇章，考之《齊》、《古》爲之註"一句改。

孔子家語二十七卷　師古曰："非今所有《家語》。"

馬昭謂："今《家語》，王肅增加，非鄭玄所見。"肅私定以難玄。

孔子三朝七篇

劉向《別錄》云："孔子見魯哀公問政，比三朝，退而爲此記，凡七篇。並入《大戴禮》。"《蜀志》秦宓曰："昔孔子三見哀公，言成七卷。"裴松之注："案《中經簿》有《孔子三朝》八卷，一卷目錄，餘者所謂七篇。"七篇，今考《大戴禮》：《千乘》、[①]《四代》、《虞戴德》、《誥志》、《小辨》、《用兵》、《少間》。《史記》、《漢書》、《文選注》所引謂之《三朝記》，《爾雅疏》張揖引《禮·三朝記》，皆此書也。

孔子徒人圖法二卷[②]

太史公曰："弟子籍出孔氏古文近是。"《史記·孔子世家》："弟子蓋三千焉，身通六藝者七十二人。"《史記》"自子石以右三十五人，顯有年名，及受業聞見于書傳。其四十有二人，無年及不見書傳"，索隱云：[③]"《家語》此例唯有三十七人。《史記》所傳七十有七，《家語》所錄七十有六。其公良孺、秦商、顏亥、叔仲會四人，《家語》有事迹，《史記》闕。然自公伯寮、秦冉、鄡單三人，《家語》不載，而別有琴牢、陳亢、縣亶，當此三人之數，皆互有也。如文翁圖所記，又有林放、蘧伯玉、申棖、申棠，俱是後人以所見增益，今殆不可考。"後漢《王政碑》云"有羔羊之絜，無申棠之欲"，蓋"申棖"一作"棠"。以棖、棠爲二人，未詳。艾軒林氏曰："合《家語》、《史記》

---

①　"千乘"二字原誤作"十本"，至正本、四庫本及浙局本皆誤作"千本"，至元本缺頁，據山東友誼出版社《孔子文化大全》影印元刻本《大戴禮記》及《四部叢刊三編》影印元刻本《困學紀聞》卷五改。

②　"二卷"二字，浙局本同，其他各本皆無。

③　"索隱云"三字原在"史記自子石"前，至正本、四庫本及浙局本同，至元本缺頁，按"自子石"一句爲《史記》正文，非《史記索隱》所云，據本書體例，上下文意、《再造善本》影印南宋黃善夫刻本《史記》及至正本《玉海》卷四十一"孔子家語、孔叢……"條引《史記》調正。

二書，則爲七十有九人。"蘇氏《古史》曰："秦冉、顏何不載於《家語》，琴牢、陳亢不録
於《史記》，二書不可偏廢。而琴張、陳亢又見於《論語》，故并録之，凡七十九人。"致
堂胡氏曰："公伯寮非孔子弟子，特季氏之黨耳。"《通典》七十九人之外，有蘧伯玉、
林放、申棖，凡八十二人。"申棖"即"申棠"也。《史記》作"申黨"，《家語》作"申續"而
無"申棖"。以一人爲二人，自唐開元始。《志》"七十子喪而大義乖"，顏
師古曰："七十子，謂弟子達者七十二人。舉其成數，故言七
十。"《隋志》：《論語孔子弟子目録》一卷，鄭玄撰。

門人相與輯而論篹

程子曰："成於有子、曾子之門人，故其書獨二子以'子'稱。"
柳子厚曰："曾子弟子爲之。有子稱'子'，以諸弟子師之。或曰，孔子弟子嘗雜記其
言，卒成書者，曾氏之徒也。"朱文公曰："門弟子所集，故言語時有長短不類。"《正
義》曰："鄭玄云仲弓、子游、子夏等撰定。"

孝經

孝經古孔氏一篇　二十二章。

孔惠所藏與顏芝十八章大較相似，而析出三章。校今文分《庶人
章》爲二，《曾子敢問章》爲三。又有《閨門》一章。不同者四百餘字。
司馬公曰："古文排擯，不得列於學官。獨孔安國及馬融爲之
傳。隋開皇中，祕書學士王孝逸於陳人處得之。劉炫爲之作
《稽疑》一篇，將以興墜起廢，而時人已多譏笑之者。唐開元
中，劉知幾以爲宜行孔廢鄭，諸儒爭難蠭起，①卒行鄭學。"許
沖上父《說文》云："《古文孝經》，昭帝時魯國三老所獻，建武
時議郎衛宏所校。"按，《志》云孔氏壁中古文，則與《尚書》同
出也。蓋始出於武帝時，至昭帝時乃獻之。《隋志》云："安國

---

①　"難"字原誤作"雄"，浙局本同，據本元本、至正本、四庫本、《四部叢刊》影印宋
刻本《溫國文正司馬公文集》卷六十四《古文孝經指解序》及至正本《玉海》卷四十一"至
和古文孝經指解"條引司馬光《古文孝經指解序》改。

之本,亡於梁亂。儒者皆云劉炫自作之,非孔舊本。"《家語後序》"安國爲《孝經傳》二篇"。今有經無傳,司馬公爲《指解》并音。桓譚《新論》曰:"《古孝經》二十章,千八百七十二字。今異者四百餘字。"

孝經一篇　十八章。

《隋志》:"河間顏芝所藏。漢初,芝子貞出之,凡十八章,千八百七十二字。劉向以顏本比古文,除其繁惑,以十八章爲定。"

雜傳四篇

蔡邕《明堂論》引魏文侯《孝經傳》,蓋雜傳之一也。

爾雅三卷

《禮·三朝記》:"公曰:'寡人欲學《小辯》,以觀於政,其可乎?'孔子曰:'《爾雅》以觀於古,足以辯言矣。'"《釋詁》一篇,蓋周公所作;舊說此書始於周公以教成王。《釋言》以下,或言仲尼所增,子夏所足,①叔孫通所益,梁文所補。漢郭威謂《爾雅》周公所制,而有"張仲孝友"等語,疑之,以問揚雄。雄曰:"《記》有孔子教魯哀公學《爾雅》,《爾雅》之出遠矣。自古學者皆云周公作,當有所據。其後,孔子弟子游、夏之儔,又有所記,以解釋六藝,故有'張仲孝友'等語。"劉向謂"史佚教其子以《爾雅》"。艾軒林氏曰:"《爾雅》一書,六籍之戶牖,學者之要津也。古人之學,必先通《爾雅》,則六籍、百家之言,皆可以類求也。及散裂《爾雅》而投諸箋注,②說隨意遷,文從義變。說或拘泥,則文亦牽合。學者始以訓詁之學爲不足學也。《釋

---

①　按"釋詁"至"所補"出《經典釋文序錄》,又見引於《爾雅注疏》。"足"字各本皆誤作"定",據上海古籍出版社1985年影印宋刻本《經典釋文》、《續古逸叢書》影印宋本《爾雅疏》及至正本《玉海》卷四十四"周公爾雅、釋詁……"條、至正本《玉海》附刻《小學紺珠》卷四"爾雅十九篇"條引《爾雅疏》並上下文意改。

②　"投"字原誤作"設",浙局本同,據至元本、至正本、四庫本改。

詁》、《釋言》、《釋訓》,亦猶《詩》之有'六義',小學之有六書。"
止齋陳氏曰:"古者重小學,漢嘗置博士,如毛氏《詩訓》,許氏
《說文》,楊氏《方言》之類,皆有所本。隋唐以來,以科目取
士,此書浸廢。韓退之尚以注蟲魚爲不切,[①]則知誦習者寡
矣。"晁氏曰:"《爾雅》,小學之類,附《孝經》非是。"

小爾雅一篇

孔鮒撰,十三章,申衍詁訓,見《孔叢子》。李軌《解》一卷。

古今字一卷

《春官》"外史掌達書名于四方",注:"古曰名,今曰字。"《秋
官・大行人》"諭書名",注:"書之字也。"《聘禮・記》曰:"百
名以上,書之於策;不滿百名,書之於方。"《說文敘》:"倉頡
初作書,蓋依類象形,故謂之文。其後形聲相益,即謂之字。
字者,言孳乳而浸多也。著於竹帛,謂之書。書者,如也。"呂
氏曰:"秦之文字,多李斯、趙高所定,非保氏之教也。"樓氏
曰:"古字不多,率假借以爲用。後世寖廣,隨俗更改,多失造
字之意。"

弟子職一篇

《管子・雜篇》第五十九有《學則》、《畜作》、《受業》、《饌饋》、
《乃食》、《灑掃》、《執燭》、《請衽》、《退習》等章。朱文公曰:"竊疑是
作內政時,士之子常爲士,因作此以教之。"

說三篇

《周禮注》引《孝經說》,蓋緯書,非是之謂也。

孔子爲曾子陳孝道

致堂胡氏曰:"曾子門人纘所聞而成之。"晁氏曰:"何休稱:

---

　　① "魚"後原衍"者"字,浙局本同,據至元本、至正本、四庫本及《四部叢刊》影印明
刻本《止齋先生文集》卷四十一《跋爾雅疏》刪。

子曰：'吾志在《春秋》，行在《孝經》。'《孝經鉤命決》云。信斯言也，則《孝經》乃孔子自著。今首章云'仲尼居，曾子侍'，則非孔子所著明矣。詳其文義，當是曾子弟子所爲書。"

小學

史籀十五篇

《說文敘》曰："宣王太史籀著大篆十五篇，與古文或異。"艾軒林氏曰："大篆出於史籀，戰國以來俱用之。許氏微得其舊體。"唐玄度曰："秦焚《詩》《書》，惟《易》與史篇得全。王莽之亂，此篇亡失。建武中，獲九篇。章帝時，王育爲作解說，所不通者十有二三。晉世，此篇廢。今略傳字體而已。"今按《說文》引"王育說"。翟氏曰："史籀變倉頡之法，作大篆，總天下字，一以會意。書法之壞，自籀始。"衛恆曰："或與古同，或與古異，世謂之籀書。"元帝善史書。應劭曰："史籀所作大篆。"安帝年十歲，好學史書。《漢官儀》："能通《蒼頡》、《史籀篇》，補蘭臺令史，滿歲爲尚書郎。"歐陽公指石鼓爲籀書，以前乎籀書，則古文科斗也。嚴延年善史書，奏成於手中。貢禹亦言郡國擇便巧史書者，以爲右職。《王尊傳》"司隸遣假佐"，蘇林謂"取內郡善史書佐給諸府"。《志》云尚書、御史史書令史，則外之郡國、內之諸府，皆有史書吏，以備劾奏也。

八體六技

《說文敘》："秦書有八體：大篆、小篆、刻符、蟲書、摹印、署書、殳書、隸書。漢興，有草書。尉律'學僮十七已上始試，諷籀書九千字，乃得爲吏'，又'以八體試之，郡移太史，并課最者以爲尚書史。書或不正，輒舉劾之'。及亡新居攝，使大司空甄豐等，校文書之部，頗改定古文。時有六書：古文、奇字、

篆書、佐書、繆篆、①鳥蟲書。”佐書即隸也。《尚書正義》亦云
“秦有八體，亡新六書”，去大篆、刻符、殳書、署書，加古文、奇
字。《志》謂：“漢興，蕭何草律，亦著其法，曰‘太史試學童，能
諷書九千字以上，乃得爲史’，又‘以六體試之’。六體者，古
文、奇字、篆書、隸書、繆篆、蟲書。”律即尉律，廷尉治獄之律。
六體乃新莽之制。漢興，尉律所試者，八體也。當從《說文
序》。所謂“六技”者，疑即亡新六書。蕭子良《古今篆隸文
體》云：“殳書，伯氏之職也。古者文既記笏，武亦書殳。”《墨
藪》：“秦始皇以祈禱名山，作刻符書，用題印璽。蕭何作署
書，題蒼龍、白虎二闕。”

蒼頡一篇

《說文敘》：“七國文字異形。秦初兼天下，丞相李斯乃奏同
之，罷其不與秦文合者。斯作《蒼頡篇》，中車府令趙高作《爰
歷篇》，太史令胡母敬作《博學篇》，皆取史籀大篆。或頗省
改，所謂小篆者也。”初有隸書，以趣約易，而古文由此絕矣。②《考工記》
注引《蒼頡篇》有“鞄㲣”、“柯欘”。顏之推曰：“《蒼頡篇》，李
斯所造，而云‘漢兼天下，海內并廁。豨黥韓覆，畔討滅殘’，
非本文也。”羅氏曰：“其篇雖名祖蒼頡，而實異《史籀》。”龜山
楊氏曰：“圖、書之文，天實兆之，非人私智所能爲也。秦人以
吏爲師，嚴是古之禁，盡滅先王之籍。漢興，去秦未遠也。科
斗書，世已無能知者，況數千載之後乎？《揚子》曰：‘言，心聲
也；書，心畫也。’世傳小篆，李斯、趙高之徒以反古逆亂之心
爲之，其淵原可知矣。”《揚子》：“或欲學《蒼頡》、《史篇》。曰：‘史乎史乎，愈
於妄闕也。’”《張湯傳》“爰書訊鞫論報”。劉仲馮曰：“趙高作《爰歷》，獄吏用之。”

---

① “篆”字原作“書”，浙局本同，據至元本、至正本、四庫本及《續古逸叢書》影印宋
本《說文解字》改。

② “由”字原作“自”，浙局本誤作“有”，據至元本、至正本及四庫本改。

凡將一篇

《文選·蜀都賦》注引司馬相如《凡將篇》曰："黄潤纖美宜制襌。"①《藝文類聚》引《凡將篇》曰："鐘磬竽笙筑坎侯。"《唐志》猶有此書，今闕。《說文》引"相如說"。

急就一篇

《隋》、《唐志》謂之《急就章》。顏師古敍曰："司馬相如作《凡將篇》，史游景慕，擬而廣之。元、成之間，列於祕府。舊得皇象、鍾繇、衛夫人、王羲之所書篇本，備加詳覈。凡三十二章。又見崔浩、劉芳所注未善，遂爲解訓。"晁氏曰："雜記姓名諸物五官等字，以教童蒙。急就者，謂字之難知者，緩急可就而求焉。"羅氏曰："一本相傳是吳皇象寫，比顏解本無'焦滅胡'以下六十三字，纔三十一章而已。國朝太宗皇帝嘗書此篇，又於顏本外多《齊國》、《山陽》兩章，凡爲章三十有四。此兩章蓋起於東漢。按《急就篇》末說長安中'涇渭街術'，故此篇亦言洛陽人物之盛以相當。而鄗縣以世祖即位之地，升其名爲高邑，與先漢所改真定常山並列。此爲後漢人所續不疑。"元帝善史書，游爲此篇，皆稍近古。傳稱游"勤心納忠，有所補益"，豈此類耶？

訓纂一篇

《揚雄傳》："史篇莫大於《倉頡》，作《訓纂》。"《說文敍》："孝宣時，召通《倉頡》讀者，《志》云"徵齊人能正讀者"。張敞從受之。涼州刺史杜業、沛人爰禮、講學大夫秦近亦能言之。孝平時，徵禮等百餘人，令說文字未央廷中，《紀》：元始五年正月，徵天下通知小學史篇者。以禮爲小學元士。黃門侍郎揚雄采以作《訓纂篇》。"《隋志》："《三蒼》三卷，李斯作《倉頡篇》，江式曰："《倉頡》、《爰歷》、

---

①　"襌"字各本皆同，至正本《玉海》卷四十四"漢小學十家……"條所引《文選》亦同，清光緒浙江書局重刊本《玉海》卷四十四該條引作"襌"，清胡克家重刊宋本《文選》以作"襌"爲是。

《博學》，後人分五十五章，爲上卷。"按，此即《志》所謂"閭里書師"合三篇者。揚雄作《訓纂篇》，江式曰："元壽中作，爲中卷。"後漢郎中賈魴作《滂喜篇》，江式曰："永元中，賈叔郎接記，爲下卷。"故曰《三蒼》。"徐氏曰："賈魴以《三蒼》之書皆爲隸字，隸字始廣，而篆籀轉微。"《說文繫傳》以《蒼頡》、《爰歷》、《博學》爲《三蒼》。《史記正義》引《訓纂》，《說文》引"揚雄說"。雄久爲郎，校書麟閣，見天下上計孝廉及内郡衛卒會者，常提三寸弱翰，齎油素四尺，以問異語。歸即以鉛摘次於槧，積二十有七歲而書成，名曰《輶軒使者絕代語釋別國方言》。《方言》者，蓋《爾雅》之流也。十五卷。劉棻從雄學作奇字。注："古文之異者。"

杜林蒼頡訓纂一篇

《杜鄴傳》："初，鄴從張吉學。吉子竦從鄴學問，尤長小學。鄴子林，正文字過於鄴、竦，故世言小學者由杜公。"《隋志》：梁有《倉頡》二卷，杜林注。《說文》引"杜林說"。

六書

《韓非子》曰："倉頡之作書也，自環者謂之私，背私謂之公。"一云："自營爲厶，背厶爲公。"象事，《周禮注》云"處事"，《說文序》云"指事"。象意，《周禮注》、《說文序》云"會意"。象聲。《周禮注》云"諧聲"，《說文序》云"形聲"，《周禮疏》云："書有六體，形聲實多。"夾漈鄭氏曰："書契之本，見於文字。獨體爲文，合體爲字。文有子、母，主類爲母，從類爲子。文字之本，出於六書：象形、指事，文也；會意、諧聲、轉注，字也；假借者，文與字也。"《古三墳》："伏羲氏始畫八卦，命臣飛龍氏造六書。"《說文》引孔子曰"一貫三爲王"，"推十合一爲士"，"桼之爲言續也"，"黍可爲酒，禾入水也"，"烏，肝呼也"，"貉之爲言惡也"，"'牛'、'羊'之字，以形舉也"，"凡在人下，故詰屈"，"狗，叩也"，"視犬之字，如畫狗也"。未詳所出。然似非孔子之言，或緯書所載也？

諷書九千字以上　字或不正輒舉劾[①]

羅氏曰：“古來用字約少，板策所書，多者纔百名以上。今漢代試爲史者，一童所記至九千字，烏覩古所謂正哉！”劉攽云：“馬字缺畫而石建懼死，雖云性謹，亦時重文也。”龜山楊氏曰：“先王之時，書必同文，故建官以達之，所以一道德之歸，立民信也。漢初猶有課試之科、舉劾之令，以同天下之習。”

古文

科斗之書，始於蒼頡，其文至三代不改。周宣王時，雖史籀有大篆十五篇，猶與科斗並行，故終三代所用者，惟篆與蒼頡二體。盧植曰：“古文科斗近於爲實，而厭抑流俗，降在小學。”衛宏《古文奇字序》云：“秦改古文以爲篆、隸。”

隸書

趙氏明誠曰：“庾肩吾云：‘隸書，今之正書也。’張懷瓘《六體書論》亦云：‘隸書者，程邈造，字皆真正，亦曰真書。’自唐以前，皆謂楷字爲隸。至歐陽公《集古錄》誤以八分爲隸書，自是舉世凡漢時石刻，皆目爲漢隸。”東魏大覺寺碑陰題“韓毅隸書”，蓋今楷字也。沙隨程氏曰：“《書苑》云：‘蔡文姬言割程字八分取二分，割李篆字二分取八分，於是爲八分書。’《千文》曰‘杜藁鍾隸’，唐孫過庭《草書譜》曰‘元常專精於隸書，伯英尤工於草體。彼之二美，逸少兼之’，此以真行爲隸也。鍾、王未嘗爲今所謂隸書者也。梁蕭子雲以‘逸少不及元常，子敬不及逸少。因此研思，遂悟隸式’，此以真行爲隸無疑。本朝任玠序范度《五體千文》云‘隸則統乎羲、獻、鍾、庾、歐、虞、顏、柳真、

---

① “字”前原衍“書”字，浙局本同，據至元本、至正本、四庫本及《再造善本》影印北宋刻遞修本《漢書·藝文志》刪。

草之輩，八分則酌乎篆、隸之間'，此又其證也。"陸氏曰："周越《書苑》云'郭忠恕以爲小篆散而八分生，八分破而隸書出，隸書悖而行書作，行書狂而草書聖'，以此知隸書乃今真書。"愚按《唐六典》注亦云："隸書，典籍表奏及公私文疏所用。"徐鉉謂："隸書之法，有刪繁補缺之論，則其僞謬斷可知矣。"唐張懷瓘《書斷》云："八分者，秦羽人上谷王次仲所作。始皇時，官務稍多，得次仲文，簡略，赴急速之用。"

臣復續揚雄作十三章 韋昭曰："'臣'，班固自謂也。"

隋、唐《志》：班固《太甲篇》、《在昔篇》各一卷。

五者，蓋五常之道，相須而備

《白虎通》曰："經，常也。有五常之道，故曰五經。《樂》仁，《書》義，《禮》禮，《易》智，《詩》信也。"與此不同。西山真氏曰："六經於五常之道無不包者，今以五常分屬於六藝，是《樂》有仁而無義，《詩》有義而無仁也，可乎哉！"

注"秦近君"

《儒林傳》："秦恭延君增師法至百萬言。""近"字誤。

序六藝爲九種

唐氏曰："漢世，經先出者不如後出盛傳於後世，《費氏易》、《古文尚書》、《毛詩》、《小戴禮》、《左氏春秋》，大抵初以經名家者，後多不傳，所謂欲速不達。"晁氏曰："典籍之存、詁訓之傳，皆漢儒之力。漢儒於學者何負，而例貶之歟？"

卷五

儒

晏子八篇

《隋》、《唐志》：《晏子春秋》七卷。著其行事及諫諍之言。_{太史}公曰："吾讀《晏子春秋》。"《禮記·投壺》注引《晏子春秋》。《崇文總目》："十二卷。或以爲後人采嬰行事爲書，故卷頗多於前志。"柳宗元謂："墨子之徒有齊人者爲之。墨好儉，晏子以儉名於世，故墨子之徒尊著其事，以增高爲己術者。且其旨多尚同、兼愛、非樂、節用、非厚葬久喪、非儒、明鬼，皆出墨子。其言問棗及古冶子等，尤怪誕。又往往言墨子聞其道而稱之，此甚顯白者。《晏子春秋》云："墨子聞之曰：'晏子知道。道在爲人，失在爲己。'"後之錄諸子書者，宜列之墨家。非晏子爲墨也，爲是書者，墨之道也。"_{晁氏從此說。}薛氏曰："讀《孔叢子·詰墨》，怪其於墨子無見，皆《晏子春秋》語也。迺知宗元之辨有自而起。"_{《史通》曰：}"晏子、虞卿、呂氏、陸賈，其書篇第本無年月，而亦謂'春秋'。"

子思二十三篇

《隋》、《唐志》：《子思子》七卷。沈約謂《禮記·中庸》、《表記》、《坊記》、《緇衣》皆取《子思子》。_{愚按《坊記》引《論語》曰："三年無改於父之道，可謂孝矣。"《論語》成於夫子之門人，則《記》所謂子云者，非夫子之言也。}《文選注》引《子思子》"民以君爲心，君以民爲體"，又引《詩》云："昔吾有先正，其言明且清，國家以寧，都邑以成。"《初學記》引"東戶季子之時，道上鴈行而不拾遺，耕耘餘糧，宿諸畝首”。今有一卷,乃取諸《孔叢子》,非本書也。

曾子十八篇

《隋》、《唐志》：二卷。參與弟子公明儀、樂正子春、單居離、曾元、曾華之徒論述立身孝行之要、天地萬物之理。今十篇,自《修身》至《天圓》,皆見於《大戴禮》。於篇第爲四十九至五十八。蓋後人摭出爲二卷。朱文公曰：“世傳《曾子》書,乃獨取《大戴禮》之十篇以充之,其言語氣象視《論》、《孟》、《檀弓》等篇所載,相去遠甚。”晁氏曰：“視漢亡八篇矣。”

漆彫子十三篇[①]　孔子弟子漆彫啟後。

《韓非子》曰：“孔子之後,儒分爲八。有子張氏、子思氏、顏氏、孟氏、漆彫氏、仲良氏、公孫氏、樂正氏之儒。”《史記·列傳》“漆彫開,字子開”。蓋名啟,字子開,《史記》避景帝諱也。《論語》注以“開”爲名。著書者其後也。

世子二十一篇

王充《論衡·本性篇》：“周人世碩以爲,人性有善有惡。舉人之善性養而致之則善長,惡性養而致之則惡長。如此則性各有陰陽,善惡在所養焉。故世子作《養書》一篇,宓子賤、漆雕開、公孫尼子之徒亦論性情,與世子相出入,皆言性有善有惡。”

李克七篇

《韓詩外傳》、《說苑》魏文侯問李克。《文選·魏都賦》注引《李克書》。

公孫尼子二十八篇

《隋》、《唐志》：一卷,似孔子弟子。沈約謂《樂記》取《公孫尼子》。劉瓛曰：“《緇衣》,公孫尼子所作也。”馬總《意林》引之。

---

　　①　“三”字各本皆作“二”,據《再造善本》影印北宋刻遞修本《漢書·藝文志》及至正本《玉海》卷五十三“漆彫子”條引《漢書·藝文志》改。

孟子十一篇

趙岐《題辭》："著書七篇。又有《外書》四篇:《性善》、《辯文》、《說孝經》、《爲正》,其文不能弘深,不與內篇相似。"《志》云十一篇,并《外書》也。《外書》今不傳。《論衡》云:"孟子作《性善》之篇,以爲人性皆善,及其不善,物亂之也。謂人生於天地,皆稟善性。長大與物交接,放縱悖亂,不善日以生矣。"《法言》引"孟子曰:夫有意而不至者有矣,未有無意而至者也"。《說苑》、《太平御覽》引"人皆知以食愈飢,莫知以學愈愚","人皆知糞其田,而莫知糞其心"。《顏氏家訓》引"圖景失形"。劉知幾《史通》引堯、舜不勝其美,桀、紂不勝其惡"。李善注《文選》引"太山之高,參天入雲"。《史記·六國表》注:皇甫謐曰:"孟子稱'禹生石紐,西夷人也'。"《漢·伍被傳》引"孟子曰:紂貴爲天子,死曾不如匹夫,是紂先自絕久矣,非死之日,天去之也"。《藝文類聚》引滕文公葬及惠子諫。《坊記》注引"舜年五十而不失其孺子之心"。皆《外書》也。《說文》引《孟子》"去齊,滰淅而行","源源而來","孝子之心,不若是恝","二女媒"。晁氏曰:"按,此書韓愈以爲弟子所會集,非軻自作。今考於軻之書,則知愈之言非妄發也。其書載孟子所見諸侯,皆稱諡,如齊宣王、梁惠王、梁襄王、滕定公、滕文公、魯平公是也。夫死然後有諡。軻著書時,所見諸侯不應皆死。且惠王元年至平公之卒,凡七十七年。孟子見惠王,王目之曰'叟',必已老矣,決不見平公之卒也。故予以愈言爲然。"《傅子》云字子輿,《廣韻》云字子居。唐林謹思云"七篇非軻自著,乃弟子共記其言",與韓愈之說同。

孫卿子三十三篇　當云三十二篇。

劉向校讎書錄序云:"所校讎中《孫卿書》凡三百二十二篇,①

① "二十二"三字各本皆誤作"三十三",據《古逸叢書》影刊宋本《荀子》、至正本《玉海》卷五十三"荀子"條所引劉向序錄及上下文意改。

以相校,除復重二百九十篇,定著三十二篇,皆以定殺青簡書,可繕寫。"《勸學》至《賦篇》。楊倞分易卷第,更名《荀子》。韓文公曰:"荀卿之書,語聖人必曰孔子、子弓。子弓之事業不傳,惟《太史公書・弟子傳》有駟臂子弓。子弓受《易》於商瞿。"《論語釋文》引王弼注:"朱張字子弓,荀卿以比孔子。"後山陳氏曰:"子弓者,仲弓也。"唐氏曰:"向博極羣書,序卿事大抵本司馬遷,於遷書有三不合:春申君死,當齊王建二十八年,距宣王八十七年。向言卿以宣王時來游學,春申君死而卿廢。設以宣王末年游齊,年已百三十七矣。遷書記孟子以惠王三十五年至梁,①當齊宣王七年。惠王以'叟'稱孟子,計亦五十餘。後二十三年,子之亂燕,孟子在齊。若卿來以宣王時,不得如向言後孟子百餘歲。田忌薦孫臏爲軍師,敗魏桂陵,當齊威王二十六年,距趙孝成王七十八年。臨武君與卿議兵於王前,向以爲孫臏。倞以敗魏馬陵疑年,馬陵去桂陵又十三年矣。"

芋子十八篇　名嬰,齊人。

《史記》"阿之吁子",索隱:"吁音芋,《別錄》作'芋子'。"徐廣云:"阿者,今之東阿。"正義曰:"《藝文志》:《吁子》十八篇。顏師古'音弭'。按,是齊人,阿又屬齊,恐顏誤。"

內業十五篇

按《管子》有《內業篇》,此書恐亦其類。

周史六弢六篇　師古曰:"即今之《六韜》。"

《莊子》女商曰:"從說之則以《金板》、《六弢》。"《釋文》云:"本又作'六韜',謂文、武、虎、豹、龍、犬。"今《六韜》六卷六十篇。《尚書正義》

---

① "三"字原誤作"二",浙局本同,據至元本、至正本、四庫本及《古逸叢書》影刊宋本《荀子》唐仲友序改。

以爲"後人所作，非實事也"。《館閣書目》謂《周史六弢》恐別
是一書。《通鑑外紀》云：[1]"《志》在儒家，非兵書也。今《六韜》文王、武王問太公
兵戰之事，其言鄙俚煩雜，不類太公之語，蓋後人依託爲之。"唐氏曰："春秋以
前，中國未有騎戰，計必起於戰國之時。今《六韜》言其戰最
詳，決非太公所作。當出於孫、吳之後謀臣策士之所託也。"

寧越一篇

《呂氏春秋》："寧越，中牟之鄙夫也。苦耕稼之勞，謂其友曰：
'何爲而可以免此苦也？'其友曰：'莫如學。學三十歲，則可
以達矣。'寧越曰：'請以十歲。人將休，吾將不敢休；人將
臥，吾將不敢臥。'十五歲而周威公師之。"注："威公，西周君也。"
《志》注云："爲周威王師。"《說苑》引："周威公問於寧子：'取士有道
乎？'"《史記·秦始皇紀》賈生曰："六國之士，有寧越。"《索
隱》云趙人，徐廣云："一作'經越'。"[2] 或自別有此人，不必
寧越。"

王孫子一篇

《隋志》：梁有《王孫子》一卷。馬總《意林》引之。《太平御覽》
引"趙簡子獵於晉陽，撫彎而歎"，"楚莊王攻宋，將軍子重
諫"。《藝文類聚》引"衛靈公坐重華之臺"。

董子一篇　名無心，難墨子。

《隋志》：一卷。《論衡·福虛篇》："儒家之徒董無心、墨家之
役纏子相見講道，[3]纏子稱墨家右鬼神，是引秦穆公有明德，
上帝賜之九年。董子難以堯、舜不賜年，桀、紂不夭死。近而

---

①　"云"字原誤作"三"，浙局本同，據至元本、至正本及四庫本改。

②　本句各本皆同，《再造善本》影印南宋黃善夫刻本《史記》作"徐廣云：'越'一作
'經'"，按"寧"、"經"於上古音同屬耕部，音近；而"越"屬月部，故疑《史記》本誤而本書不誤。

③　"役"字原作"徒"，四庫本及浙局本同，據至元本、至正本及《再造善本》影印宋
刻宋元明遞修本《論衡》改。

秦繆、晉文言之：夫‘繆’者，誤亂之名；‘文’者，德惠之表。
有誤亂之行，天賜之年；有德惠之操，天奪其命乎？按繆公之
霸，不過晉文；晉文之謚，美於繆公。天不加晉文以命，獨賜
繆公以年，是天報誤亂也。”《館閣書目》：“一卷。與學墨者纏
子辨上同、兼愛、上賢、明鬼之非，[①]纏子屈焉。”吳祕注。

徐子四十二篇

《魏世家》：“惠王三十年，使龐涓將，而令太子申爲上將軍。
過外黃，外黃徐子謂太子曰：‘臣有百戰百勝之術。’太子曰：
‘可得聞乎？’客曰：‘固願效之。’曰：‘太子自將攻齊，大勝并
莒，則富不過有魏，貴不益爲王。若戰不勝齊，則萬世無魏
矣。此臣之百戰百勝之術也。’太子曰：‘諾。請必從公之言
而還矣。’客曰：‘太子雖欲還，不得矣。彼勸太子戰攻，欲啜
汁者衆。太子雖欲還，恐不得矣。’太子因欲還，其御曰：‘將
出而還，與北同。’太子果與齊人戰，敗於馬陵。齊虜魏太子
申，殺將軍涓，遂大破。”劉向《別録》曰：“徐子，外黃人也。外黃時屬宋。”

魯仲連子十四篇

《隋志》：五卷，録一卷。《春秋正義》、《文選注》、《太平御覽》
引之。《史記正義》引《魯連子》云：“齊辯士田巴，服徂丘，議
稷下，毀五帝，罪三王，服五伯，離堅白，合同異，一日服千人。
有徐劫者，其弟子曰魯仲連，年十二，號‘千里駒’。往詣田
巴，曰：‘臣聞堂上不糞，郊草不芸，白刃交前，不救流矢，急不
暇緩也。今楚軍南陽，趙伐高唐，燕人十萬，聊城不去，國亡
在旦夕，先生奈之何？若不能者，先生之言有似梟鳴，出城而
人惡之。願先生勿復言。’田巴曰：‘謹聞命矣。’巴謂徐劫曰，

---

① “之”字各本皆誤作“神”，據至正本《玉海》卷五十三“董子”條引《館閣書目》及
上下文意改。

先生'乃飛兔也,豈直千里駒'? 巴終身不談。"

虞氏春秋十五篇

《十二諸侯年表序》:"趙孝成王時,其相虞卿上采《春秋》,下
觀近世,亦著八篇,爲《虞氏春秋》。"本傳云:"著書上采《春
秋》,下觀近世,曰《節義》、《稱號》、《揣摩》、《政謀》凡八篇,以
刺譏國家得失。世傳之曰《虞氏春秋》。"太史公曰:"虞卿非窮愁,亦
不能著書以自見於後世。"《史記》、《志》篇數不同,當考。

高祖傳十三篇

《魏相傳》:"奏《明堂月令》曰:'高皇帝所述書《天子所服》第
八。'"《隋志》:梁有《漢高祖手詔》一卷。

陸賈二十三篇

本傳:"高帝曰:'爲我著秦所以失天下、吾所以得之者,及古
成敗之國。'賈凡著十二篇。每奏一篇,未嘗不稱善。稱其書
曰《新語》。"太史公曰:"余讀陸生《新語》十二篇,固當世之辯
士。"隋、唐《志》:二卷。今存《道基》、《術事》、《輔政》、《無
爲》、《資賢》、①《至德》、《懷慮》七篇。吳儔曰:"《輔政篇》曰:
'書不必起於仲尼之門。'夫黜仲尼之書,則道不尊矣,烏能使
高帝行儒術哉!"

孝文傳十一篇

《史記·文帝紀》凡詔皆稱"上曰",以其出於帝之實意也。

賈誼五十八篇

本傳:"凡所著述五十八篇。"今《新書》十卷,事勢、連語、雜事
凡五十八篇,或取《漢書·誼傳》附于後。《隋志》云《賈子》。本七十
二篇,劉向刪定。昭帝始元五年詔曰"通《保傅傳》",文穎以爲賈

---

① "賢"字各本皆同,至正本《玉海》卷五十五"漢陸賈新語"條所列篇目亦同,《四
部叢刊》影印明刻本《新語》作"質",又按《再造善本》影印元刻本《慈溪黃氏日抄分類》卷
五十六"陸賈新語"條云:"《資質》,言質美者在遇合。"

誼作，今在《大戴禮》第四十八篇。考之《新書》，蓋以《保傅》、
《傅職》、《胎教》、《容經》四篇合爲一。朱文公曰："其言教太
子、輔少主之道，與誼本傳疏語同。當時以列於《論語》、《孝
經》、《尚書》而進於君，蓋已有識其言之要者矣。"顏師古曰：
"誼上疏'可爲太息者六'，今三而止，蓋史取其切要者。"今考
《新書》諸篇，其末綴以"痛哭"者一，"流涕"者二，"太息"者
四；其餘篇目，或泛論事機而不屬於是三者，如《服疑》、《益
壤》、《權重》諸篇是也。班固作傳，分散其書，參差不一，總其
大略，自"陛下誰憚而久不爲此"已上，則取其書所謂《宗首》、
《數寧》、《藩傷》、《藩强》、《五美》、"壹動而五業附"，《新書》云"五美"。
《制不定》、《親疏危亂》凡七篇而爲之。自"天下之勢，方病大
腫"以下，以爲"痛哭"之說，與其書合。至於"流涕"二說，其
論足食、勸農者，是其一也，而固載之《食貨志》，不以爲"流
涕"之說也。論制匈奴，其實一事，凡有二篇，其一書以"流
涕"，其一則否。是與前所謂足食、勸農而爲二也。固既去其
一，則以爲不足，故又分《解縣》、①《匈奴》二篇，②以爲"流涕"
之二說。庶人上僭、體貌大臣，皆其書所謂"太息"之說也，固
從而取之，當矣。而其書又有《等齊篇》論當時名分不正，《銅
布篇》論收銅鑄錢，又皆其"太息"之說也。固乃略去《等齊》
之篇不取，而以《銅布》之篇附于《食貨志》，顧取《秦俗》、《經
制》二篇其書不以爲"太息"者，則以爲之。書經刪削，非皆全文。朱
文公謂《新書》是平日記錄藁草，其中事事俱有"。誼有經世
之才。

<hr>

① "縣"字各本皆誤作"制"，據至正本《玉海》卷五十五"漢賈子新書……"條《新書
目錄》所列篇目及《四部叢刊》影印明刻本《新書》改。
② 中華書局 1980 年版余嘉錫《四庫提要辨證》卷十"新書十卷"條云："按《漢書》
兩'流涕'，其前一節乃《解縣篇》……後一節則《勢卑篇》，非《匈奴篇》也。"

孔臧十篇[①]

《孔叢・連叢子》云："臧歷位九卿，遷御史大夫。辭曰：'世以經學爲家，乞爲太常，與安國紀綱古訓。'遂拜太常，禮賜如三公。著書十篇。先時嘗爲賦二十四篇，四篇別不在集，似其幼時之作也。又爲書與從弟，及戒子，皆有義。"朱文公曰："《孔叢子》敘事至東漢，然詞氣卑近，亦非東漢人作。所書孔臧'禮賜如三公'等事，皆無其實，而《通鑑》誤信之。所載臧兄弟往還書疏，正類《西京雜記》僞造漢人文章。"

河間獻王對上下三雍宮三篇

本傳："武帝時，獻王來朝，獻雅樂，對三雍宮應劭曰："辟雍、明堂、靈臺。"及詔策所問三十餘事。其對推道術而言，得事之中，文約指明。"後漢張純案《河間古辟雍記》具奏之。《說苑》引獻王之言。司馬公曰："獻王得《周官》、《左氏春秋》、《毛氏詩》而立之。《周禮》者，周公之大典；毛氏言《詩》最密；《左氏》與《春秋》相表裏。三者不出，六藝不明。微獻王，則六藝其遂暗乎！故其功烈，至今賴之。"《五宗世家》注：《漢名臣奏》曰："獻王朝，被服造次必於仁義。問以五策，獻王輒對無窮。"

董仲舒百二十三篇

本傳："仲舒所著，皆明經術之意。及上疏條教，凡百二十三篇。而說《春秋》事得失，閒舉《玉杯》、[②]《蕃露》、《清明》、《竹林》之屬，復數十篇，十餘萬言。"後漢明德馬后"尤善《董仲舒書》"，注云："《玉杯》、《蕃露》、《清明》、《竹林》之屬。"《七錄》、《隋》《唐志》：《春秋繁露》十七卷。今八十二篇，始《楚莊王》，終《天道施》，三篇闕。又即用"玉杯"、"竹林"題篇，疑後人附

---

① 本條於《漢書・藝文志》在"賈誼五十八篇"條前。

② "閒"字各本皆同，至正本《玉海》卷四十"漢春秋蕃露"條、卷五十五"漢董仲舒書"條引《漢書》亦同，《再造善本》影印北宋刻遞修本《漢書》作"聞"，該頁有朱筆校語以作"閒"爲是。

著。《館閣書目》：“案《逸周書·王會》‘天子南面立，絻無繁露’，注云：‘繁露，冕之所垂，有聯貫之象。’《春秋》屬辭比事，仲舒立名，或取諸此。”集一卷，《士不遇賦》、《答制策》、《詣公孫弘記室》。其見於傳注者，有《救日食祝》、《止雨書》、《雨雹對》。

鉤盾冗從李步昌八篇

《百官表》少府有鉤盾令丞，注：“鉤盾主近苑囿。”《枚皋傳》“與冗從爭”，注：“散職。”

鹽鐵論六十篇

《車千秋傳》贊：“鹽鐵議者，起始元中，六年二月。徵文學賢良，問以治亂，皆對願罷郡國鹽鐵酒榷、均輸，務本抑末，毋與天下爭利，然後教化可興。御史大夫弘羊以爲，此迺所以安邊竟、制四夷，國家大業，不可廢也。當時相詰難，頗有其議文。至宣帝時，汝南桓寬次公，治《公羊春秋》舉爲郎，至廬江太守丞。博通善屬文，推衍鹽鐵之議，增廣條目，極其論難，著數萬言。亦欲以究治亂，成一家之法焉。”今十卷，《本論》第一至《雜論》第六十。

劉向所序　新序

本傳“采傳記行事者《新序》、《說苑》凡五十篇奏之”，《隋志》“《新序》三十卷、《說苑》二十卷”是也。曾鞏校定十卷，《雜事》至《善謀》。陽朔元年二月癸卯上，總一百八十三章。二十卷缺。《史記·商君傳》注引“《新序》論”，索隱曰“《新序》是劉歆所撰”，蓋誤以向爲歆。

說苑

向校中書《說苑雜事》，分別次序，除去與《新序》復重者，以類相從，凡二十篇，《君道》至《反質》七百八十四章。鴻嘉四年三月己亥上。《崇文總目》“存者五篇”，曾鞏復得十五篇，與舊爲二十篇。李德芻云：“闕《反質》一卷，鞏分《修文》爲上、下以足二十卷。後高麗進一卷，遂足。”

世說

未詳。本傳："著《疾纔》、①《摘要》、《救危》及《世頌》，凡八篇。依歸古事，②悼己及同類也。"今其書不傳。

列女傳頌圖

本傳："向采取《詩》、《書》所載賢妃貞婦，興國規條可法則，③及孽嬖亂亡者，序次爲《列女傳》，凡八篇，以戒天子。"傳七篇，頌義一篇。曾鞏序曰："《隋書》及《崇文總目》皆十五篇，曹大家注。以頌義考之，蓋大家所注，離其七篇爲十四，與頌義凡十五篇。而益以陳嬰母及東漢以來凡十六事，非向書本然也。蘇頌以頌義篇次復定其書爲八篇。《隋書》以頌義爲劉歆作。今驗頌義之文，蓋向自敘。④又《藝文志》有《頌圖》，明非歆作也。"王回序曰："有《母儀》、《賢明》、《仁智》、《真慎》、《節義》、《辯通》、《孽嬖》等篇，而各頌其義，圖其狀，總爲卒篇。傳如《太史公記》，頌如《詩》之四言，而圖爲屏風。頌云"畫之屏風"。劉向《七略別錄》曰："臣向與黃門侍郎歆所校《列女傳》，種類相從，爲七篇，以著禍福榮辱之效、是非得失之分，畫之於屏風四堵。"以頌考之，每篇皆十五傳。則凡無頌者，宜皆非向所奏書，不特自陳嬰母爲斷也。自周郊婦至東漢梁嫿等，以時次之，別爲一篇。《隋志》又曰："向作《列仙》、《列士》、《列女》之傳。"《列仙》、《列士傳》不著錄。

---

① "纔"字，至正本及浙局本同，至元本漫漶，四庫本及《再造善本》影印北宋刻遞修本《漢書》作"讒"。

② "歸"字，至正本及浙局本同，至元本漫漶，《再造善本》影印北宋刻遞修本《漢書》及顏注皆作"興"。

③ "規條"二字，至正本、四庫本及浙局本同，至元本漫漶，《再造善本》影印北宋刻遞修本《漢書》及至正本《玉海》卷五十八"漢列女傳"條引《漢書》皆作"顯家"。

④ "向"字各本皆誤作"同"，據《文選樓叢書》影刊宋本《古列女傳》曾鞏序、《再造善本》影印宋刻本《曾南豐先生文粹》卷二《列女傳目錄序》及上下文意改。

揚雄所序 太玄十九

本傳："《玄》三方、九州、二十七部、八十一家、二百四十三
表、七百二十九贊，分爲三卷，曰一二三，有《首》、《衝》、
《錯》、《測》、《攡》、《瑩》、《數》、《文》、《掜》、《圖》、《告》十一
篇，皆以解剝《玄》體，離散其文。"_{《首》、《贊》、《測》各爲卷，范望散於注中。}蕭該《音義》曰："案《別録》，《告》下有《玄問》一篇，合
十二篇。今脱一篇。"司馬公《說玄》曰："《易》與《太玄》，大
抵道同而法異。《易》畫有二，曰陽曰陰；《玄》畫有三，曰一
曰二曰三。《易》有六位，《玄》有四重。《易》以八卦相重爲
六十四卦，《玄》以一二三錯於方、州、部、家爲八十一首。
《易》每卦有六爻，合爲三百八十四爻；《玄》每首有九贊，合
爲七百二十九贊，皆當朞之日。《易》有元、亨、利、貞，《玄》
有罔、直、蒙、酋、冥。《易》大衍之數五十，其用四十九；《玄》
天地之策各十有八，合爲三十六策，地則虛三，用三十三策。
《易》揲之以四，《玄》揲之以三。《易》有七、九、八、六，謂之四
象；《玄》有一、二、三，謂之三摹。《易》有《彖》，《玄》有《首》。
《易》有爻，《玄》有贊。《易》有《象》，《玄》有《測》。《易》有《文
言》，《玄》有《文》。《易》有《繫辭》，《玄》有《攡》、《瑩》、《掜》、
《圖》、《告》。《易》有《說卦》，《玄》有《數》。《易》有《序卦》，《玄》
有《衝》。《易》有《雜卦》，《玄》有《錯》。殊塗而同歸，百慮而一
致，皆本於太極、兩儀、三才、四時、五行，而歸於道德仁誼禮
也。"郭元亨《疏》云："《太玄》潤色於君平。"_{未知出何書。}邵子
曰："《玄》之於《易》，猶地之於天也。"又曰："揚雄作《玄》，可
謂見天地之心者也！"張文饒曰："《玄》紀日於牛宿者，法日
也；紀氣於《中》首者，法天也。以罔、冥爲元，則《艮》之終始
萬物神妙之理，故《太玄》於三《易》，實依《連山》而作也。"_{《七略》曰："雄卒，弟子侯芭負土作墳，號曰'玄冢'。"}

法言十三

本傳："以爲傳莫大於《論語》，作《法言》。"胡氏曰："《論語》
乃孔門弟子記諸善言，誠有是人相與問答也；《法言》則假借
問答以則《論語》。且又淺近特甚，有不必問、不必答、不必言
者。"晁氏曰："《法言》稱谷口鄭樸子真、蜀人李弘仲元與嚴君
平。蜀人聞之，有願載名於《法言》者，雄謝之。雖林翁孺猶
不得與也。"①

樂四

未詳。雄有《琴清英》。

箴二

本傳："箴莫善於《虞箴》，作《州箴》。"《後漢·胡廣傳》："揚
雄依《虞箴》作《十二州》、《二十五官箴》，其九箴亡闕。"《館閣
書目》：二十四箴一卷，《州箴》十二、《衛尉》等箴十二。又作《酒
箴》，見《陳遵傳》。晁氏曰："雄見莽更易百官、變置郡縣，制度大
亂。士皆忘去節義，以從諛取利，乃作司空、尚書、光禄勳、衛
尉、廷尉、太僕、司農、大鴻臚、將作大匠、博士、城門校尉、上
林苑令等《箴》，及荆、揚、兖、豫、徐、青、幽、冀、并、雍、益、交
十二州《箴》，皆勸人臣執忠守節，可爲萬世戒。"

於道最爲高

唐氏曰："此自謂尊儒，不知與九流並列，已不是。八家皆儒家
之一偏一曲耳。"淇水李氏曰："儒者之術，教化仁義而已也。
使儒者在人主左右，得以仁義教化爲天下之治，則所謂道家者，
不過爲巖野居士；名、法家者，不過爲賤有司；陰陽者，食于太
史局；而從橫、雜、墨之流，或馳一傳，或效一官；農家者流，耕
王田、奉國賦以樂天下之無事。彼得與儒者相抗而爲流哉？"

---

①　"孺"字原作"儒"，四庫本及浙局本同，據至元本、至正本改。

卷六

道

伊尹五十一篇

《說苑·臣術篇》、《呂氏春秋》皆引伊尹對湯問。《周書·王會》有《伊尹朝獻·商書》。愚謂孟子稱伊尹曰："天之生此民也，使先知覺後知，使先覺覺後覺也。予，天民之先覺者也。予將以斯道覺斯民也，非予覺之而誰也！"伊尹所謂道，豈老氏所謂道乎？《志》於兵權謀省《伊尹》、《太公》而入道家，蓋戰國權謀之士，著書而託之伊尹也。《湯誓》序曰："伊尹相湯伐桀，升自陑。"孔安國謂出其不意，豈知伊尹者哉？傳伊尹之言者，孟子一人而已。

太公謀八十一篇　言七十一篇　兵八十五篇

李靖曰："《謀》，所謂陰謀，不可以言窮；《言》，不可以兵窮；《兵》，不可以財窮。此三門也。"《齊世家》："後世之言兵及周之陰權，皆宗太公爲本謀。"《戰國策》蘇秦"得《太公陰符》之謀"。《隋志》有《太公陰謀》。《文選注》引《七略》云：①"太公《金版》、《玉匱》雖近世之文，然多善者。"又引《太公金匱》。太史公序《齊世家》曰"謬權於幽"，正義謂《六韜》、《三略》、《陰符七術》之屬。愚謂老氏曰"將欲翕之，必固張之；將欲奪之，必固與之"，此陰謀之言也。范蠡用之以取吳，張良本之以滅項，而言兵者尚焉。此太史公入道家。然陰

---

①　"云"字原脫，四庫本及浙局本同，至元本漫漶，據至正本補。

謀之術，申、商、韓非之所本也。文王之德之純，太公見而知之。
《丹書》"敬義"之訓，武王得於師尚父。陰謀傾商之說，陋矣。

辛甲二十九篇

劉向《別錄》曰："辛甲，故殷之臣，事紂，蓋七十五諫而不聽，
去。至周，召公與語，賢之，告文王。文王親自迎之，以爲公
卿。封長子。"《左氏傳》："辛甲爲太史，命百官官箴王闕。"

鬻子二十二篇

太史公序《楚世家》曰："重黎業之，吳回接之。殷之季世，粥
子牒之。"劉向《別錄》云："鬻子名熊，封於楚。"劉勰曰："鬻
熊知道，而文王咨謀。諸子肇始，莫先於斯。"唐逢行珪注，一
卷十四篇。序云："卷軸不全，而其門可見。"賈誼《新書》引文王、武王、
成王問鬻子。《列子·天瑞篇》引鬻熊曰："運轉無已，天地密
移，疇覺之哉。"《力命篇》引鬻熊語文王曰："自長非所增，自
短非所損。"陸佃曰："《列子》所稱，即南華'藏舟'、'梟鶴'之義也。今其書無之，
則熊之嘉言要旨，亡者多矣。"又小說有《鬻子說》十九篇，後世所加。

管子八十六篇

劉向序："所校讎中《管子書》，大中大夫卜圭書、臣富參書、射
聲校尉立書、太史書，凡中外書五百六十四，以校，除復重四
百八十四篇，定著八十六篇。"太史公曰："余讀管氏《牧民》、
《山高》、《乘馬》、《輕重》、《九府》，詳哉言之也。"《九府書》，民
間無有。《山高》，一名《形勢》。今二十四卷，《牧民》至《輕重庚》。《傅
子》曰："《管子書》過半是後之好事者所加，《輕重篇》尤鄙
俗。"今本房喬注，《唐志》謂尹知章注。《文選》引江邃《文釋》
云："《管子》曰：夫士懷耿介之心，不蔭惡木之枝。"今檢《管
子》，近亡數篇，恐是亡篇之內，而邃見之。[1] 石林葉氏曰："其間頗

---

[1]　按"江邃"至"見之"，出《文選》陸士衡《猛虎行》李善注。

多與《鬼谷子》相亂。管子自序其事，亦泛濫不切。疑皆戰國策士相附益。"蘇氏《古史》謂："多申、韓之言，非管子之正也。甚者以智欺其民，以術傾隣國，有不貲之寶、石璧菁茅之謀。使管仲而信然，尚何以霸哉？"

老子

《隋志》：梁有漢長陵三老毌丘望之注《老子》二卷。《志》不著錄。晁氏公武曰："以周平王四十二年授關尹喜，凡五千七百四十有八言，八十一章，言道德之旨。其末云'使民復結繩而用之'，蓋三皇之道也。"東萊呂氏曰："孔子嘗問禮焉。今載於《曾子問》者，與五千言殊不類。蓋告孔子者，其所職；著於書者，自其所見也。"陸德明《序錄》云："周敬王時西出關，爲關令尹喜說《道》、《德》二篇，尚虛無、無爲。漢文帝時，河上公作《章句》四篇以授帝，言治身、治國之要。"《志》無河上公《章句》。鄭氏、傅氏、徐氏、劉向傳說今皆亡。王禹玉曰："今資善堂所寫御本，獨無章名，章名疑非老氏之意。"薛氏曰："古文《老子道德上下經》無八十一章之辨，今文有。河上公注分八十一章。《史記》'樂臣公本師河上丈人，教安期，再傳至于臣公。其弟子蓋公爲曹相國師，修黃帝、老子學'，則丈人者，乃今所謂河上公也。自晉世已言其教漢文帝，敘述尤怪誕。"景迂晁氏曰："'常善救人，故無棄人；常善救物，故無棄物'，獨得諸河上公，古本無有也，傅奕能辨之。王弼題曰《道德經》，不析《道》、《德》而上下之，猶近古歟？"葉氏曰："老氏之書，其與孔子異者皆矯世之辭，而所同者皆合於《易》。"

老子指歸　不著錄。

《隋志》：十一卷，嚴遵撰。《列子釋文》云："遵字君平，作《指歸》十四篇，演解五千文。"

文子九篇　與孔子並時，而稱周平王問，似依託。

今本十二篇。《道原》至《上禮》，李暹注。豈暹析之歟？其傳曰："姓辛氏，葵丘濮上人，號曰'計然'，范蠡師事之。本受業於老子，文子錄其遺言爲十二篇。"名研，文子其字也。《志》注謂"似依託"，晁氏曰："三代之書，經秦火之後幸而存者，錯亂參差，如《爾雅》，周公作，而有'張仲孝友'是也。"柳宗元以爲駁書。曹子建表引《文子》，李善注以爲計然。今其書一以老子爲宗，略無與范蠡謀議之事。《貨殖傳》注："計然，其書則有《萬物錄》，著五方所出，皆述之。事見《皇覽》及晉《中經簿》。"《唐志》農家：《范子計然》十五卷。注云范蠡問、計然答，則與《文子》了不同。《北史》蕭大圜曰："陶朱成術於辛文。"

蜎子十三篇　名淵，楚人。

《史記》"環淵，楚人，學黃老道德之術，著上下篇"，《廣韻》："古有楚賢者環淵。"索隱、正義皆無注釋。今按《文選》枚乘《七發》"便蜎、詹何之倫"，注云："《淮南子》'雖有鉤鍼芳餌，加以詹何、蜎蠉之數，猶不能與罔罟爭得也'，'宋玉與登徒子偕受釣於玄淵'，《七略》'蜎子名淵'。三文雖殊，其人一也。"

關尹子九篇

劉向："校中秘書九篇，太常存七篇，臣向本九篇。蓋公授曹相國參。相國薨，書葬。至孝武時，有方士來以七篇上，上以僊處之。淮南王安好道聚書，有此不出。臣向父德因治淮南王事得之。"永始二年八月庚子上。一《字》，二《柱》，三《極》，四《符》，五《鑑》，六《匕》，七《釡》，八《籌》，九《藥》。《列仙傳》云："著書九篇，名《關令子》。"

莊子五十二篇

郭象注，三十三篇，《內篇》七、《外篇》十五、《雜篇》十一。陸德明《序錄》云："莊生宏才命世，辭趣華深，正言若反，故莫能暢其弘致。後人增足，漸失其真，故郭子玄云：'一曲之才，妄竄奇說，若《閼奕》、《意修》之首，《危言》、《游鳬》、《子胥》之篇，凡諸巧雜，十分有三。'《藝文志》五十二篇，即司馬彪、孟氏所注是也。《内篇》七、《外篇》二十八、《雜篇》十四、解說三。言多詭誕，或似《山海經》，或類占夢書，故注者以意去取。其《内篇》衆家並同，自餘或有《外》而無《雜》。唯子玄所注，特會莊生之旨。"成玄英《疏》："莊周字子休。"《文選注》、《太平御覽》引《莊子·闕弈》、《游鳧》之語。《荀子》曰："莊子蔽於天而不知人。"朱文公曰："莊子見道體，蓋自孟子之後，荀卿諸公皆不能及。"韓文公曰："子夏之學，其後有田子方，子方之後，流而爲莊周。"故周之書喜稱子方之爲人。

列子八篇

劉向："校中書《列子》五篇，與長社尉臣參校讎，太常書三篇、太史書四篇、臣向書六篇、臣參書二篇，内外書凡二十篇，以校，除復重十二篇，定著八篇。《天瑞》至《說符》。《穆王》、《湯問》二篇迂誕恢詭，非君子之言也。至於《力命篇》一推分命，《楊子》之書唯貴放逸，二義乖背，不似一家之書。"永始三年八月壬寅上。柳宗元曰："劉向録《列子》曰鄭穆公時人，穆公在孔子前幾百歲，《列子》書言子產、鄧析。《史記》鄭繻公二十四年，[①]鄭殺其相駟子陽。子陽正與列子同時。是歲，魯穆公十年。不知向言'魯穆公'時，遂誤爲'鄭'耶？莊周放依其辭，其稱夏棘、[②]狙公、紀渻子、季咸等，皆出《列子》。其文辭類《莊子》，而尤質厚。其《楊朱》、《力命》，疑其楊子書。其言魏牟、孔穿，皆出列子後，不可信。"或謂鄭"繻公"字誤爲"繆公"。東萊呂氏曰："以《列子》所載'楊朱遇老子，老子中道而歎'一章觀之，

---

① "四"字各本皆同，《再造善本》影印宋世彩堂刻本《河東先生集》卷四《辯列子》亦同，《再造善本》影印南宋黃善夫刻本《史記·六國年表》作"五"。

② "棘"字各本皆誤作"涑"，據《再造善本》影印宋世彩堂刻本《河東先生集》及《再造善本》影印宋刻本《南華真經》改。

則朱受學於老子不疑。朱之言見於《列子》者，固多後人所附益。'爲我'之說，亦略可見也。"石林葉氏曰："《天瑞》、《黃帝篇》與佛書相表裏。"呂氏曰："《列子》多引黃帝書，蓋古之微言，傳久而差者。《玄牝》一章，今見《老子》。此戰國秦漢所以並言'黃老'也。"

老成子十八篇

《列子》曰："老成子學幻於尹文先生。"

長盧子九篇

《史記》："楚有尸子、長盧。"

公子牟四篇　先莊子。

《荀子·非十二子》注："魏牟，魏公子，封於中山。"今《莊子》有'公子牟稱莊子之言以折公孫龍'，據即與莊子同時也。又《列子》稱'公子牟解公孫龍之言'，龍，平原君之客，而張湛以爲文侯子。據年代非也。《說苑》'公子牟東行，穰侯送之'。未知何者爲定。"①

田子二十五篇

《呂氏春秋》曰："老聃貴柔，孔子貴仁，墨翟貴廉，關尹貴清，子列子貴虛，陳駢貴齊，陽朱貴己，孫臏貴勢，王廖貴先，兒良貴後。"《尸子·廣澤篇》曰："墨子貴兼，孔子貴公，皇子貴衷，田子貴均，列子貴虛，料子貴別。"《史記·世家》："齊宣王喜文學游說之士，自如騶衍、淳于髡、田駢、接子、慎到、環淵之徒七十六人，皆賜列第爲上大夫，不治而議論。是以齊稷下學士復盛，且數百千人。"劉向《別録》曰："稷，齊城門名。談說之士期會於稷門下，故曰稷下。"《鄭志》："張逸問云：'我

---

① "定"字原作"是"，浙局本同，據至元本、至正本、四庫本及《古逸叢書》影刊宋本《荀子》改。

先師棘下生何時人？'答云：'齊田氏時，善學者所會處也，齊
人號之棘下生，無常人也。'"西山真氏曰："莊生所述諸子：
墨翟、禽滑釐，其一也；宋鈃、尹文，其二也；彭蒙、田駢、慎
到，其三也；關尹、老聃，其四也；莊周，其五也；惠施，其六
也。異端之盛，莫甚於此時。"陳駢即田駢也，《荀子·非十二子》與慎到
並言。《七略》："齊田駢好談論，故齊人爲語曰'天口駢'。""天
口"者，言田駢子不可窮其口，若事天。《荀子》注："其學本黃、老，歸名、法。"

老萊子十六篇

《史記》："老萊子，亦楚人也。著書十五篇，言道家之用。與
孔子同時。"《大戴禮》云："德恭而行信，終日言，不在悔尤之
內，貧而能樂，蓋老萊子之行也。"《文選注》引《尸子》："老萊子曰：'人
生於天地之間，寄也。'"《戰國策》云："不聞老萊子之教孔子事君
乎？示之其齒之堅也，六十而盡，相靡也。"

鶡冠子一篇

今四卷，十五篇，《隋志》：三卷。《博選》至《學問》。柳宗元辨此
書非古，謂好事者僞爲其書。而韓愈獨稱焉，謂其詞雜黃老、
刑名。陸佃序曰："自《博選篇》至《武靈王問》凡十有九篇，而退之讀此云有六篇
者，非全書也。"今四篇亡。《真隱傳》："以鶡爲冠，莫測其名，因服成號。"

黃帝四經四篇　黃帝銘六篇①

《史記正義》："《黃帝道書》十卷。"《隋志》："漢時道書之流三
十七家，大旨皆去健羨、處沖虛。其《黃帝》四篇、《老子》二
篇，最得深旨。"黃帝、老子之書，謂之"黃老"。《列子》引《黃帝書》，《呂氏春秋》
引黃帝言，又曰："嘗得學黃帝之所以誨顓頊矣。"賈誼、《淮南子》引"黃帝曰"。朱

---

① 各本"六"後衍"經"字，據《再造善本》影印北宋刻遞修本《漢書·藝文志》及至
正本《玉海》卷二十八"黃帝書、黃帝四經、丹書"條、卷三十一"黃帝銘、巾机法、孔甲盤
盂"條、卷二百零四《辭學指南·銘》序、《四部叢刊三編》影印元刻本《困學紀聞》卷十引
《漢書·藝文志》刪。

文公曰："黃帝聰明神聖,得之於天。天下之理,無不知;天下之事,無不能。上而天地陰陽造化發育之原,下而保神練氣愈疾引年之術、庶物萬事之理,巨細精粗,洞然於胸次,是以其言有及之者。而世之言此者,因自託焉,以信其說於後世。至戰國時,方術之士遂筆之書,以相傳授,如《列子》所引,與《素問》、《握奇》之屬。蓋必有粗得遺言之彷彿者,如許行所道神農之言耳。《周官》外史所掌三皇五帝之書,恐不但若此而已。"東萊呂氏曰:"漢初,黃老世有傳授,觀《樂毅傳》贊可考。"《皇覽·記陰謀》黃帝《金人器銘》:"武王問尚父曰:'五帝之誡,可得聞歟?'尚父曰:'黃帝之戒曰:吾之居民上也,搖搖恐夕不至朝,故爲金人,三封其口,曰古之慎言。'"《金人銘》蓋六篇之一也,亦見《家語》。蔡邕《銘論》:"黃帝有巾机之法。"《皇王大紀》曰:"黃帝作《輿几之箴》,以警宴安;作《金几之銘》,以戒逸欲。"《黃帝內傳》一卷,序云:"篯鏗得之於衡山石室中,至劉向校書見之,遂傳于世。"

捷子二篇　齊人,武帝時說。

《史記》"接子,齊人,與慎到、田駢同時,皆學黃老",正義:"《藝文志》云《接子》二篇。此云"武帝時說",當考。《三輔決録》有"接昕子"。

鄭長者二篇

袁淑《真隱傳》:"鄭長者,隱德無名,著書一篇言道家事,韓非稱之。世傳是長者之辭,因以爲名。"今按《韓非子·外儲說》:"鄭長者有言曰:夫虛静無爲而無見也。"

素王妙論　不著録。

太史公《素王妙論》曰:"諸稱富者,非貴其身得志也,乃貴恩覆子孫,澤及鄉里也。黃帝設五法,布之天下,用之無窮。蓋世有能知者,莫不尊親,如范子可謂曉之矣。管子設輕重九府,行伊尹之術,則桓公以霸。范蠡行十術之計,二十一年之間，三致千萬，再散與貧。"《七略》云司馬遷撰，《史記正義》云二卷，今僅見此語於《太平御覽》。《越世家》注引云："范蠡本南陽人。"《隋志》：梁有太史公《素王妙議》二卷。

道家者流

致堂胡氏曰："道以天下共由而得名，得道而盡，惟堯、舜、文王、孔子而已。黃帝之書無傳；老聃八十一篇，概之孔孟，[①]固難以大成歸之。自其所見而立言，不可與天下共由也；獨善其身，不可與天下共由，而名之曰道，此漢以來淺儒之論，以啟後世枝流分裂之弊。"陳平曰："我多陰謀，是道家之所禁。"太史公曰："平少時本好黃帝、老子之術。"太史公習道，論六家要旨，言道家爲長。

陰陽

鄒子四十九篇　鄒子終始五十六篇

《史記》："騶衍深觀陰陽消息，而作怪迂之變，《終始》、《大聖》之篇十餘萬言，其語閎大不經云云，燕昭王身親往師之。作《主運》。"劉向《別錄》云："《鄒子》書有《主運篇》。"《封禪書》云："自齊威、宣之時，騶子之徒論著終始五德之運。如淳曰："今其書有《五德始終》，五德各以所勝爲行。"及秦帝而齊人奏之，故始皇采用之。"又云："騶衍以陰陽主運顯於諸侯。"如淳曰："今其書有《主運》，五行相次轉用事，隨方面爲服。"公孫臣上書曰："推《終始傳》，則漢當土德。"《鹽鐵論》及《論衡》並以衍言迂怪虛妄。東萊呂氏曰：

---

① "孟"字各本皆同，江蘇古籍出版社 1988 年《宛委別藏》影印南宋刻本《致堂讀史管見》卷二十五及《再造善本》影印元刻本《文獻通考》卷二百二十五"道藏書目一卷"條、山東友誼出版社《孔子文化大全》影印清鈔本元謝應芳《辨惑編》卷四引胡氏語皆作"業"。

"方驥衍推五德之運,人視之特陰陽末術耳,若無預於治亂之數也。及至始皇始采用之,定爲水德,以爲水德之治,剛毅戾深,事皆決於法,刻削毋仁恩和義,然後合五德之數,於是急法久者不赦。則其所繫豈小哉?"《周禮·司爟》注鄭司農引《騶子》。

南公三十一篇

《史記·項羽紀》楚南公曰:"楚雖三戶,亡秦必楚也!"《正義》:"虞喜《志林》云:南公者,道士,識廢興之數,知亡秦者必於楚。"徐廣曰:"楚人也,善言陰陽。"《真隱傳》:"居國南鄙,因以爲號,著書言陰陽事。"

容成子十四篇

《呂氏春秋》"容成作曆"。《莊子·則陽篇》容成氏曰:"除日无歲,无内无外。"

張蒼十六篇

本傳:"蒼尤邃律曆,著書十八篇,言陰陽律曆事。"《志》篇數不同。

鄒奭子十二篇　《七略》曰:"鄒赫子,齊人爲之語曰'彫龍赫'。赫言鄒衍之術,文飾之若彫鏤龍文。"

《史記》云:"頗采騶衍之術以紀文。衍之術,迂大而閎辨;奭也文具難施。"

五曹官制五篇　漢制,似賈誼所條。

《賈誼傳》:"誼以爲宜當改正朔,易服色制度,定官名,興禮樂,迺草具其儀法,色上黃,數用五,爲官名,悉更奏之。"

公孫渾邪十五篇

《公孫賀傳》:"祖父昆邪,景帝時封平曲侯,著書十餘篇。"

法

李子三十二篇

《食貨志》:"李悝爲魏文侯作盡地力之教。"《史記》:"魏有李悝,盡地力之教。"《晉·刑法志》:"魏文侯師李悝,①撰次諸國法,著《法經》。"《戰國策》魏安陵君曰:"吾先君成侯,受詔襄王以守此地也,手受大府之憲。憲之上篇曰:'子弑父、臣弑君,有常不赦。國雖大赦,降城、亡子不得與焉。'"張斐《律序》:"鄭鑄刑書,晉作執秩,趙制國律,楚造僕區,並述法律之名。申、韓之徒,各自立制。"《通鑑外紀》:"李悝爲上地守,下令曰:'人有狐疑之訟,令射的,中者勝,不中者負。'令下而人皆習射。及與秦人戰,大敗之。"

商君二十九篇

太史公曰:"嘗讀《商君·開塞》、《耕戰書》,與其人行事相類。"《正義》云《商君書》五卷。《館閣書目》:"今是書具存,共二十六篇。"三篇亡。《後魏·刑罰志》:"商君以《法經》六篇入說於秦,設參夷之誅,連相坐之法。"

申子六篇

《史記·申不害傳》:"申子之學,本於黃老而主刑名,著書二篇,號《申子》。"注:劉向《別錄》曰:"今民間所有上下二篇、中書六篇,皆合二篇,已備過太史公所記。"《元帝紀》注:劉向《別錄》云:"申子學號刑名。刑名者,以名責實,尊君卑臣,崇上抑下。宣帝好觀其《君臣篇》。"《唐志》:三卷。《崇文總目》、《館閣書目》皆缺。《荀子》曰:"申子蔽於勢而不知知。"《韓非子》曰:"申不害徒術而無法,公孫鞅徒法而無術。"《淮南

---

① "師"字各本皆誤作"志",據本卷"漢律"條引《晉書》、《再造善本》影印宋刻本《晉書》及至正本《玉海》卷六十五"秦漢舊律……"條引《晉書》改。

子》曰：“商鞅之《啟塞》，①申子之《三符》。”《七略》曰：“孝宣皇帝重申不害《君臣篇》，使黃門郎張子喬正其字。”②

處子九篇

《史記》“趙有劇子之言”，注：徐廣曰：“按應劭《氏姓注》云‘處子’。”《索隱》曰：“前史不記其名。”《風俗通》“漢有北海太守處興”，蓋處子之後。《史記正義》“趙有劇孟、劇辛”，是有劇姓。

慎子四十二篇

《史記》“慎到，趙人，著十二論”，《正義》：“《慎子》十卷。戰國時處士。”《館閣書目》：一卷。案《漢志》四十二篇，今三十七篇亡，唯有《威德》、《因循》、《民雜》、《德立》、《君人》五篇，滕輔注。《荀子》曰：“慎子蔽於法而不知賢。”又曰：“慎子有見於後，無見於先。”《史記》注徐廣曰：“劉向所定，有四十二篇。”《荀子》注：“其術本黃老，歸刑名，多明不尚賢不使能之道。”《太平御覽》引《慎子》“昔者，天子手能衣，而宰夫設服；足能行，而相者導進；口能言，而行人稱辭”，“諺云：不聰不明，不能爲王。不瞽不聾，不能爲公”，皆在亡篇。

韓子五十五篇

《史記·韓非傳》“喜刑名法術之學，而其歸本於黃老，作《孤憤》、《五蠹》、《內外儲》、《說林》、《說難》十餘萬言”，注：“《新序》曰：申子書號曰術，商鞅書號曰法，皆曰刑名。”東萊呂氏曰：“太史公謂非喜刑名法術之學，則兼治之也。”《索隱》：“按《韓子》書有《解老》、《喻老》二篇，是亦崇黃老之學也。”今本二十卷五十六篇。沙隨程氏曰：“非書有《存韓篇》，故李斯

---

①　“塞”字原誤作“基”，浙局本同，據至元本、至正本、四庫本及《四部叢刊》影印覆宋鈔本《淮南鴻烈解》改。

②　“喬”字原作“蟜”，浙局本同，云據《漢書·蕭望之傳》改，按《漢書·劉向傳》注云：“（張）子僑……‘僑’字或作‘蟜’，或作‘喬’，皆音鉅驕反。”又可參本書卷八“華龍”條。今據至元本、至正本、四庫本及《四部叢刊》影印宋刻本《太平御覽》卷二百二十一引《七略》改。

言'非終爲韓不爲秦'也。後人誤以范雎書廁于其書之間，乃有舉韓之論。《通鑑》謂非欲覆宗國，則非也。"韓安國受《韓子》雜家說。

晁錯三十一篇

錯學申、商刑名於軹張恢生所，與洛陽宋孟及劉帶同師。呂氏曰："申、商之學，亦世有傳授。"《唐志》：《晁氏新書》七卷。《隋志》：梁有三卷。《文選·賓戲》注引《朝錯新書》。太史公曰："賈生、晁錯明申、商。"蘇氏曰："錯不足道也，而誼亦爲之。"

漢律　　不著錄。

《晉·刑法志》："秦漢舊律，其文起自魏文侯師李悝，撰次諸國法，著《法經》。以爲王者之政，莫急於盜賊，故其律始於《盜》、《賊》。盜賊須劾捕，故著《網》、《捕》二篇。其輕狡、越城、博戲、借假、不廉、淫侈、踰制爲《雜律》一篇。又以《具律》具其加減。是故所著六篇而已，然皆罪名之制也。《唐六典》注："李悝集諸國刑書，造《法經》六篇，一《盜法》，二《賊法》，三《囚法》，①四《捕法》，五《雜法》，六《具法》。商鞅傳之，改'法'爲'律'。"呂氏曰："具律，令之名例律也。"商君受之以相秦。漢承秦制，蕭何定律，除參夷、連坐之罪，增部主、見知之條，益事律《興》、《廄》、《戶》三篇，呂氏曰："三篇總謂之事律。"合爲九篇。叔孫通益律所不及，《傍章》十八篇，張湯《越宮律》二十七篇，趙禹《朝律》六篇，合六十篇。"《隋志》："漢律久亡。"《上計律》，《周禮·典路》注。《大樂律》，《大胥》注。《尉律》，《說文敘》、《昭帝紀》注。《田律》，《周禮·士師》注。《酎金律》，丁孚《漢儀》。漢律"會稽獻藙"，《禮記·內則》注。"會稽郡獻鮚醬"，"會稽獻藕一斗"，"祠祀司命"，"能捕豺貀，購百錢"，"婦告威姑"，"祠宗廟丹書告"，"民不繇，貲錢二十二"，"綺絲數謂之絲，布謂之

① "囚"字原誤作"凶"，浙局本同，據至元本、至正本及四庫本改。

總，綬組謂之首”，“疁田菑艸”，“及其門首洒潃”，“賜衣者，緣表白裏”①，“舩方長爲舳艫”，“齊人予妻婢姦曰姘”，“見姝變不得侍祠”。《說文》。“吏五日得一下沐”。《初學記》。“列侯墳高四丈，關內侯以下至庶人各有差”。《周禮·冢人》注。《賊律》曰：“敢蠱人及教令者弃市。”《周禮·庶氏》注。“掠者唯得搒笞立”。《章帝紀》。“與罪人交關三日已上，皆應知情”。《孔融傳》。“三人以上無故羣飲，罰金四兩”。《漢書·文帝紀》注。“吏二千石有予告，有賜告”。《高帝紀》注。“人出一算”。《惠帝紀》注。“無故入人室宅廬舍，上人車船，牽引人欲犯法者，②其時格殺之，無罪”。《周禮·朝士》注。疏云賊律。“無干車。無自後射”。《大司馬》注。疏云田律。“淫季父之妻曰報”。《左傳》注。“鬬以刃傷人，完爲城旦，其賊加罪一等，與謀者同罪”。《薛宣傳》。郭躬父弘習《小杜律》。延年。惠帝四年，除挾書律。文帝元年，除收帑相坐律令。二年，除誹謗律。愚按，律令臧於理官，故《志》不著録。《風俗通》：“《咎陶謨》：虞始造律。”《傅子》曰：“律是咎繇遺訓，漢命蕭何廣之。”

漢令　不著録。

《晉·刑法志》：“漢時決事，集爲《令甲》以下三百餘篇。”《令甲》：“死者不可復生，刑者不可復息。”《宣帝紀》。《令甲》：“諸侯在國，名田他縣，罰金二兩”。《哀帝紀》注。《令甲》：“女子犯罪，作如徒六月，顧山遣歸。”《平帝紀》注。《金布令甲》曰：“邊郡數被兵，離饑寒，夭絕天年，父子相失，令天下共給其費。”《蕭望

---

　　① “表”字各本皆誤作“裘”，據《續古逸叢書》影印宋本《說文解字》及至正本《玉海》卷六十五“漢律”條、卷八十二“漢賜車馬衣服……”條、至正本《玉海》附刻《漢志考》卷四引《說文》並上下文意改。

　　② 各本皆脫“人”字，據民國董氏誦芬室影印宋刻本《周禮疏》、至正本《玉海》附刻《漢志考》卷二引《周禮·朝士》注及上下文意補。

之傳。《令甲》第六《常符漏品》，^①《後漢·曆志》。"著于《甲令》而稱忠"。《吳芮傳》。《乙令》："踔先至而犯者，罰金四兩。"《張釋之傳》注。《令乙》："騎乘車馬行馳道中，沒入車馬。"《江充傳》注。《令丙》："簧長短有數。"《章帝紀》^②《秩祿令》，《史記·呂后紀》注、《文帝紀》注。《宮衛令》，《張釋之傳》注。《金布令》，見上。《高帝紀》注、《後漢·禮儀志》注。《品令》，《百官表》注。祠令，《文帝紀》注。《祀令》，《後漢·祭祀志》注。《齋令》，蔡邕《表志》。《公令》，《何並傳》注。《功令》，《儒林傳》序。《廷尉挈令》，《張湯傳》。《光祿挈令》，《燕王旦傳》注。《樂浪挈令》，《說文》。《廷尉板令》，《應劭傳》。《田令》，《黃香傳》。《水令》。《兒寬傳》。漢令："赿張百人。""蠻夷長有罪當殊之，蠻夷卒有類"。《說文》。安帝元初五年，詔曰："舊令制度，各有科品。"注："漢令，今亡。"成帝詔曰："今大辟之刑，千有餘條。律令煩多，百有餘萬言。"杜周曰："前王所是，著爲律。後王所是，疏爲令。"《鹽鐵論》文學曰："今律令百有餘篇。"陳寵謂："今律令死刑六百一十，耐罪一千六百九十八，贖罪以下二千六百八十一，溢於《甫刑》者千九百八十九。"《刑法志》："孝武禁罔寖密，律令凡三百五十九章。"鄭昌以刪定律令爲正本，班固以刪定律令爲清原。杜預《律序》曰："律以正罪名，令以存事制。"

法家者流，蓋出於理官

范氏曰："申、韓本於老子，李斯出於荀卿。學者失其淵源，其末流將無所不至。"朱文公曰："申、韓之學，淺於楊、墨。"東萊

---

①　"六"字各本皆誤作"一"，據《再造善本》影印南宋紹興刻本《後漢書》及至正本《玉海》卷十一"漢漏品……"條、同卷"天聖蓮花漏、景祐水秤"條、卷六十五"漢令甲、令乙、令丙"條引《後漢書》改。

②　"章"字原誤作"黃"，四庫本及浙局本同，據至元本、至正本及至正本《玉海》卷六十五"漢令甲、令乙、令丙"條改。

呂氏曰：“六經孔孟子之教，[①]與人之公心合，故治世宗之。申、商、韓非之說，與人之私情合，故末世宗之。”兼山黃氏曰：“九家之學，今存者獨刑名家而止耳，佛老氏而止耳。高者喜談佛老，而下者或習刑名，故兩家之說獨存於世。秦、梁至於敗亡。”蘇氏曰：“自漢以來，學者雖鄙申、韓不取，然世主心悅其言而陰用之。小人之欲得君者，必私習其說，或誦言稱舉之，故其學至于今猶行也。”

明罰飭法

“飭”，今《易》作“敕”。《後魏·刑罰志》：[②]“漢孝武世，增律三十餘篇。[③]　宣帝時，于定國爲廷尉，集諸法律凡九百六十卷，大辟四百九十條，千八百八十二事，死罪決比，凡三千四百七十二條，諸斷罪當用者，合二萬六千二百七十二條。”張斐《律序》曰：“張湯制《越宮律》，趙禹作《朝會正見律》”。《鹽鐵論》曰：“二尺四寸之律，古今一也。”《杜周傳》“三尺法”。《朱博傳》“三尺律令”。

---

① 本句各本皆同，清同治《金華叢書》本呂祖謙《大事記解題》及《再造善本》影印宋刻元修本《西山先生真文忠公讀書記》甲集卷三十二引呂氏語皆無“子”字。

② “罰”字各本皆誤作“法”，據《再造善本》影印宋刻宋元明遞修本《魏書》目錄及本卷“商君二十九篇”條改。

③ “三”字各本皆同，明崇禎九年汲古閣刻本《魏書》作“五”。

卷七

名

鄧析二篇

劉向序："臣所校讎中《鄧析書》四篇，臣敘書一篇，凡中外書五篇，以相校，除復重爲二篇。子產卒後二十年而鄧析死，傳或稱子產誅鄧析，非也。其論無厚者，言之異同，與公孫龍同類。"《隋志》：一卷。《無厚》、《轉辭》二篇。《韓非子》曰："堅白無厚之辭章而憲令之法息。"晁氏曰："析之學，蓋兼名、法家。今其書大旨訐而刻，真其言也。其閒時勦取他書，頗駮雜不倫，豈後人附益之與？"《荀子·非十二子》與惠施並言。《左傳》："鄭駟顓殺鄧析而用其竹刑。"《淮南鴻烈》曰："鄧析巧辯而亂法。"

尹文子一篇

《莊子·天下篇》云，宋鈃、尹文，"其爲人太多，其自爲太少"。魏黃初末，山陽仲長氏得其書，始詮次爲上、下二篇。李獻臣云："仲長氏，統也。"晁氏曰："序稱當齊宣王時，居稷下，學於公孫龍，龍稱之。而《志》敘此書在龍書上。顏師古謂文嘗說齊宣王，在龍之前。《史記》云公孫龍客于平原君，君相趙惠文王。惠文王元年，齊宣沒已四十餘歲矣。則知文非學於龍者也。今觀其書，雖專言刑名，然亦宗六藝，數稱仲尼。其叛道者蓋鮮。豈若龍之不宗賢聖，好怪妄言哉？"洪氏曰："劉歆云其學本於黃老，今其文僅五千言，亦非純本黃老者，頗流而入於兼愛。"《隋志》：二卷，周之處士，遊齊稷下。

公孫龍子十四篇

《史記》："趙有公孫龍，爲堅白同異之辯。"《志》："《毛公》九篇。趙人，與公孫龍等並遊平原君趙勝家。"《索隱》謂龍即仲尼弟子，非也。《列子釋文》：龍字子秉，趙人。莊子謂惠子曰："儒、墨、楊、秉，四，與夫子爲五，果孰是邪？"楊，楊朱也。秉，公孫龍也。《晉太康地記》云："汝南西平縣有龍淵，水可用淬刀劍，特堅利，故有堅白之論。云：'黃，所以爲堅也；白，所以爲利也。'或辯之曰：'白，所以爲不堅；黃，所以爲不利。'"司馬彪曰："堅白謂堅石非石、白馬非馬也，同異謂使異者同、同者異。"《呂氏春秋》云："孔穿、公孫龍相與論於平原君所，深而辯，至於藏三牙。公孫龍言藏之三牙甚辯，孔穿不應。少選，辭而出。明日，孔穿朝，平原君謂孔穿曰：'昔者公孫之言甚辯。'孔穿曰：'然。幾能令藏三牙矣。雖然，難。願得有問於君，謂藏三牙甚難而實非也，謂藏兩牙甚易而實是也，不知君將從易而是也者乎？將從難而非者乎？'平原君不應。明日，謂公孫龍曰：'公無與孔穿辯。'"《淮南鴻烈》曰："公孫龍粲於辭而貿名。"《楊子》曰："公孫龍詭辭數萬。"東萊呂氏曰："告子'彼長而我長之，彼白而我白之'。斯言也，蓋堅白同異之祖。《孟子》累章辨析，歷舉玉、雪、羽、馬、人五白之說，借其矛而伐之，而其技窮。"《唐志》：三卷。今一卷。

惠子一篇

《莊子·天下篇》："惠施多方，其書五車。其道舛駮，其言也不中。"《荀子》曰："惠子蔽於辭而不知實。"《莊子·德充符》："天選子之形，子以堅白鳴。"

孔子曰："必也正名乎！"

《尹文子》曰："形以定名，名以定事，事以驗名。察其所以然，則形、名之與事，無所隱其理矣。名有三科，一曰命物之名，

方、圓、白、黑是也；二曰毀譽之名，善、惡、貴、賤是也；三曰
況謂之名，賢、愚、愛、憎是也。"

墨

尹佚二篇

《左傳》稱"史佚有言"、"史佚之志"。《晉語》"胥臣曰：文王訪
於辛、尹"，注："辛甲、尹佚，皆周大史。"《洛誥》"逸祝册"，《正
義》以爲史佚。《淮南鴻烈》引"成王問政於尹佚"。《保傅
傳》"丞立於後，是史佚也"。《說苑》引"成王問政於尹
逸"。尹佚，周史也，而爲墨家之首。今書亡，不可考。按
《呂氏春秋》"魯惠公使宰讓請郊廟之禮於天子，天子使史
角往，惠公止之。其後在於魯，墨子學焉"，意者史角之
後，託於佚歟？

田俅子三篇

《文選注》、《太平御覽》引之。《隋志》：梁有一卷。謂少昊"鞗鞪毛
人獻羽裘"，"赤鳶集戶，遺其丹書"；夏禹"渠搜人獻珍裘"；堯"蓂莢成曆"，"獬豸毛
爲帳"。

隨巢子六篇　胡非子三篇

《隋》、《唐志》各一卷。洪氏曰："二書今不復存。馬總《意林》
所述隨巢兼愛、明鬼，而墨之徒可知。胡非言'勇有五等'，其
說亦卑陋無過人處。"《藝文類聚》引《隨巢子》曰："昔三苗大
亂，天命夏禹於玄宮。有大神人面鳥身，降而福之。司祿
益食而民不飢，司金益富而國家實，司命益年而民不夭，四
方歸之。禹乃克三苗，而神民不違。"禹產於崑石，啟生於石。
《史記索隱》引《隨巢子》云："夷羊在牧，飛拾滿野。天鬼
不顧，亦不賓滅。"《太平御覽》引"昔三苗大亂，龍生于廟，

犬哭于市"①，"天賜武王黃鳥之旗以伐殷"。愚謂此即墨氏之
"明鬼"也。②

墨子七十一篇

《館閣書目》：十五卷，自《親士》至《雜守》，爲七十一篇，亡《節
用》、《節葬》、《明鬼》、《非樂》、《非儒》等九篇。一本自《親士》至《雜
守》爲七十一篇，所存六十一篇。且多訛脫，不相聯屬。又一本止存一十三篇。晁氏
曰："荀、孟皆非之，而韓愈獨謂辯生於末學，非二師之道本然也。"《韓非子》曰："有
相里氏、相夫氏、鄧陵氏之墨。墨離爲三。"《荀子》曰："墨子有見於齊，無見於畸。"
又曰："墨子蔽於用而不知文。"晉魯勝注《墨辯》，其敘曰："墨子著書，
作《辯經》以立名本。惠施、公孫龍祖述其學，以正刑名顯於
世。《墨辯》有上、下經，經各有說，凡四篇。與其書衆篇連
第，故獨存。"《史記》云："墨翟，宋之大夫，善守禦，爲節用。
或曰並孔子時，或曰在其後。"《索隱》曰："按《別錄》云：'《墨
子》書有文子。文子，子夏之弟子，問於墨子。'如此則墨子在
七十子之後。"《莊子·天下篇》云："相里勤之弟子五侯之徒，
南方之墨者苦獲、已齒、鄧陵子之屬，俱誦《墨經》，而倍譎不
同，相謂'別墨'。"又云："以巨子爲聖人，皆願爲之尸。"《呂氏
春秋》"墨者有鉅子腹䵍居秦"，"墨者鉅子孟勝，善荊之陽城
君。孟勝曰：我將屬鉅子於宋之田襄子"，此即《莊子》所謂
"巨子"也。

---

① "犬"字原誤作"大"，浙局本同，據至元本、至正本、四庫本及《四部叢刊》影印宋
刻本《太平御覽》改。

② "即"字，四庫本及浙局本同，至元本、至正本皆空格。

縱橫

蘇子三十二篇[①]

《鬼谷子》三卷，樂壹注云：“蘇秦欲神祕其道，故假名鬼谷也。”《史記正義》：“《戰國策》云：乃發書，陳篋數十，得太公《陰符》之謀，伏而誦之，簡練以爲揣摩。”《鬼谷子》有《陰符七術》，有《揣》及《摩》二篇，乃蘇秦書明矣。東萊呂氏曰：“戰國游說之風，蘇秦、張儀、公孫衍實倡之。秦，周人也；儀與衍皆魏人也，故言權變辯智之士必曰三晉、兩周云。”石林葉氏曰：“蘇秦學出於揣摩，未嘗卓然有志天下。反覆無常，不守一道，度其隙苟可入者則爲之，此揣摩之術也。故始求說周，周顯王不能用，則去而之秦，再求說秦。秦孝公不能用，則去而之燕。幸燕文侯適合而從說行。其所以說周者，吾不能知。若秦孝公而聽之，則必先爲衡說以噬六國，何有於周？此蘇秦所以取死也。”《太平御覽》引《蘇子》曰：“天子坐九重之內，樹塞其門，旒以蔽明，[②]衡以隱聽，鸞以抑馳。”《後漢·王符傳》注引《蘇子》曰：“人生一世，若朝露之宅於桐葉耳，其與幾何？”《御覽》又引“蘭以芳自燒，膏以肥自焫，翠以羽殃身，蚌以珠致破”。

鬼谷子　不著錄。

晁氏曰：“按《史記》，戰國時隱居潁川陽城之鬼谷，因以自號。長於養性治身。蘇秦、張儀師之，受縱橫之事。尹知章敘謂此書即授秦、儀者。捭闔之術十三章，一云十二章。《本經》、《持

---

①　“三十二篇”四字各本皆同，至正本《玉海》卷五十三“蘇子”條引《漢書·藝文志》亦同，《再造善本》影印北宋刻遞修本《漢書·藝文志》作“三十一篇”。

②　“旒”字原誤作“旅”，四庫本及浙局本同，據至元本、至正本及《四部叢刊》影印宋刻本《太平御覽》改。

樞》、《中經》三篇。一云受《轉丸》、^①《胠篋》三章。秦、儀復往見，先生乃正席而坐，嚴顏而言，告二子以全身之道。梁陶弘景注。柳子厚嘗曰：'劉向、班固錄書，無《鬼谷子》。《鬼谷子》後出而嶮巇峭薄，恐其言妄亂世，^②難信。尤者，晚乃益出七術，怪謬異甚，言益隘，使人猖狂失守。'來鵠亦曰：'鬼谷子昔教人詭紿激訐，揣測憸滑之術，悉備於章。學之者，惟儀、秦而已。始《捭闔》、^③《飛箝》，實今之常態。是知漸漓之後，不讀《鬼谷子》書者，其行事皆得自然符契也。'昔倉頡作文字，鬼爲之哭。不知鬼谷作是書，鬼何爲耶？世人欲知鬼谷子者，觀二子言略盡矣。"劉氏涇曰："老之翕張，儒之闔闢，其與鬼谷往來如環。鬼，幽而顯者也；谷，扣而應者也。藏幽露顯，一扣一應，信如其名哉！"《說苑》引《鬼谷子》曰："人之不善，而能矯之者，難矣。"

闕子一篇

《太平御覽》引《闕子》云："任公子冬羅鯉於山阿。"又云："吳章、莊吉之調。"又云："魯人有好釣者，以桂爲餌，黃金爲鉤，垂翡翠之綸。"《藝文類聚》引《闕子》云："宋景公使弓工爲弓，九年來見云云，其餘力逸勁，飲羽於石梁。"又云："宋之愚人，得燕石於梧臺之東，歸而藏之以爲寶。"

---

① "丸"字原誤作"九"，至元本、四庫本及浙局本同，據至正本、《四部叢刊》影印明刻本《鬼谷子》及《四部叢刊三編》影印元刻本《困學紀聞》卷十改。

② "言妄"二字各本皆同，《續古逸叢書》影印南宋袁州刻本《昭德先生郡齋讀書志》亦同，江蘇古籍出版社1988年《宛委別藏》影印舊鈔本《昭德先生郡齋讀書志》及《再造善本》影印宋世彩堂刻本《河東先生集》皆作"妄言"，於義較勝。

③ "始"字各本皆同，《續古逸叢書》影印南宋袁州刻本《昭德先生郡齋讀書志》亦同，江蘇古籍出版社1988年《宛委別藏》影印舊鈔本《昭德先生郡齋讀書志》及《再造善本》影印宋刻本《文粹》卷四十六來鵠《讀鬼谷子》作"如"，於義較勝。

蒯子五篇①

《蒯通傳》："論戰國時說士權變,亦自序其說,凡八十一首,號曰《雋永》。"《史記》:"通善爲長短說,論戰國之權變爲八十一首。"

主父偃二十八篇

《說苑》引主父偃曰:"人而無辭,安所用之?昔子産脩其辭而趙武致其敬,王孫滿明其言而楚莊以慙。"

縱橫

東萊呂氏曰:"連關中之謂橫,合關東之謂從。"胡氏曰:"秦合六國從,儀以秦衡。不再歲,其約皆解。"蘇氏曰:"二者皆出於權譎,而從爲愈。"葉氏曰:"從人之與衡人,相去遠矣。太史公言張儀之惡,甚於蘇秦。"《韓非子》曰:"從者,合眾弱以攻一强也;而衡者,事一强以攻眾弱也。皆非所以持國也。周去秦爲從,朞年而舉;衞離魏爲衡,半歲而亡。是周滅於從,衞亡於衡也。"

雜

孔甲盤盂二十六篇

《田蚡傳》"學《盤盂》諸書",注:"應劭曰:'黄帝史孔甲所作也。《文選注》:《七略》曰:'《盤盂書》者,其傳言孔甲爲之。孔甲,黄帝之史也,書盤盂中爲誡法,或於鼎,名曰銘。'書盤盂中,所以爲法戒。'孟康曰:'雜家書,兼儒、墨、名、法。'"蔡邕《銘論》:"黄帝有巾机之法,孔甲有槃杆之誡。"梁簡文帝云:"盤盂寓殷高之辭。"

大禹三十七篇

《賈誼書·脩政語》引《大禹》曰:"民無食也,則我弗能使也。功成而不利於民,我弗能勸也。"《太史公·大宛傳》云:"《禹本紀》言'河出崑崙'。"

---

① "五"字各本皆誤作"一",據《再造善本》影印北宋刻遞修本《漢書·藝文志》及至正本《玉海》卷五十三"蒯子"條引《漢書·藝文志》改。

尉繚二十九篇

兵形埶又有《尉繚》三十一篇。《隋志》:《尉繚子》五卷。今二十四篇,《天官》至《兵令》,言刑政兵戰之事,其文意有附會者。首篇稱梁惠王問,意者魏人與?《秦始皇紀》"大梁人尉繚來說秦王"。

尸子二十篇

《史記》"楚有尸子",注:劉向《別録》:"楚有尸子,疑謂其在蜀。今案《尸子書》,晉人也,名佼,秦相衛鞅客也。衛鞅商君謀事畫計,立法理民,未嘗不與佼規也。商君被刑,佼恐并誅,乃亡逃入蜀,造二十篇書,凡六萬餘言。"《後漢書》注:"尸佼作書二十篇,內十九篇陳道德仁義之紀,內一篇言九州險阻、水泉所起。"呂強上疏引《尸子》曰:"君如杆,民如水。杆方則水方,杆圓則水圓。"《隋志》:二十卷,其九篇亡,魏黃初中續。李淑《書目》存四卷,《館閣書目》止存二篇,合爲一卷。《爾雅疏》引《廣澤》、《仁意》、《綽子篇》。《宋書・禮志》引"禹治水,爲喪法"。《古今人表》注:"雒陶已下,皆舜之友也,並見《尸子》。"《穀梁傳》引《尸子》曰"。"舞《夏》,自天子至諸侯,皆用八佾","夫已多乎道"。

呂氏春秋二十六篇

《史記》呂不韋"招致士,厚遇之,至食客三千人。是時諸侯多辯士,如荀卿之徒,著書布天下。不韋乃使其客人人著所聞,集論以爲八覽、六論、十二紀,二十餘萬言,以爲備天地萬物古今之事,號曰《呂氏春秋》",《索隱》曰:"八覽者,《有始》、《孝行》、《慎大》、《先識》、《審分》、《審應》、《離俗》、《恃君》;凡八十三篇。六論者,《開春》、《慎行》、《貴直》、《不苟》、《似順》、《士容》;凡三十六篇。十二紀者,記十二月也。"有《孟春》等紀,凡六十一篇。是書以月紀爲首,故以"春秋"名。高誘注。二十六卷。《月令》本十二月紀之首章。東萊呂氏曰:"不韋《春秋》成於始皇八年。按《呂氏春秋》'維秦八年,歲在涒灘,秋甲子朔,朔之日，良人請問十二紀'，此其書成之歲月也。"'涒灘"者，申也。《通鑑》、《皇極經世》"始皇八年，歲在壬戌"，後《呂氏春秋》二年。不韋當時人，必不誤。蓋後世算曆者之差也。不韋引"《夏書》曰：天子之德廣運，乃神乃武乃文"，"《商書》曰：五世之廟，可以觀怪；萬夫之長，可以生謀"，"仲虺有言曰：諸侯之德，能自爲取師者王，能自爲取友者存，其所擇而莫如己者亡"，"《周書》曰：若臨深淵，若履薄冰"，"舜自爲詩曰：普天之下，莫非王土。率土之濱，莫非王臣"。其舛異如此，豈一字不能增損乎？《司馬遷傳》云："不韋遷蜀，世傳《呂覽》。"

淮南內二十一篇

《淮南王安傳》："招致賓客方術之士數千人，作爲《內書》二十一篇，《外書》甚衆。又有《中篇》八卷，言神仙黃白之術，亦二十餘萬言。安入朝獻所作，《內篇》新出，上愛祕之。"《西京雜記》："安著《鴻烈》二十一篇。鴻，大也；烈，明也。言大明禮教。自云'字中皆挾風霜'，揚子雲以爲一出一入。"安與蘇飛、[1]李尚、左吳、田由、雷被、毛被、伍被、晉昌八人，及諸儒大山、小山之徒，共講論道德、總統仁義而著此書。許慎注，標其首皆曰"閒詁"，自名注曰"記上"。

伯象先生一篇

《新序》公孫敖問伯象先生曰："今先生收天下之術，博觀四方之事久矣，未能裨世主之治，明君臣之義。"

荊軻論五篇

《文章緣起》："司馬相如作《荊軻讚》。"《文心彫龍》："相如屬詞，始讚荊軻。"

農

神農二十篇

《孟子》"有爲神農之言者許行"。《食貨志》鼂錯引神農之

---

[1]　"安"字原誤作"按"，浙局本同，據至元本、至正本及四庫本改。

教曰："有石城十仞、湯池百步、帶甲百萬,而亡粟,弗能守也。"《呂氏春秋》引神農之教曰："士有當年而不耕者,則天下或受其飢矣;女有當年而不績者,則天下或受其寒矣。"《管子》引神農之教曰："一穀不登,減一穀。穀之法十倍。"《氾勝之書》亦引"神農之教",《劉子》引"神農之法"。《淮南子》曰："世俗之人,多尊古而賤今,故爲道者必託之于神農、黃帝而後入說。"

野老十七篇

《真隱傳》:"六國時人,遊秦、楚間,年老隱居,著書言農家事,因以爲號。"

尹都尉十四篇

劉向《別録》云:"《尹都尉書》有《種芥》、《葵》、《蓼》、《韭》、《葱》諸篇。"《北史》蕭大圜云:"穭菽尋氾氏之書,露葵徵尹君之録。"《唐志》:《尹都尉書》三卷。

氾勝之十八篇　氾音凡。

皇甫謐云:"本姓凡氏,遭秦亂,避地於氾水,因改焉。勝之撰書,言種植之事。子輯,爲燉煌太守。"《隋》、《唐》有《氾勝之書》二卷。《月令》注:"農書曰:土長冒橛,《國語注》引"春土冒橛"。陳根可拔,耕者急發。"《正義》云:"先師以爲《氾勝之書》。"《周禮·草人》注"化之使美,若氾勝之術也",疏云:"漢時農書有數家,《氾勝》爲上。"《後漢·劉般傳》注、《文選注》、《藝文類聚》、[①]《初學記》、《太平御覽》皆引之。《晉·食貨志》:"漢遣輕車使者氾勝之督三輔種麥,而關中遂穰。"

---

① "藝文類聚"原作"爾雅釋文",至元本、四庫本缺數字,浙局本與底本同,云據文瀾閣《四庫全書》本補,至正本"文選注"後有"藝文"二字,後缺。據至正本《玉海》卷一百七十八"漢氾勝之書"條所引書,知所缺是"類聚",因據改。

蔡癸一篇

《食貨志》："宣帝時，蔡癸以好農，使勸郡國，至大官。"
《太平御覽》崔元始《正論》曰："宣帝使蔡癸校民耕相，[①]
三犁共一牛，一人持之，下種、挽摟皆取備焉。一日種頃
田。"[②]

蓋出於農稷之官

《呂氏春秋·任地篇》后稷曰："子能以窐爲突乎？子能藏其
惡而揖之以陰乎？"《食貨志》："后稷始甽田。"

小說

伊尹說二十七篇

《司馬相如傳》注應劭曰："《伊尹書》曰：箕山之東，青馬
之所，[③]有盧橘夏孰。"《呂氏春秋》："伊尹說湯以至味。"
"箕山之東，青島之所，有甘櫨焉"，即應劭所引。蓋戰國之士，謂伊尹以割烹要
湯，故爲是說。孟子辯之詳矣。《史記·殷本紀》"伊尹從湯言素王
及九主之事"，注引劉向《別錄》曰："九主者，有法君、專
君、授君、勞君、寄君、等君、破君、國君、三歲任君，凡九
品，圖畫其形。"

青史子五十七篇

《風俗通義》引《青史子書》。《大戴禮·保傅篇》："青史氏之

---

① "相"字原作"田"，浙局本同，據至元本、至正本、四庫本及《四部叢刊》影
印宋刻本《太平御覽》改。
② 至元本無"田"字，《四部叢刊》影印宋刻本《太平御覽》作"也"。
③ "馬"字原作"島"，浙局本同，云據後文注改，至正本《玉海》卷五十五"商伊
尹書"引作"鳥"，今據至元本、至正本、四庫本及《再造善本》影印宋淳熙張杅刻耿秉
重修本《史記·司馬相如傳》注、《再造善本》影印北宋刻遞修本《漢書·司馬相如
傳》注改。

記曰：古者胎教。"《隋志》：梁有《青史子》一卷。《文心彫龍》云：
"青史曲綴於街談。"①

務成子十一篇

《荀子》"舜學於務成昭"，注：《尸子》曰："務成昭之教舜曰：
避天下之逆，從天下之順，天下不足取也；避天下之順，從天
下之逆，天下不足失也。"

宋子十八篇　孫卿道宋子。

《荀子》云"宋子有見於少無見於多"，注："宋鈃，宋人也，
與孟子同時。"《孟子》作"宋牼"。又云："宋子蔽於欲而不知
得。"又引"子宋子曰：明見侮之不辱，使人不鬭"，注："莊子
說宋子曰：'見侮不辱，救民之鬭。'宋子蓋尹文弟子。"又云："子宋子曰：
人之情欲寡，而皆以己之情欲爲多，是過也。"

天乙三篇

《賈誼書·脩政語》引湯曰云云。《史記·殷本紀》湯曰："予有
言，人視水見形，視民知治不。"

虞初周說九百四十三篇

《郊祀志》："丁夫人、雒陽虞初等以方祠詛匈奴、大宛焉。"

孔子曰："雖小道，必有可觀者焉。"

按《論語》子夏曰云云，非孔子之言。蔡邕曰："小能小善，雖有
可觀，孔子以爲致遠則泥。"蓋因此志之誤。

相反而皆相成也

致堂胡氏曰："夫仁以親親，義以尊尊，施之雖有等衰，發
端則非異道。故事父孝則忠可移，求忠臣則於孝子，未聞
相反之理也。曰法則慘刻，曰名則苛繞，曰墨則二本，曰從

---

①　"曲"字原誤作"由"，至正本及浙局本同，至元本漫漶，四庫本誤作"日"，據上海
古籍出版社 1993 年影印元刻本《文心雕龍》及至正本《玉海》卷三十七"周書、周史
記……"條引《文心雕龍》改。

橫則妾婦之道，是皆五經之棄也。其歸豈足要乎？儒家者流，因修六藝矣，^①列儒於九家，而曰‘修六藝之術以觀九家之言’，則修六藝者無所名家，謂誰氏耶？何以言之多舛也！”

---

　　① “因”字各本皆同，江蘇古籍出版社 1988 年《宛委別藏》影印南宋刻本《致堂讀史管見》及《再造善本》影印宋刻元修本《西山先生真文忠公讀書記》甲集卷三十二引胡氏語皆作“固”，於義較勝。

卷八

屈原賦二十五篇

《離騷經》、《九歌》、《天問》、《九章》、《遠遊》、《卜居》、《漁父》。
王逸曰："武帝使淮南王安作《離騷經章句》。"《安傳》云爲《離騷傳》。《隋志》："其書今亡。"劉向分《楚辭》爲十六卷，屈原八卷。《九辯》亦謂原作，王逸云宋玉。《隋志》：原著《離騷》八篇。班固《敍贊》二篇。太史公曰："作辭以諷諫，連類以爭義，《離騷》有之。"《地理志》："始楚賢臣屈原被讒放流，作《離騷》諸賦以自傷悼。後有宋玉、唐勒之屬，慕而述之。漢興，吳王濞招致娛游子游，①枚乘、鄒陽、嚴夫子之徒，興於文、景之際。淮南王安招賓客著書，而吳有嚴助、朱買臣貴顯漢朝。文辭並發，故世傳《楚辭》。"朱買臣召見，言《楚辭》。宣帝徵能爲《楚辭》，九江被公朝見誦讀。《七略》曰："宣帝詔徵被公見誦《楚辭》。被公年衰母老，每一誦，輒與粥。"平園周氏曰："《詩·國風》及秦不及楚，已而屈原《離騷》出焉。衍《風》、《雅》於《詩》亡之後，發乎情，主乎忠直，殆先王之遺澤也。謂之文章之祖，宜矣。"艾軒林氏曰："江漢在楚地，《詩》之萌牙，自楚人發之。《詩》一變爲《楚辭》，屈原爲之唱，是文章鼓吹多出於楚也。"

宋玉賦十六篇

《隋志》：《宋玉集》三卷。王逸云屈原弟子。《楚辭》：《九辯》、《招魂》。《文選》：《風賦》、《高唐》、《神女》、《登徒子好色

---

① "子游"二字各本皆同，《再造善本》影印北宋刻遞修本《漢書》作"子弟"，於義較勝。

賦》。《古文苑》：《大言》、《小言》、《釣》、《笛》、《諷賦》。朱文
公謂"辭有餘而理不足"。

莊夫子賦二十四篇

《楚辭》：《哀時命》。

賈誼賦七篇

朱文公曰："賈太傅以卓然命世英傑之材，俯就騷律。所出三
篇，皆非一時諸人所及。"《惜誓》、《弔屈原》、《服賦》。《古文苑》有
《旱雲》、《虡賦》。[1]《隋志》：梁有《賈誼集》四卷。

枚乘賦九篇

《古文苑》有《梁王菟園賦》。《文選注》："《枚乘集》有《臨霸池
遠訣賦》。"《隋志》：乘集二卷。《文選》有《七發》。

司馬相如賦二十九篇

朱文公曰："相如之文，能侈而不能約，能諂而不能諒。其《上
林》、《子虛》之作，既以誇麗而不得入於《楚辭》。《大人》之於
《遠遊》，其漁獵又泰甚，然亦終歸於諷也。特《長門》、《哀二
世賦》二篇爲有諷諫之意。"艾軒林氏曰："相如，賦之聖者。"
《隋志》：集一卷。

淮南王賦八十二篇

《隋志》：集一卷。梁二卷。劉向《別錄》："淮南王有《熏籠賦》。"

淮南王羣臣賦四十四篇

《楚辭·招隱士》，淮南小山之所作也。淮南王安招致賓客，
客有八公之徒，分造詞賦，以類相從，或稱"大山"，或稱"小
山"，如《詩》之有《大》、《小雅》。

---

① "虡"前原有"筍"字，浙局本同，云據《太平御覽》卷五百八十二補，今據《再造善
本》影印南宋刻本《古文苑》、至正本《玉海》卷一百零九"漢鍾虡樂"條引賈誼《虡賦》及至
元本、至正本、四庫本刪。

孔臧賦二十篇

《孔叢子》云："臧嘗爲賦二十四篇,四篇別不在集,似其幼時之作也。"

吾丘壽王賦十五篇

《隋志》:梁有漢光禄大夫《虞丘壽王集》二卷。《藝文類聚》有《驃騎論功論》,而賦不傳。

上所自造賦二篇

《外戚傳》有《傷悼李夫人賦》,《文選》有《秋風辭》,《溝洫志》有《瓠子之歌》二章。《隋志》:《武帝集》一卷。《唐志》:二卷。

劉向賦三十三篇

《楚辭》:《九歎》。《古文苑》:《請雨華山賦》。《文選注》:《雅琴賦》。《隋志》:向集六卷。《唐志》:五卷。今所存十八篇。《別錄》曰:"向有《芳松枕賦》。"

王褒賦十六篇

本傳:作《甘泉》、《洞簫頌》。《楚辭》有《九懷》。《文選注》有《碧雞頌》。《隋》、《唐志》:褒集五卷。

枚皋賦百二十篇

本傳:"凡可讀者百二十篇,其尤嫚戲不可讀者尚數十篇。"

司馬遷賦八篇

《藝文類聚》有《悲士不遇賦》。《隋志》:遷集一卷。《唐志》:一卷。

揚雄賦十二篇

本傳:"賦莫深於《離騷》,反而廣之;又旁《惜誦》以下至《懷沙》一卷,名曰《畔牢愁》。辭莫麗於相如,作四賦。"《甘泉》、《河東》、《校獵》、《長楊》。《志》云"入揚雄八篇",蓋《七略》所略,止四賦也。《古文苑》有《太玄》、《蜀都》、《逐貧賦》。《文選注》有《覈靈賦》。《隋志》:雄集五卷。

孫卿賦十篇

《荀子·賦篇》：《禮》、《知》、《雲》、《蠶》、《箴》。又有《佹詩》。

《隋志》：《荀況集》二卷。《唐志》：二卷。

東暆令

《地理志》：縣，在樂浪郡。

雒陽錡華

《左傳》"分康叔云云殷民七族：錡氏"。

別栩陽賦

庾信《哀江南賦》"栩陽亭有離別之賦"，蓋亭名也。

華龍

《蕭望之傳》："華龍，宣帝時與張子蟜等待詔。"《志》云"張子僑"。

雜賦

成相雜辭十一篇①

《荀子·成相篇》注："蓋亦賦之流也。"朱文公曰："凡三章，雜陳古今治亂興亡之效，託聲詩以諷時君，若將以爲工師之誦、旅賁之規者，其尊主愛民之意亦深切矣。相者，助也。舉重勸力之歌，史所謂'五羖大夫死而舂者不相杵'是也。"《成相》，助力之歌。淮南王亦有《成相篇》，見《藝文類聚》。

雜禽獸六畜昆蟲賦十八篇

劉向《別録》有《行過江上弋鴈賦》、《行弋賦》、《弋雌得雄賦》。

隱書十八篇

《文心雕龍》："讔者，隱也。遯辭以隱意，譎譬以指事也。昔還社求拯於楚師，喻'智井'而稱'麥麴'；叔儀乞糧於魯人，歌

'佩玉'而呼'庚癸';伍舉諫荊王以'大鳥';齊客譏薛公以
'海魚';莊姬託辭於'龍尾';臧文謬書於'羊裘'。隱語之
用,被于紀傳,大者興治濟身,其次弭違曉惑。楚莊、齊威,[1]
性好隱語。至東方曼倩,尤巧辭述。"《晉語》:"有秦客廋辭於
朝。"注:"廋,隱也。東方朔曰:'乃與爲隱耳。'"《新序》:"齊宣王發《隱
書》而讀之。"

歌詩

高祖歌詩二篇

《大風歌》,亦名《三侯之章》。《文中子》曰:"《大風》,安不忘
危,其伯心之存乎!"《鴻鵠歌》,朱文公以爲:"卒章意象蕭索,
非復《三侯》比矣。"

泰一雜甘泉壽宮歌詩十四篇　宗廟歌詩五篇

《史記·樂書》:"今上即位,作十九章,令侍中李延年次序其
聲,拜爲協律都尉。通一經之士,不能獨知其辭,[2]皆集會五
經家,相與共講習讀之,乃能通知其意,多爾雅之文。"《禮樂
志》:"多舉司馬相如等數十人,造爲詩賦,略論律呂,以合八
音之調,作十九章之歌。"《郊祀志》:"亳人謬忌奏祠泰一方。
游水發根言上郡有巫,病而鬼下之。上召置祠之甘泉。置壽
宮神君,神君最貴者曰太一,其佐曰太禁、司命之屬。"

黃門倡車忠等歌詩

《周禮·旄人》注:"散樂,野人爲樂之善者,今黃門倡矣。"《樂

---

① "威"字原作"桓",浙局本同,據至元本、至正本、四庫本及上海古籍出版社
1993年影印元刻本《文心雕龍》改。

② "獨"字原誤作"得",浙局本同,據至元本、至正本、四庫本、《再造善本》影印南
宋黃善夫刻本《史記》及至正本《玉海》卷一百零六"漢十九章歌……"條引《史記》改。

府集》有《黃門倡歌》一首。

凡詩賦百六家

唐氏曰："武帝好文，詩賦特盛。然五種凡百六家，千三百一十八篇而已，非若後世濫取至不可勝計。"

登高能賦，可以爲大夫

《毛詩·定之方中》傳："建邦能命龜，田能施命，作器能銘，使能造命，升高能賦，師旅能誓，山川能說，喪紀能誄，祭祀能語。君子能此九者，可謂有德音，可謂爲大夫也。"

自孝武立樂府

《禮樂志》孝惠二年，有樂府令夏侯寬，似非始於武帝。又云："孝武定郊祀之禮，乃立樂府，采詩夜誦。"元帝時，京房知五音六十律之數，上使韋玄成等試問房於樂府。呂氏曰："太樂令丞所職，雅樂也。樂府所職，鄭衛之樂也。樂府雖鄭衛之聲，然天子所常御，上至郊廟咸用焉。采詩，即古之采詩也。哀帝罷樂府，非鄭衛之音者條奏，丞相孔光、大司空何武奏不可罷者，夜誦員五人亦在其中，蓋雅樂也。"《樂府集》：漢鐃歌十八首。陸厥《擬李夫人及貴人》、《中山王孺子妾歌》、《臨江王節士歌》，庾肩吾《擬未央才人歌》。《古今樂錄》："橫吹，胡樂也。張騫入西域，傳其法於長安，唯得《摩訶兜勒》一曲，李延年因之，更造新聲二十八解，乘輿以爲武樂。"

兵權謀

吳孫子兵法八十二篇　圖九卷。

《史記·孫武傳》闔廬曰："子之十三篇，吾盡觀之矣。"《正義》《七錄》云："《孫子兵法》三卷，十三篇爲上卷，又有中、下二卷。"杜牧《注孫子序》曰："武所著書，凡數十萬言。魏武削其繁剩，筆其精切，凡十三篇，因注解之。"《始計》至《用閒》。《隋

志》：梁有《孫子八陣圖》一卷。《周禮·車僕》注：“孫子八陳，有苹車之
陳。”鄭氏曰：“圖，經也；書，緯也。《七略》收書不收圖，①唯任
宏校兵書四種，有書五十三家，有圖四十三卷。”《武經總要》
曰：“今之祕府所存《孫武書》惟十三篇，無圖。其所言皆權謀
之事，極爲精密。戰國如二孫、吳起輩號善用兵者，而著書皆
有圖。漢名臣如韓信、子房刪定，亦著其法。周公亦典司馬
教坐作進退之度。② 蓋陣法者，所以訓齊士衆，使其上下如
一，前後左右進退周旋如身之運臂、臂之使指，無不如意。”歐
陽氏曰：“孫武嘗以其書干吳王闔廬，闔廬用之，西破楚，北服
齊、晉而霸諸侯。夫使武自用其書，止於強伯。及曹公用之，
然亦終不能滅吳、蜀，豈武之術盡於此乎？抑用之不極其能
也？”蘇氏曰：“武用兵不能必克，與書所言遠甚。吳起與武，
一體之人也，皆著書言兵，世稱之曰‘孫吳’。然而起之言兵
也，輕法制，草略無所統紀，不若武之書，詞約而義盡。然起
始用於魯，破齊；及入魏，又能制秦；入楚，楚復伯。而武之
所爲乃如是，書之不足信，固矣。”

齊孫子八十九篇　圖四卷。

《通典》引孫臏曰：“用騎有十利。”《呂氏春秋》“孫臏貴勢”。司
馬遷曰：“孫子臏腳，兵法脩列。”

吳起四十八篇

《隋志》：《吳起兵法》一卷。今本三卷六篇，《圖國》至《勵士》。所闕
亡多矣。唐氏曰：“《司馬法》在六藝，兵法始孫、吳，③皆後世變

---

① “收圖”二字原作“取圖”，四庫本及浙局本同，據至元本、至正本、《再造善本》影
印元刻元明遞修本《通志》及至正本《玉海》卷一百四十“漢兵家圖”條引鄭氏語改。

② “亦”字各本皆同，至正本《玉海》卷一百四十二“孫子八陣、孫子陣法”條引《武
經總要》亦同，上海古籍出版 1988 年《中國古代版畫叢刊》影印明正德覆宋刻本《武經總
要》作“六”，於義較勝。

③ “始”字各本皆同，至正本《玉海》卷一百四十“吳起兵法”條引作“如”。

詐之兵,非古之兵書也。雖陰陽神農、黃帝之號,皆託也。"

范蠡二篇

《甘延壽傳》"投石拔距",張晏注引《范蠡兵法》。《春秋正義》:"賈逵以儋爲發石,一曰飛石,引《范蠡兵法》作飛石之事以證之。"《文選注》引"飛石重二十斤,爲機發,行三百步"。東萊呂氏曰:"《越語》下篇所載范蠡之詞,多與《管子·勢篇》相出入。"

兒良一篇

《呂氏春秋》"兒良貴後"。亦見賈生《過秦》。

省《伊尹》、《太公》

《刑法志》:"凡兵所以存亡繼絕、救亂除害也。故伊、呂之將,子孫有國,與商、周並。"蘇氏曰:"世之論伊尹、太公,多以陰謀奇計歸之,其說乃與漢陳平、魏賈詡無異。夫陳平、賈詡之事,張子房、荀文若之所不爲也,而謂伊尹、太公爲之乎?"石林葉氏曰:"墨翟以太公於文王爲忤合,而孫武謂之用閒,且以嘗爲文、武將兵,故尚權詐者多並緣自見。吾意《六韜》所傳,雜出春秋戰國以來兵家。漢魏閒好事者,始掇爲書而名之,故獨晚出。且'後世言兵及周之陰權,皆宗太公以爲本謀',司馬遷亦嘗言之矣,而不能是正。遷真多愛而好奇者哉!"

兵形埶

蚩尤二篇

《高帝紀》"祠黃帝,祭蚩尤於沛庭",注:"應劭曰:'蚩尤,古天子,好五兵。'瓚曰:'蚩尤,庶人之貪者。'"《管子·五行篇》"黃帝得蚩尤而明於天道",則黃帝六相,亦有蚩尤。《隋志》:梁有《黃帝蚩尤兵法》一卷。

繇敘二篇

《古今人表》"繇余"即"由余"，疑"敘"當作"余"。李筌《太白陰經》云："秦由余有陣圖。"

魏公子二十一篇[①]　圖十卷。

《史記》："公子無忌爲魏上將軍，率五國之兵，破秦軍於河外，走蒙驁，乘勝逐秦軍至函谷關。公子威震天下，諸侯之客，各進兵法，公子皆名之，故世俗稱《魏公子兵法》。"《史記》注引《七略》云圖七卷。

項王一篇

《史記·本紀》："高祖與諸侯兵共擊楚軍，與項羽決勝垓下。淮陰侯將三十萬自當之，孔將軍居左，費將軍居右，皇帝在後，絳侯、柴將軍在皇帝後。項羽之卒可十萬。淮陰先合，不利，卻。孔將軍、費將軍縱，楚兵不利，淮陰侯復乘之，大敗垓下。"東萊呂氏曰："此陣即馬隆所謂魯公不識者也。陣者，兵之末。羽以不仁失天下，亦不在一戰利鈍之間。然羽少學兵法，略知其意即不肯學，負其雄才高氣，而無沉深縝密之度，其病卒見於此時。是故騖大而忽小者，君子懼焉。"

兵陰陽

太壹兵法一篇

《隋》、《唐志》：《黃帝太一兵曆》一卷。《武經總要》："太一者，天帝之神也。其星在天一之南，總十六神，知風雨水旱、金革凶饉，陰陽二局，存諸祕式。星文之次舍、分野之災祥，

---

① "二十一"三字原作"二十二"，至正本、四庫本及浙局本同，據至元本、《再造善本》影印北宋刻遞修本《漢書·藝文志》及至正本《玉海》卷一百四十"魏公子兵法"條引《漢書·藝文志》改。

貴于先知,逆爲之備。用軍行師,客主勝負,蓋天人之際相
參焉。"

黃帝十六篇　圖三卷。

《胡建傳》上奏曰:"《黃帝李法》曰:壁壘已定,穿窬不繇路,
是謂姦人。姦人者殺。"顏師古注:"李者,法官之號,總主征伐刑獄之事,故
稱其書爲《李法》。"《管子》"后土爲李"。《說苑》云《黃帝理法》。

封胡五篇

《通典》:"《衛公兵法・守城篇》曰:禽滑釐問墨翟守城之具,
墨翟答以五六十事,皆煩冗不便於用。其後韋孝寬守晉州,
羊侃守臺城,皆約封胡子伎巧之術。"《古今人表》封胡在上中。

風后十三篇　圖二卷。

鄭康成云:"風后,黃帝之三公也。"《館閣書目》:"《風后握
機》一卷。晉馬隆略序。卷首言本有三,其一三百六十字;其
一三百八十字,呂望所增;其一行間有公孫弘等語。或云武
帝令霍光等習之於平樂館,以輔少主,備天下之不虞。"今本
載所增字,亦有公孫弘語。薛氏《詮定》云:"《握奇經》別有續圖,記金革旗
麾、進退趨闖之法。"獨孤及《風后八陣圖記》云:"得其遺制於《黃
帝書》之外篇,裂素而圖之。"《李靖問對》云:"黃帝兵法,世傳
《握奇文》。"嚴從依風后大旨爲圖,以擬方陳。《隋志》:《黃帝蚩尤
風后行軍祕術》二卷。《後漢・張衡傳》注《春秋內事》曰:"黃帝師
於風后,風后善於伏羲氏之道,故推演陰陽之事。"《武經總
要》曰:"大撓造甲子,推天地之數;風后演遁甲,究鬼神
之奧。"

力牧十五篇

李筌《太白陰經》云:"風后演《握奇圖》,復置虛、實二壘。力
牧亦創《營圖》。"《抱朴子》云:"黃帝精推步,則訪山稽、力牧;
講占候,則詢風后。"

鬼容區三篇

《封禪書》"鬼臾區號大鴻"。《古今人表》注："臾、容聲相近。"《素問》鬼臾區曰："積考大始天元冊文。"

地典六篇

《後漢・張衡傳》"師天老而友地典",注："《帝王世紀》:黃帝以風后配上台,天老配中台,五聖配下台,謂之三公。其餘知天、規紀,《論語摘輔象》云知命、窺紀。地典、力牧、常先、封胡、孔甲等,或以爲師,或以爲將。"

師曠八篇

《隋志》:《師曠書》三卷。《後漢・蘇竟傳》云"猥以《師曠雜事》,輕自炫惑",注："雜占之書也。"《方術傳》序"師曠之書",注："今書《七志》有《師曠》六篇,占災異。"《淮南子》曰:"萇弘、師曠,先知禍福,言無遺策。"又小說有《師曠》六篇。

萇弘十五篇

《淮南鴻烈》曰:"萇弘,周室之執數者也。天地之氣、日月之行、風雨之變、律曆之數,無所不通。"《史記・天官書》:"昔之傳天數者,周室史佚、萇弘。"《封禪書》:"萇弘以方事周靈王。諸侯莫朝周,周力少,萇弘乃明鬼神事,設射狸首。狸首者,諸侯之不來者。依物怪欲以致諸侯。諸侯不從,而晉人執殺萇弘。周人之言方怪者,自萇弘。"

推刑德

《尉繚子・天官篇》:"梁惠王問曰:'黃帝刑德可以百勝,有之乎?'對曰:'刑以伐之,德以守之,非所謂天官、時日、陰陽、向背也,人事而已矣。'"《淮南子・兵略訓》注："刑,十二辰;德,十日也。"又《天文訓》云:"凡用太陰,左前刑,右背德,擊鉤陳之衝辰,以戰必勝,以攻必剋。"

兵技巧

伍子胥十篇　　圖一卷。

《唐志》:《伍子胥兵法》一卷。《文選注》引《越絕書》"伍子胥《水戰兵法內經》"。《武經總要》云:"伍子胥對闔閭,以船軍之教,比陸軍之法。"

逢門射法二篇

《莊子》:"羿、逢蒙不能睥睨。"《荀子》:"羿、蠭門者善服射。"《淮南子》:"重以逢蒙門子之巧。"《孟子》:"逢蒙學射於羿。"《龜策傳》"羿名善射,不如雄渠、蠭門",注引《七略》有《蠭門射法》。後之言姓者皆作"逢"。《呂氏春秋》"蠭門始習於甘蠅"。《王襃傳》云"逢門子"。

李將軍射法三篇

《李廣傳》"世世受射"。

望遠連弩射法具十五篇

李廣"以大黃射其裨將",注:孟康曰:"《太公》'陷堅卻敵,以大黃參連弩'。"愚按《周官》"五射",參連其一也。李陵"發連弩射單于",注:"服虔曰:'三十弩共一弦。'張晏曰:'三十絭共一臂。'"劉氏謂:"如今合蟬,或併兩弩共一弦之類。"秦始皇自以連弩候射大魚。《地理志》:南郡有發弩官。《武經總要》曰:"弩者,中國之勁兵,四夷所畏服也。古者有黃連、百竹、八擔、雙弓之號,絞車、擘張、馬弩之差;今有參弓、合蟬、手射、小黃,皆其遺法。若乃射堅及遠,爭險守隘,怒聲勁勢,遏衝制突者,非弩不克。然張遲難以應卒,臨敵不過三發四發,而短兵已接,故或者以爲戰不便於弩。然則非弩不便於戰,爲將者不善於用弩也。"

蒲苴子弋法四篇

《列子》詹何曰："聞先大夫之言蒲且子之弋也，古善弋射者。弱弓纖繳，乘風振之，連雙鶬於青雲之際，用心專、動手均也。臣因其事，放而學釣，五年始盡其道。"《淮南子》曰："蒲且子連鳥於百仞之上。"張茂先詩"蒲盧縈繳，神感飛禽"，即蒲且。

劍道三十八篇

《史記自序》："司馬氏在趙者，以傳劍論顯。"又序《孫吳傳》云："非信廉仁勇不能傳兵論劍，與道同符。"《日者傳》褚先生曰："齊張仲、曲成侯以善擊刺學用劍立名天下。"東方朔十五學擊劍。

手搏六篇

甘延壽"試弁爲期門"。注："弁，手搏。"《哀帝紀》"時覽卞、射、武戲"。注："手搏爲卞，角力爲武戲。"《刑法志》："戰國稍增講武之禮，以爲戲樂，用相夸視，而秦更名角抵。"《武帝紀》：元封三年春，作角抵戲。

蹵鞠二十五篇

劉向《別錄》曰："《蹴鞠》者，傳言黃帝所作。或曰起戰國時，記黃帝。蹴鞠，兵勢也，所以練武士，知有才也。今軍無事，得使蹴鞠。有書二十五篇。"《史記》"霍去病穿域蹋鞠"，《正義》："徐廣云：'穿地爲營域。'按《蹵鞠書》有《域說篇》，即今之打毬也。黃帝所作，戰國時程武士，知其材力，若講武。"師古曰："鞠以皮爲之，實以毛。蹵，蹋而戲也。"《揚子》云："斷木爲棊，捖革爲鞠，亦皆有法焉。"《蘇秦傳》：臨淄民"六博、蹵鞠"。

黃石公記　不著錄。

後漢光武詔報臧宮、馬武曰："《黃石公記》曰：柔能制剛，弱能制彊。"注："即張良於下邳圯所見老人出一編書者。"《隋志》：《黃石公三略》三卷，梁又有《黃石公記》三卷。《館閣書目》：《黃石公素書》一卷,凡六章,恐依託。

省《墨子》

《史記》"墨翟善守禦",注:"《墨子》曰:公輸般爲雲梯之械成,將以攻宋。墨子聞之,至于郢,見公輸般。墨子解帶爲城,以牒爲械。公輸般九設攻城之機變,墨子九距之。公輸般之攻械盡,墨子之守固有餘。"《列子》云:"墨翟之飛鳶。"《韓非子》云:"墨子爲木鳶,三年而成,蜚一日而敗,曰:'不如爲車輗者巧也。'惠子聞之,曰:'墨子大巧。巧爲輗,拙爲鳶。"《詩正義》引《墨子·備衝篇》。《後漢書》注引《墨子·備突篇》。

張良、韓信序次兵法

《高帝紀》"韓信申軍法"。李靖曰:"張良所學,《六韜》、《三略》是也。韓信所學,《穰苴》、《孫武》是也。然大體不出三門四種而已。"

任宏論次兵書爲四種

淮海秦氏曰:"此四術者,以道用之則爲四勝,不以道用之則爲四敗。事同而功異,不可不察也。何以知其然耶?昔孫臏伏萬弩於馬陵之下,魏軍至而伏發,龐涓死焉。王恢伏車騎材官三十萬於馬邑之旁,匈奴覺之而去,恢以自殺。此則用權謀之異也。馬服君救閼與,既遣秦閒,卷甲而趨之,二日一夜,遂破秦軍。曹公追劉先主,一日一夜行三百里,敗於烏林。此則用形勢之異也。西伯將獵,卜之,曰'獲霸王之輔',果得太公望而克商。漢武卜諸將,貳師最吉,因以爲將,卒降匈奴。此則用陰陽之異也。申公巫臣教吳以車戰,吳是以始通上國。房琯用車以抗禄山,賊投芻而火之,王師奔潰。此用技巧之異也。豈非以道用之則爲四勝,不以道用之則爲四敗乎?雖然,所謂道者何也?治心養氣而已矣。"

卷九

天文

常從日月星氣二十一卷　<small>老子師之。</small>

《說苑》："常樅有疾，老子往問焉。"

泰階六符一卷

《東方朔傳》"願陳《泰階六符》以觀天變，不可不省。是日，因奏《泰階》之事"，注：應劭曰："《黃帝泰階六符經》。"

漢日旁氣行事占驗三卷

《功臣表》："成帝時，光禄大夫滑堪《日旁占驗》曰：'鄧弱以長沙將兵侯。'"《天文志》云："王朔所候，決於日旁。日旁雲氣，人主象。皆如其形以占。"<small>《隋志》：《夏氏日旁氣》一卷，許氏譔；《魏氏日旁氣圖》一卷。</small>

夏氏日月傳　<small>不著録。</small>

《天文志》："《夏氏日月傳》曰：日月食盡，主位也；不盡，臣位也。"

漢日食月暈雜變行事占驗十三卷

《五行志》："凡《漢著紀》十二世，二百一十二年，日食五十三，朔十四，晦三十六，先晦一日三。"《劉向傳》："漢興訖竟寧，孝景帝尤數，率三歲一月而一食。今連三年比食。自建始以來，二十歲閒而八食，率二歲六月而一發，古今罕有。"《天文志》："高帝七年月暈，圍參、畢七重。占曰：'畢、昴閒，天街也。街北，胡也；街南，中國也。昴爲匈奴，參爲趙，畢爲邊兵。'"宋祖沖之曰："漢載四百,食率在晦。"

海中星占驗十二卷

《後漢・天文志》注引《海中占》。《隋志》有《海中星占》、《星圖海中占》各一卷,即張衡所謂"海人之占"也。《唐・天文志》:"開元十二年,詔太史交州測景。以八月自海中南望老人星殊高,老人星下,衆星粲然。其明大者甚衆。圖所不載,莫辨其名。"

海中二十八宿國分二十八卷

《淮南子・天文訓》:"星部地名:角、亢,鄭。氐、房、心,宋。尾、箕,燕。斗、牽牛,越。須女,吳。虛、危,齊。營室、東壁,衞。奎、婁,魯。胃、昂、畢,魏。觜觽、參,趙。東井、輿鬼,秦。柳、七星、張,周。翼、軫,楚。"又有二十八宿臣分,未詳。呂氏曰:"十二次蓋戰國言星者以當時所有之國分配之。"《通典》曰:"當吳之未亡,天下列國尚有數十。韓、魏、趙三卿又未爲諸侯,晉國猶在。自吳滅至分晉凡八十六年,時既不同,若爲分配?"《春秋正義》曰:"星紀在於東北,吳、越實在東南,魯、衞東方諸侯,遙屬戌亥之次。又三家分晉,方始有趙,而韓、魏無分,趙獨有之。《漢書・地理志》分郡國以配諸次,其地分或多或少。鶉首極多,鶉火甚狹。徒以相傳爲說,其源不可得而聞之。"

甘氏歲星經　不著錄。

《周禮・保章氏》"以十有二歲之相觀天下之妖祥",注:"歲星爲陽,右行於天。大歲爲陰,左行於地,十二歲而小周。其妖祥之占,《甘氏歲星經》。"《史記正義》:"甘德,楚人,作《天文星占》八卷。"《隋志》:梁有石氏、甘氏《天文占》各八卷。程氏《春秋分記》曰:"歲星所在,傳有明文。考之《汲冢・師春》紀述爲詳,謂歲星每歲而成一分,積百四十四年而滿本數,則爲超辰之限。"

石氏星經　不著錄。

《史記・天官書》《索隱》曰:"歲星,在正月晨見東方之名。已下皆出《石氏星經》。"《天文志》兼載《甘氏》。《周禮疏》、《月令》正義引《石氏星經》。《隋志》:《石氏星經簿讚》一卷。《史記正義》:"石申作《天文》八卷。"《郎顗傳》引《石氏經》曰:"歲星出左有年,出右無年。"

巫咸五星占　不著録。

《隋志》:《巫咸五星占》一卷。《史記·天官書》:"昔之傳天數者,殷商巫咸。"晉陳卓總甘、石、巫咸三家所著星圖,大凡二百八十三官一千四百六十四星,以爲定紀。《乾象新書》云:"《天文録》并諸家占書所載石申、甘德、巫咸三家星座,共二百八十三座,總一千四百六十四星。年代寢遠,宿次舛訛。驗天文則去極不同,頤星書則次舍靡定。①　將司天監銅渾儀測驗周天星次,較定前書,符契天道,具列于左:石申列舍星二十八座,共一百六十六星赤;中官星五十四座,共三百一十八星赤;外官星三十八座,共二百七十一星赤。甘德中官星五十九座,共二百一星黑;外官星三十九座,共二百九星黑。巫咸中官星九座,共三十一星黄;外官星二十座,共九十五星黄。石申紫微垣星一十二座,共五十四星赤。甘德紫微垣星二十座,共一百一星黑。巫咸紫微垣星四座,共一十八星黄。"

周髀　不著録。

《隋志》天文始于《周髀》一卷。按《周髀》云:"昔者周公問於商高曰:《晉·天文志》"周公受於殷商",蓋字誤也。'竊聞乎大夫善數,請問古者包犧立周天曆度。夫天不可階而升,地不可尺寸而度,請問數安從出?'商高曰:'數之法出於圓方。圓出於方,方出於矩,矩出於九九八十一,故折矩,以爲句廣三,股脩四,

---

①　"頤"字原誤作"賾",四庫本及浙局本同,據至元本、至正本及至正本《玉海》卷三"景祐乾象新書"條引《乾象新書》改。

徑隅五。既方之外,半其一矩。環而共盤,得成三四五。兩矩共長二十有五。是謂積矩。故禹之所以治天下者,此數之所生也。'周公曰:'大哉言數!請問用矩之道。'商高曰:'平矩以正繩,偃矩以望高,覆矩以測深,卧矩以知遠,環矩以爲圓,合矩以爲方。方屬地,圓屬天,天圓地方。_{注:"北極之下,高人所居六萬里,滂沱四隤而下。①} 天之中央,亦高四旁六萬里,是爲形狀同歸而不殊途,隆高齊軌而易以陳,故曰天似蓋笠,地法覆盤。"方數爲典,以方出圓。笠以寫天,天青黑,地黄赤。天數之爲笠也,青黑爲表,丹黄爲裏,以象天地之位。是故知地者智,知天者聖。智出於句,句出於矩。夫矩之於數,其裁制萬物,唯所爲耳。'周公曰:'善哉!'榮方曰:'周髀者何?'陳子曰:'古時天子治周,此數望之從周,故曰周髀。髀者,表也。'"趙君卿序云:"渾天有《靈憲》之文,蓋天有《周髀》之法。"信都芳著《四術周髀宗》,其序曰:"渾天覆觀,以《靈憲》爲文;蓋天仰觀,以《周髀》爲法。"

星傳 不著錄。

《天文志》引《星傳》曰:"日者,德也;月者,刑也。"又曰:"客星守招搖,蠻夷有亂。"又引"月南入牽牛南戒"②,"月入畢"。《五行志》:"劉向以爲《星傳》曰:'心,大星,天王也。其前星,太子;後星,庶子也。'"

步五星日月以紀吉凶之象

《周禮·保章氏》注:"五星有贏縮圜角,日有薄食暈珥,月有

---

① "隤"字原誤作"極",浙局本同,四庫本作"潰",至元本、至正本漫漶,據文物出版社 1980 年影印南宋刻本《周髀算經》及至正本《玉海》卷二"包犧周天曆度"條引《周髀算經》改。

② 各本"戒"前皆脱"南"字,據《再造善本》影印北宋刻遞修本《漢書》及至正本《玉海》卷二"黄帝星傳……"條引《漢書》補。

盈虧朓側匿之變。七者右行列舍，天下禍福變移，所在皆見焉。"《後魏·天象志》："班史以日暈五星之屬列《天文志》，薄蝕彗孛之比入《五行說》。七曜一也，而分爲二志，故陸機云學者所疑也。"

曆譜

黃帝五家曆三十三卷

《律曆志》："張壽王上書言'黃帝《調曆》，漢元年以來用'，後課諸曆。案，漢元年不用《調曆》，壽王及李信治黃帝《調曆》，課皆疏闊。壽王曆乃大史官《殷曆》也。壽王猥曰安得五家曆。"《後漢志》："黃帝造曆，元起辛卯。《洪範五紀論》曰：'民間亦有黃帝諸曆，不如史官記之明也。'"晉杜預云："或用黃帝以來諸曆以推經傳朔日，皆不諧合。"

顓頊曆二十一卷　顓頊五星曆十四卷

《後漢志》"顓頊造曆，元用乙卯"。漢興，襲秦正朔，以張蒼言用《顓帝曆》。比於六曆，疏闊中最爲微近。蔡邕論曰："《顓帝曆術》曰：天元正月己巳朔旦立春，俱以日月起於天廟營室五度。"《唐志》：《大衍曆·日度議》："《洪範傳》曰：曆記始於顓帝上元太始閼蒙攝提格之歲畢陬之月朔日己巳立春，七曜俱在營室五度。"《宋志》祖沖之曰："案《五紀論》，黃帝曆有四法，顓帝、夏、周並有二術，詭異紛然，孰識其正？《顓帝曆》元歲在乙卯，而《命曆序》曰：'此術設元，歲在甲寅。'"

夏殷周魯曆十四卷

《書正義》云："古時真曆，遭戰國及秦而亡。漢存六曆，雖詳於五紀之論，皆秦、漢之際假託爲之。"《詩正義》云："今世有《周曆》、《魯曆》，蓋漢初爲之。其交無遲速盈縮考日食之法，而年月往往參差。"又云："劉向《五紀論》載《殷曆》之法，惟有氣朔而已。"《後漢志》："夏用丙寅，殷用甲寅，周用丁巳，魯用庚子。"宋祖沖之曰："《夏曆》七曜西行，特違衆法，劉向以爲後人所造。《殷曆》日法九百四十，而《乾鑿度》云《殷曆》以八十一爲日法。《春秋》書食有日朔者二十六，以《周曆》考之，失二十五；《魯曆》校之，又失十三。古術之作，①皆在漢初周末。"《春秋正義》："《釋例》云：今《魯曆》不與《春秋》相符，殆來世好事者爲之，非真也。《長曆》稱：凡經傳有七百七十九日。漢末宋仲子集七曆以考《春秋》，《魯曆》得五百二十九日，失二百五十日。"②唐《大衍·日度議》曰："《甄曜度》及《魯曆》南方有弧，無井、鬼，北方有建星，無南斗。"《中氣議》曰："《殷曆》南至常在十月晦，則中氣後天也。《周曆》蝕朔差經或二日，則合朔先天也。"《合朔議》曰："《春秋》日蝕有甲乙者三十四，《殷曆》、《魯曆》先一日者十三，後一日者三。《周曆》先一日者二十二，先二日九。其僞可知矣。"晁氏曰："夏桀在位五十有二年，湯受天命，放南巢，實甲寅之曆也，是爲成湯之元，不踰年而改元，革命異乎繼世之君也。《考靈曜》、《命曆序》皆本於甲寅元。《後漢志》："中興以來，圖讖漏泄，而《考靈曜》、《命曆序》皆有甲寅元，其所起在《四分》庚申元後百一十四歲，朔差卻二日。"漢延光二年，宣誦、施延；熹平四年，馮光、陳晃皆言曆元不正，當用甲寅爲元。議郎蔡邕議之曰：'曆法，黃帝、顓頊、夏、殷、周、魯凡六家，各自有元。晃所據，則《殷曆》元也。'然則甲寅爲殷

---

① "古"字原誤作"占"，四庫本及浙局本同，據至元本、至正本、《再造善本》影印宋刻宋元明遞修本《宋書》及至正本《玉海》卷十"太玄曆"條引祖沖之語改。

② "二"字各本皆誤作"三"，據上下文意，《再造善本》影印宋刻宋元遞修本《春秋左傳正義》及至正本《玉海》卷九"魯曆"條、至正本《玉海》附刻《六經天文編》卷下"閏月"條引《春秋左傳正義》改。

湯之元也審矣。古諸儒生皆以爲孔子用殷甲寅曆。漢劉洪於曆最善，其表言曰：‘甲寅曆於孔子時效。’竊以《春秋緯‧命曆》推之，可信洪言。而《公子譜》所謂‘商起庚戌，終戊寅’者，非也。《帝王譜》謂湯元年壬寅；一行曆謂成湯伐桀，歲在壬戌，皆非也。”程氏《春秋分記》曰：“《周曆》惟閏法多差，《左氏》所載，屢以失閏爲譏。”

漢元殷周諜曆十七卷

《史記‧三代世表》：“余讀諜記，黃帝以來各有年數。稽其曆譜諜終始五德之傳，古文咸不同，乖異。”《十二諸侯年表》云“讀《春秋曆譜諜》至周厲王”。

耿昌月行帛圖二百三十二卷　　耿昌月行度二卷

《後漢‧曆志》賈逵論曰：“案甘露二年大司農中丞耿壽昌奏，以圖儀度日月行，考驗天運狀，日月行至牽牛、東井，日過度，月行十五度。至婁、角，日行一度，月行十三度，赤道使然。此前世所共知也。”

傅周五星行度三十九卷

《春秋正義》：“以古今曆書推步五星，金、水日行一度，土三百七十七日行星十二度，火七百八十日行星四百一十五度，四者皆不得十二年而一終。唯木三百九十八日行星三十三度，十二年而彊一周。舉其大數，十二年而一終。”《隋志》：“古曆五星並順行，秦曆始有金、火之逆。又甘、石並時，自有差異。漢初測候，乃知五星皆有逆行。”

帝王諸侯世譜二十卷

《溝洫志》王橫引《周譜》云：“定王五年，河徙。”劉杳曰：“桓譚《新論》云：太史公《三代世表》旁行邪上，並效《周譜》。”柳芳曰：“司馬遷因《周譜》明世家。”《大戴禮》有《五帝德》、《帝繫篇》。《隋志》：《漢氏帝王譜》三卷。龜山楊氏《跋春秋公子血脈譜》：“其傳本曰荀卿嘗仕於楚矣，[1]不用，故退死蘭陵。而史不記其歲月。以其時考之，當在周、秦之間。而是書《秦譜》乃下及乎項滅子嬰之際，吾知其非荀卿氏作明矣。然自古帝王世系，與夫列國之君，得姓受氏，譜牒散亡，而史傳無所考據。於《春秋》之學，尤闕然也。而是書旁穿曲貫，枝分派別，較然如指諸掌，非殫見洽聞者不能爲也。”

日晷書三十四卷

司馬公《日景圖》云：“日行黃道，每歲有差，地中當隨而轉移，故周在洛邑，漢在潁川陽城，唐在汴州浚儀。”

許商算術二十六卷

《溝洫志》：“博士許商治《尚書》，善爲算，能度功用。”

九章算術　不著錄。

《周禮·保氏》“九數”，鄭司農云：“方田、粟米、差分、少廣、商功、均輸、方程、嬴不足、旁要。今有重差、夕桀、句股。”疏曰：“方田以下，皆依《九章算術》而言。重差、夕桀、句股，此漢法增之。”《後漢·鄭玄傳》“通《九章算術》”，注：“周公所作，凡九篇。”《方田》、《粟米》、《差分》、《少廣》、《均輸》、《方程》、《傍要》、《盈不足》、《句股》。《馬續傳》“善《九章算術》”，注：劉徽《九章算術》曰：“《商功》五，《均輸》六，《盈不足》七，《方程》八。”並無《重差》、《夕桀》。《禮記正義》：“重差、差分一也。去旁要，以句股替之，是爲漢之九數。馬融、干寶云‘《今有》、《夕桀》，各爲一篇’，未知所出。”《梅福傳》“齊桓之時，有以九九見者”，顏師古曰：“九九，算術，若今《九章》、《五曹》之輩。”魏劉徽《九章算經序》：“包犧氏始畫八卦，作九九之術，以合六爻之變。黃帝神而化之，引而伸之，建曆紀，協律呂，《記》稱‘隸首作數’，其

---

① 本句各本皆同，綫裝書局 2004 年《宋集珍本叢刊》影印明萬曆十九年林氏刻本《龜山先生全集》“曰”後有“荀卿撰夫”四字，“撰”字後句絕，於義較勝。

詳未之聞也。周公制禮，有‘九數’，《九章》是矣。漢北平侯
張蒼、大司農中丞耿壽昌，皆以善算命世。蒼等因舊文遺殘，
各稱刪補，故校其目，與古或異，而所論多近語。”夏侯陽《算
經序》：“算數起自伏羲，而黃帝定三數爲十等，隸首因以著
《九章》。”徐岳《數術紀遺》云：“黃帝爲法，數有十等。及其用也，乃有三焉。十
等者，謂億、兆、京、垓、秭、壤、溝、澗、正、載。三等者，謂上、中、下也。其下數者，十
十變之，若言十萬曰億，十億曰兆，十兆曰京也。中數者，萬萬變之，若言萬萬曰億，
萬萬億曰兆，①萬萬兆曰京也。上數者，數窮則變，若言萬萬曰億，億億曰兆、兆兆曰京
也。從億至載，終於大衍。”《高祖紀》“張蒼定章程”，如淳曰：“章，曆數
之章術；程者，權衡、斗桶、丈尺之法式。”《廣韻》云：“《說文》：‘算：長六
寸，②計曆數者也。’又有《九章術》，漢許商、杜忠、吳陳熾、③魏王粲並善之。”

五紀論　不著錄。

《律曆志》：“劉向總六曆，列是非，作《五紀論》。”《後漢·曆
志》：“《五紀論》：‘日月循黃道，南至牽牛，北至東井，率日日
行一度，④月行十三度十九分度之七也。’《五紀論》推步行度，
當時比諸術爲近，然猶未稽於古。”

以定三統服色之制

劉歆作《三統曆》及《譜》，三代各據一統。天統子，地統丑，人
統寅。《春秋緯》、《樂緯》云：“夏以十三月爲正，息卦受《泰》。
物之始，其色尚黑，以寅爲朔。殷以十二月爲正，息卦受

---

① 各本皆脫一“萬”字，據文物出版社 1980 年影印宋本《數術記遺》、至正本《玉海》
卷四十四“周九數……”條引《數術記遺》及上下文意補。

② “六”字原誤作“八”，四庫本及浙局本同，據至元本、至正本、《四部叢刊》影印宋刻
本《廣韻》及《續古逸叢書》影印宋本《說文解字》改。

③ “吳”字原脫，四庫本及浙局本同，至元本漫漶，據至正本及《四部叢刊》影印宋刻
本《廣韻》補。

④ “日行”之“日”字各本皆誤作“月”，據《再造善本》影印南宋紹興刻本《後漢書》、
至正本《玉海》卷二“漢太史官日月宿簿……”條、《四部叢刊三編》影印元刻本《困學紀
聞》卷九引《後漢書》及上下文意改。

《臨》。物之牙，其色尚白，以鷄鳴爲朔。周以十一月爲正，息卦受《復》。其色尚赤，以半夜爲朔。"《三正記》云："正朔三而改，文質再而復。"朱文公曰："天開於子，地闢於丑，人生於寅，故斗柄建此三辰之月，皆可以爲歲首，而三代迭用之。"

五行

堪輿金匱十四卷

《周禮·保章氏》注："《堪輿》雖有郡國所入度，非古數也。"《占夢》注"今八會其遺象"，疏："案《堪輿》，大會有八，小會亦有八。"又："《堪輿》天老曰：'假令正月陽建於寅，陰建在戌。'鄭答張逸問：'案《堪輿》黃帝問天老事云：四月有癸亥，十月丁巳爲陰陽交會。'"《史記·日者傳》褚先生云："孝武時，聚會占家，問之：'某日可取婦乎?'堪輿家曰'不可'。"後漢王景參紀衆家數術之書，堪輿、日、相之屬，適於事用者，集爲《大衍玄基》。唐呂才曰："按《堪輿經》黃帝對天老，始言五姓。"後魏殷紹以《黃帝四序經文》撮要爲《四序堪輿》。揚雄《甘泉賦》"屬堪輿以壁壘"，注："張晏曰：'堪輿，天地總名。'孟康曰：'神名，造《圖宅書》者。'"《公羊疏》引《堪輿》云："九月，日體在大火。"

鍾律災應二十六卷

《隋·牛弘傳》："劉歆《鍾律書》云：春宮秋律，百卉必彫。秋宮春律，萬物必榮。夏宮冬律，雨雹必降。冬宮夏律，雷必發聲。"見《風俗通》。

鍾律叢辰日苑二十二卷①

《日者傳》："叢辰家曰大凶。"

---

① "二十二卷"四字各本皆同，至正本《玉海》卷五"漢五行十三家"條及卷六"漢鍾律"條引《漢書·藝文志》亦同，《再造善本》影印北宋刻遞修本《漢書·藝文志》作"二十三卷"。

泰一二十九卷

《日者傳》：“太一家曰大吉。”《後漢·高彪傳》“天有太一，五將三門”，注：“《太一式》：凡舉事，皆欲發三門，順五將。”東萊呂氏曰：“古之醫者，觀八風之虛實邪正以治病，因有太乙、九宮之說，其說具於《鍼經》。”

風后孤虛二十卷

《龜策傳》“日辰不全，故有孤虛”，注：“《六甲孤虛法》：甲子旬中無戌亥，戌亥爲孤，辰巳爲虛。甲戌旬中無申酉，申酉爲孤，寅卯爲虛。甲申旬中無午未，午未爲孤，子丑爲虛。甲午旬中無辰巳，辰巳爲孤，戌亥爲虛。甲辰旬中無寅卯，寅卯爲孤，申酉爲虛。甲寅旬中無子丑，子丑爲孤，午未爲虛。”《隋志》：《遯甲孤虛記》一卷，伍子胥譔。《吳越春秋》計硯曰：“孤虛謂天門地戶也。”《後漢·方術傳》注：“孤謂六甲之孤辰，對孤爲虛。”趙彥爲宗資陳孤虛之法，從孤擊虛以討賊。

《孟子》注：“天時謂時日、支干、五行、王相、孤虛之屬也。”《正義》云：“孤虛之法，以一畫爲孤，無畫爲虛，二畫爲實。以六十甲子日定東西南北四方，然後占其孤、虛、實而向背之，即知吉凶矣。”

羨門式法二十卷

《日者傳》：“分策定卦，旋式正棊。”《周禮》“大史抱天時，與大師同車”，鄭司農云：“抱式以知天時。”《唐六典》：“三式曰雷公、太一、六壬，其局以楓木爲天，棗心爲地，刻十二神，下布十二辰。”《月令正義》按《陰陽式法》。梁元帝《洞林序》云“羨門五將”、“韓終六壬”。《司馬相如傳》注：“羨門，碣石山上仙人羨門高也。”

五音奇胲用兵二十三卷　五音奇胲刑德二十一卷

《淮南子·兵略訓》“明於星辰日月之運、刑德奇胲之數、背鄉左右之便，此戰之助也”，注：“奇胲之數，奇秘之數，非常術。”《史記·倉公傳》：“《脈書》上下經、五色診、奇咳術。”“咳”與“胲”

同。《抱朴子》云："黄帝審攻戰，則納五音之策。"①《左傳》史龜曰："是謂沈陽，可以興兵，利以伐姜，不利子商。"姓之有五音，蓋已見於此。

翼氏風角　　不著録。

《翼奉傳》注："《翼氏風角》曰：木落歸本，水流歸末。故木利在亥，水利在辰。金剛火彊，各歸其郷。故火刑於午，金刑于酉。"《郎顗傳》注："風角謂候四方四隅之風，以占吉凶。"《蔡邕傳》注："《翼氏風角》曰：風者，天之號令，所以譴告人君。"《晉·天文志》："京房著《風角書》，有《集星章》，所載妖星皆見於月旁。"《隋志》：翼奉《風角要候》十一卷、《翼氏占風》一卷、京房《風角要占》三卷、《風角五音占》五卷。《郊祀志》注："《翼氏風角》五德：東方甲，南方丙，西方庚，北方壬，中央戊。"

五行者，五常之形氣也

《中庸》注："木神則仁，金神則義，火神則禮，土神則智，水神則信。"朱文公曰："'知'、'信'二字位置不能不舛。"張文饒曰："五運、六氣，天之五行也；五音、六律，地之五行也；納音，人之五行也。"

羞用五事

古文作"敬用"。

其法亦起五德終始②

《史記·曆書》："鄒衍明於五德之傳而散消息之分。"沈約曰："五德更王有二家之說，鄒衍以相勝立體，劉向以相生爲義。"

---

① 各本皆脱"五"字，據《再造善本》影印南宋刻本《抱朴子内篇》及上下文意補。

② "終始"二字原誤倒，四庫本及浙局本同，據至元本、至正本、《再造善本》影印北宋刻遞修本《漢書·藝文志》及至正本《玉海》卷五"漢五行三十一家"條引《漢書·藝文志》乙正。

蓍龜

龜書五十二卷①

《隋志》有《龜經》一卷，晉掌卜大夫史蘇撰。《崇文總目》三卷，而五十二卷之書亡矣。②《史記·龜策傳》褚先生所補，亦其大略也。沈氏曰：“古之卜者有繇辭。《周禮》三兆，其頌皆千有二百。如‘鳳凰于飛，和鳴鏘鏘’，‘間于兩社，爲公室輔’，‘專之渝，攘公之羭，一薰一蕕，十年尚猶有臭’，‘如魚窺尾，③衡流而方羊，裔焉，大國滅之，將亡，闔門塞竇，乃自後踰’，‘大橫庚庚，余爲天王，夏啟以光’是也。”《後漢·張衡傳》注：“《龜經》有‘棲鶴兆’。”梁后兆得壽房。《說文》引“太史卜書”。《左傳》“晉趙鞅卜救鄭，遇水適火”，服虔云：“兆南行適火。卜法：橫者爲土，④立者爲木，邪向經者爲金，背經者爲火，⑤因兆而細曲者爲水。”《古文周書》：“占曰：蜉蝣之羽，飛集于戶。”

夏龜二十六卷

《龜策傳》：“塗山之兆從而夏啟世。”《墨子》：“夏后開使飛廉

---

① “二”字原誤作“三”，浙局本同，據至元本、至正本、四庫本、《再造善本》影印北宋刻遞修本《漢書·藝文志》及至正本《玉海》卷六十三“漢蓍龜十五家、蓍書”條引《漢書·藝文志》改。

② “二”字原誤作“三”，浙局本同，據至元本、至正本、四庫本及上下文意改。

③ “窺”字原誤作“竄”，浙局本同，其他各本皆誤作“窺”，據文物出版社1975年影印元刻《古迁陳氏家藏夢溪筆談》卷七、《四部叢刊三編》影印元刻本《困學紀聞》卷四引《夢溪筆談》及《再造善本》影印宋刻宋元遞修本《春秋左傳正義》卷三十六《哀公十七年傳》改。

④ “土”字原誤作“上”，至元本及浙局本同，據至正本、四庫本、《再造善本》影印宋刻宋元遞修本《春秋左傳正義》及上下文意改。

⑤ “背”字原誤作“皆”，浙局本同，據至元本、至正本、四庫本、《再造善本》影印宋刻宋元遞修本《春秋左傳正義》及上下文意改。

析金于山，鑄鼎於昆吾。使翁難乙灼白若之龜，[1]繇曰：'逢逢白雲，一南一北，一西一東，九鼎既成，遷于三國。'"張衡《靈憲》："恒娥竊藥奔月，將往，枚筮之於有黃。有黃占之，曰：'吉。翩翩歸妹，獨將西行，逢天晦芒，毋驚毋恐，後且大昌。'"此夏龜筮之見於書者。太史公曰："三王不同龜。"

周易三十八卷

《史記·大宛傳》："天子發書《易》，云：'神馬當從西北來。'"《隋志》：京房有《周易占》、《守林》、《飛侯》、《四時候》、《錯卦》、《混沌》、《委化》、《逆刺占災異》、《占事》。焦贛、費直有《易林》，皆不著錄。焦贛《易林》十六卷，卷有四林，林六十有四繇，凡六十四卦之變四千九十有六。《東觀漢記》："孝明帝永平五年，少雨，上御雲臺，自卦，遇《蹇》。以京氏《易林》占之，繇曰：'螘封穴戶，天將下雨。'沛獻王輔用體說卦，謂螘穴居知雨。"京房，延壽弟子。今書《蹇》繇，實在《震林》。《三統曆》引《易九戹》。《左氏》載筮辭：《大有》之《乾》曰："同復乎父，敬如君所。"《蠱》曰："千乘三去，三去之餘，獲其雄狐。"《復》曰："南國蹙，射其元王，中厥目。"其辭皆韻，如《焦林》之類。《儀禮疏》："古用木畫地記爻，今用錢。三少爲重，九也；三多爲交，六也；兩多一少爲單，七也；兩少一多爲坼，八也。"

周易隨曲射匿五十卷

《隋志》有《易射覆》二卷，又一卷。《東方朔傳》："上嘗使諸數家射覆，朔自贊曰：'臣嘗受《易》，請射之。'迺別著布卦而對。"贊曰"逢占射覆"，注："逢占，逆吉事，猶云逆刺也。"

莫善於著龜

今《易》作"莫大乎蓍龜"。劉向云："龜千歲而靈，蓍百年而神，以其長久，故能辨吉凶也。"

---

① "白"字原誤作"曰"，浙局本同，據至元本、至正本、四庫本、《四部叢刊》影印明刻本《墨子》及至正本《玉海》卷八十八"夏昆吾鼎"條、卷一百九十九"雍熙綠龜、六眸龜"條引《墨子》改。

卷十

雜占

黃帝長柳占夢十一卷

《史記正義》：《帝王世紀》云："黃帝夢大風吹天下之塵垢皆去，又夢人執千鈞之弩驅羊萬羣。帝寤而歎曰：'風爲號令，執政者也；垢去土，后在也。天下豈有姓風名后者哉？夫千鈞之弩，異力者也；驅羊數萬羣，能牧民爲善者也。天下豈有姓力名牧者哉？'於是依二占而求之，得風后於海隅，登以爲相；得力牧於大澤，進以爲將。"黃帝因著《占夢經》十一卷。

嚏耳鳴雜占十六卷

《隋志》：梁有《嚏書》、《耳鳴書》各一卷。

請雨止雨二十六卷

《董仲舒傳》："以《春秋》災異之變，推陰陽所以錯行，故求雨閉諸陽，縱諸陰。其止雨反是。行之一國，未嘗不得所欲。"《隋志》：梁有《董仲舒請禱圖》三卷。《後漢·輿服志》注引《仲舒止雨書》。《初學記》引《淮南子》曰："董仲舒請雨，秋用桐木魚。"

泰壹雜子候歲二十二卷

《天官書》有"候歲美惡"，"漢之爲天數者，占歲則魏鮮"。《隋志》：《東方朔歲占》一卷。

種樹臧果相蠶十三卷

秦燒書所不去者，醫藥、卜筮、種樹之書。《周禮·馬質》注："《蠶書》：蠶爲龍精。月直大火，則浴其種。"

衆占非一，而夢爲大

《隋志》有《占夢書》三卷，京房撰。《志》不著録。西山真氏曰：“《周官》‘六夢’之占，獨所謂正夢者，不緣感而得。餘雖所因不同，大抵皆感也。感者何？中有動焉之謂也。其動也，有真有妄，夢亦随之。雖昔聖賢，不能無夢。惟其私欲銷泯，天理昭融。兆朕所形，亦莫非實。高宗之得說、武王之克商，皆是物也。常人則不然，方寸之靈，莫適爲主，欲動情勝，擾擾萬端。故厭勞慕佚，則徒步而夢興馬矣；惡餒思飫，則霍食而夢粱肉矣。若是者，皆妄也。至於因夢而獲，若主父苦榮之歌、叔孫豎牛之兆，似有其實矣，而卒以基莫大之禍。夢其果可憑耶？非夢之不可憑也，感之妄，故夢亦妄也。”

人失常則訞興

今《左傳》作“人棄常則訞興”。

形法

山海經十三篇

《隋志》：“相傳以爲夏禹所記。二十三卷，郭璞注。”今按，[①]劉歆所定書，其《南》、《西》、《北》、《東》及《中山》，號《五藏經》，爲五篇，其文最多。《海内》、《海外》、《大荒》三經，《南》、《西》、《北》、《東》各一篇，并《海内經》一篇，總十八篇。多者十餘簡，少者二三簡。其卷後或題“建平元年四月丙戌，待詔

---

①　“今按”二字原誤作“序曰”，浙局本同，云據《玉海》卷十五補；至元本漫漶；至正本作“今按”；四庫本作“釋乃”，“釋”字屬前讀。按“劉歆所定書”云云，非郭璞序中文，《玉海》卷十五“禹山海經”條亦不言郭璞序所云；又，《隋志》無“釋”字。今考“劉歆”至“主省”見宋淳熙七年池陽郡齋刻本《山海經》（《再造善本》影印）書末尤袤跋，與本條後文合，故“今按”二字於義最勝，因據至正本改。

太常屬臣望校治,侍中光禄勳臣龔、侍中奉車都尉光禄大夫臣秀領主省"。序曰:"禹定高山大川,蓋與伯翳主驅禽獸,命山川,類草木,別水土。四嶽佐之,以周四方。逮人跡之所希至,及舟輿之所罕到。內別五方之山,外分八方之海,紀其珍寶奇物,異方之所生,水土、草木、禽獸、昆蟲、麟鳳之所止,休祥之所隱,及四海之外,絕域之國、殊類之人,古文之著明者也。孝武時,東方朔言異鳥之名;孝宣時,臣父向對貳負之臣,皆以是書。朝士由是多奇《山海經》者,可以考休祥變怪之物,見遠國異人之謠俗。臣望所校凡三十二篇,今定爲十八篇。"顏之推曰:"《山海經》,禹、益所記,而有長沙、零陵、桂陽、諸暨,後人所羼,非本文也。"《通典》以爲"恢怪不經,疑夫子刪《詩》、《書》後尚奇者所作。或先有其書,如詭誕之言,必後人所加也"。郭璞序曰:"東方生曉畢方之名,劉子政辨盜械之尸,王頎訪兩面之客,海民獲長臂之衣,精驗潛效,絕代懸符。"《論衡》謂"董仲舒睹重常之鳥,劉子政曉貳負之尸,皆見《山海經》,故能立二事之說"。今本十八卷,劉歆定爲十八篇,多於《志》五篇,固已不同。尤袤定爲先秦之書,非禹及伯翳所作。晁氏曰:"長沙、零陵、鴈門皆郡縣名,又載禹、鯀,後人參益之。"薛氏曰:"《左傳》稱'大禹鑄鼎象物,以知神姦。入山林者,不逢不若',《山海》所述,不幾是也?《經》言大川所出及舜所葬,皆秦漢時郡縣。又有成湯、文王之事,《筮子》之文,其非先秦有夏遺書審矣。劉歆直云伯益所記,又分伯益、伯翳以爲二人,皆未之詳。考於《太史公記》、《漢西京書》,非後世之作也。《山海經》要爲有本於古、秦漢增益之書。太史公謂'言九州山川,《尚書》近之。至《山海經》、《禹本紀》所言怪物,余不敢言也',然哉。"朱文公曰:"記異物飛走之類,多云東向,或云東首,皆爲一定之形,疑本依圖畫爲之。"

宮宅地形二十卷

范氏曰："考古卜地之法，周始居豳，相其陰陽，觀其流泉，度其隰原，擇地利以便人事而已。其作新邑也，卜澗水東瀍水西，又卜瀍水之東，則推其不能決者，而令之龜。其法蓋止於此。彼風水向背附著之說，聖人弗之詳焉。雖然，甲子作於大撓，尚矣。宣王揆日以田，既吉戊，又吉庚午，則枝榦固有吉凶。保章氏以星土辨九州之封域，以觀妖祥，則方隅固有休咎，聖人弗之詳，而未嘗廢其說。"

相人二十四卷

《荀子·非相》曰："古者有姑布子卿，今之世，梁有唐舉。"陶弘景《相經序》："相者，蓋性命之著乎形骨，吉凶之表乎氣貌，亦猶事，先謀而後動；心，先動而後應。表裏相感，莫知所以然。"《隋志》：《相書》四十六卷。《史通》曰："許負《相經》，當時所聖，見傳流俗。"

相六畜三十八卷

《隋志》有《伯樂相馬經》、《甯戚相牛經》。《荀子》論堅白同異云："曾不如好相雞、狗之可以爲名也。"《莊子》："徐无鬼見魏武侯，告之相狗、馬。"《列子》："秦穆公謂伯樂曰：'子姓有可使求馬者乎？'曰：'有九方臯。'"《呂氏春秋》："古之善相馬者，寒風是相口齒，麻朝相頰，子女厲相目，衛忌相髭，許鄙相脫，投伐褐相胸脅，管青相膹肳，陳悲相股脚，秦牙相前，贊君相後。凡此十人者，皆天下之良工也。"又云："齊有善相狗者，其鄰假以買取鼠之狗。"《淮南子》："伯樂、韓風、秦牙、筦青，所相各異，其知馬一也。"《日者傳》褚先生曰："黃直，丈夫也；陳君夫，婦人也，以相馬立名天下。留長孺以相彘立名，滎陽褚氏以相牛立名。"馬援《上馬式表》："近世有西河子輿明相法，子輿傳儀長孺，長孺傳丁君都，君都傳楊子阿。臣援師事子阿，受相馬骨法。孝武時，善相馬者東門京,鑄銅馬法。臣謹依儀氏䩦、中帛氏口齒、謝氏脣鬐、丁氏身中,備此數家骨相以爲法。"洪氏曰:"今時相馬者間有之,相牛者殆絕。所謂相鷄、狗、彘者,不復聞之矣。"

苟非其人,道不虛行

司馬公《原命》曰:"天道精微,非聖人莫能知。今學者未能通人理之萬一,而遽從事於天。昔眭孟知有王者興於微賤,[①]而不知孝宣,乃欲求公孫氏禪以天下。翼奉知漢有中衰阨會之象,而不知王莽,乃云洪水爲災。西門君惠知劉秀當爲天子,而不知光武,乃謀立國師公劉秀;秀亦更名以應之。皆無益於事。是以聖人之教,治人而不治天,知人而不知天。"

宋有子韋

《新序》:"宋景公時,熒惑在心。子韋曰:'熒惑,天罰也;心,宋分野也。'"陰陽家《宋司星子韋》三篇。

楚有甘公

《天官書》"在齊甘公",此云楚,當考。《張耳傳》甘公曰:"東井,秦分,先至必王。楚必屬漢。"

漢有唐都

太史公學天官於唐都。《律曆志》:造《太初曆》,方士唐都與焉。都分天部。《天官書》:"漢之爲天數者,星則唐都。"

序數術爲六種

張文饒曰:"象生於數,數生於理。故天地萬物之生,皆祖於數。聖人先知先覺,因制之以示人。以分天度、量地理,觀之天地,皆有數,況人、物乎?始自伏羲畫卦,以用太極;神農植穀,以用元氣。於是黄帝制曆,分天度也;畫野分坼,量地里也。其餘隷首造算、大撓造甲子、蒼頡制字、岐伯論醫、伶倫造律,皆以理數而示人者也。"

---

① "眭"字原誤作"桂",浙局本同,據至元本、至正本、四庫本、《四部叢刊》影印南宋刻本《溫國文正司馬公文集》改。

醫經

黃帝內經十八卷

王冰曰：“《素問》即其經之九卷也。兼《靈樞》九卷，迺其數焉。雖復年移代革，而授學猶存。懼非其人，而時有所隱，故第七一卷，師氏藏之，今之奉行惟八卷爾。”林億曰：“皇甫士安《甲乙經序》云：[①]‘今有《鍼經》九卷、《素問》九卷，[②]共十八卷，即《內經》也。’[③]《素問》外‘九卷’，[④]皇甫士安名爲《鍼經》。楊玄操云：‘《黃帝內經》二帙，帙各九卷。’按《隋志》謂之《九靈》，王冰名爲《靈樞》。《素問》第七卷亡已久，士安序《甲乙經》云亦有亡失。《隋志》載梁《七錄》云止存八卷，而冰得舊藏之卷。今竊疑之。《天元紀大論》、《五運行論》、《六微旨論》、《氣交變論》、《五常政論》、《六元正紀論》、《至真要論》七篇，與餘篇略不相通。疑此七篇乃《陰陽大論》之文，王氏取以補所亡之卷。”又曰：“黃帝坐明堂之上，臨觀八極，考建五常。與岐伯上窮天紀，下極地理，遠取諸物，近取諸身，更相問難，於是雷公之倫，授業傳之，而《內經》作。蒼周之興，秦

---

① “甲乙”二字原誤作“靈樞”，至正本、四庫本及浙局本同，至元本漫漶，據《再造善本》影印元讀書堂刻本《新刊黃帝內經素問》序林億注及至正本《玉海》卷六十三“黃帝內經、黃帝九經、八十一難經”條引林億語改。

② “素問九卷”四字原重出，至正本、四庫本及浙局本同，至元本漫漶，據《再造善本》影印元讀書堂刻本《新刊黃帝內經素問》序林億注、至正本《玉海》卷六十三“黃帝內經、黃帝九經、八十一難經”條引林億語及上下文意刪。

③ “內”字原誤作“九”，四庫本及浙局本同，至元本漫漶，據至正本、《再造善本》影印元讀書堂刻本《新刊黃帝內經素問》序林億注及至正本《玉海》卷六十三“黃帝內經、黃帝九經、八十一難經”條引林億語改。

④ “外”字原誤作“第”，四庫本及浙局本同，至元本漫漶，據至正本及《再造善本》影印元讀書堂刻本《新刊黃帝內經素問》序林億注改。

和述六氣之論，越人得其一二，演而述《難經》。倉公傳其舊學，仲景撰其遺論，晉皇甫謐刺而爲《甲乙》，隋楊上善纂而爲《太素》，全元起始爲訓解，闕第七一通。唐寶應中，王冰得先師所藏之卷爲注，合八十一篇二十四卷。按《隋志》始有'素問'之名，晉皇甫謐已云'《素問》論病精辨'。王叔和，西晉人，撰《脈經》，云出《素問》、《鍼經》。漢張仲景《傷寒論集》云'撰用《素問》'，是則'素問'之名，起漢世也。全元起曰：'素者，本也。問者，黃帝問岐伯也。'按《乾鑿度》'太素者，質之始'，名或由此。"《館閣書目》：《黃帝鍼經》九卷八十一篇，與《靈樞經》同。《鍼經》以《九鍼十二原》爲首，《靈樞》以精氣爲首，閒有詳略。程子曰："《素問》之書，必出於戰國之末。"夏竦《銅人腧穴鍼灸圖經序》曰："黃帝問岐伯，盡書其言，藏於金蘭之室。泊雷公請問其道，乃坐明堂以授之。後世言《明堂》者以此。"皇甫謐曰："《素問》九卷，是原本經脈。其義深奧，不可容易覽也。又有《明堂孔穴鍼灸治要》，皆黃帝、岐伯遺事也。"

扁鵲內經九卷

《隋志》：《黃帝八十一難經》二卷。《崇文總目》：秦越人撰。秦越人采《黃帝內經》精要之說凡八十一章，編次爲十三類，理趣深遠，非易了，故名《難經》。《館閣書目》：《脉經》一卷，題扁鵲撰，凡十六篇。《史記》：倉公師公乘陽慶，傳黃帝扁鵲之脈書。太史公曰："扁鵲言醫，爲方者宗。"王勃《八十一難經序》曰："岐伯以授黃帝，黃帝歷九師以授伊尹，伊尹以授湯，湯歷六師以授太公，太公以授文王，文王歷九師以授醫和，醫和歷六師以授秦越人，秦越人始定立章句，歷九師以授華佗，華佗歷六師以授黃公，黃公以授曹元。"

箴石

《內經素問》岐伯曰："鑱石鍼艾治其外。"《說苑》："扁鵲先造軒光之竈、八成之湯，砥鍼礪石，取三陽五輸。子容擣藥，子明吹耳，陽儀反神，子越扶形，子游矯摩，太子遂得復生。"王僧孺曰："古以石爲針。《說文》：'砭，以石刺病也。'《東山經》'高氏之山多針石'，郭璞云：'可以爲砭針。'《春秋傳》'美疢不如惡石'，服虔云：'石，砭石也。季世無復佳石，故以鐵代之。'"

經方

泰始黃帝扁鵲俞拊方二十三卷　<small>應劭曰："黃帝時醫。"</small>

《黃帝八十一難序》云："秦越人與軒轅時扁鵲相類，仍號之爲'扁鵲'。"《扁鵲傳》："上古之時，醫有俞跗，治病不以湯液醴灑，鑱石撟引，案扤毒熨，一撥見病之應，因五藏之輸，湔浣腸胃，漱滌五藏，練精易形。"《周禮·疾醫》注："脈之大候，要在陽明寸口。能專是者，其惟秦和乎！岐伯、榆拊，則兼彼數術者。"《呂氏春秋》"巫彭作醫"，《說苑》"上古之爲醫者曰苗父，中古之爲醫者曰俞拊"。《帝王世紀》："黃帝使岐伯嘗味百草，典醫療疾，今經方本草之書咸出焉。"《素問》云"上古使僦貸季理色脈而通神明"[①]，注："岐伯祖世之師。"

湯液經法三十二卷

《內經素問》有《湯液醪醴論》。《事物紀原》："《湯液經》出於商伊尹。"《郊祀志》："莽以方士蘇樂言，起八風臺於宮中，作樂其上，順風作液湯。"皇甫謐曰："仲景論《伊尹湯液》爲十數卷。"

本草　<small>不著錄。</small>

《淮南子》云："神農嘗百草之滋味，一日而七十毒。"梁《七錄》：《神農本草》三卷。按《平帝紀》：元始五年，舉天下通知

---

①　各本"脈"前皆衍"貸季理色"四字，據《再造善本》影印元讀書堂刻本《新刊黃帝內經素問·六節藏象論》注及上下文意刪。按《困學紀聞》卷二十云："岐伯祖世之師曰僦貸季。"

方術、本草者。《郊祀志》：成帝初有本草待詔。《樓護傳》"少
誦醫經、本草、方術數十萬言"，其名見於此。陶弘景云："疑
仲景、元化等所記。"舊經三卷，藥止三百六十五種。弘景以
《名醫別録》亦三百六十五種，合七百三十種，因而注釋，分爲
七卷。唐顯慶中，李勣、于志寧等刊定，蘇恭增一百十四種，
廣爲二十卷，并圖合五十四篇。志寧曰："世謂神農氏嘗藥以
拯含氣，而黄帝以前，文字不傳，以識相付，至桐、雷乃載篇
册。然所載郡縣，多是漢時，疑張仲景、華佗所記。"國朝開寶
中，盧多遜重定，增百三十有三種。嘉祐中，掌禹錫補注，附
以新補八十有二種，新定十有七種，合一千七百有六種，分
二十有一卷。新、舊混并，經之本文遂晦。《周禮·疾醫》注
"五藥，其治合之齊，則存乎神農、子儀之術"，疏："案劉向云：
'扁鵲使子儀脈神。'又《中經簿》云子義《本草經》一卷。儀與
義一人也，[①]子義亦周末時人。"《六典》注："凡藥八百五十種：三百六十，
《神農本經》；一百八十二，《名醫別録》；一百十四，《新修》新附；一百九十四，有名
無用。"《帝王世紀》："黄帝使岐伯嘗味草木，定《本草經》，造醫方以療衆疾。"張仲
景《金匱》云："神農能嘗百藥。"

本草石之寒温

此論經方之語，而無本草之名。

房中

容成陰道二十六卷

《後漢·方術傳》冷壽光"行容成公御婦人法"。《列仙傳》：

---

① "一人"二字原誤倒，至元本、至正本及浙局本同，據四庫本、民國董氏誦芬室影
印宋刻本《周禮疏》及至正本《玉海》卷六十三"漢方技四種"絛引《周禮疏》乙正。

"容成公自稱黃帝師，見於周穆王，能善補導之事，取精於玄牝。其要谷神不死，髮白復黑，齒落復生。"《神仙傳》："甘始依容成、玄、素之法，更演益之爲十卷。"①

神僊

宓戲雜子道二十篇

《帝王世紀》："宓戲畫八卦以通神明之德，類萬物之情，所以六氣、六腑、五臟、五行、陰陽、水火、升降得以有象，百病之理得以類推。炎、黃因斯乃嘗味百藥而制九鍼。"《莊子》曰："伏戲得之，以襲氣母。"

黃帝雜子步引十二卷

《列子·天瑞篇》引《黃帝書》曰："谷神不死，是謂玄牝。"梁肅《導引圖序》："朱少陽得其術於《黃帝外書》，又加以元禽化禽之說，②乃志其善者，演而圖之。"《隋志》有《引氣圖》、《道引圖》。《抱朴子》云："黃帝論導養而質玄、素二女，著體診則受雷、岐。"西山真氏曰："養生之說，出於《老子》。《谷神章》，其最要也。《莊子》曰：'黃帝得之，以登雲天。'"

黃帝岐伯按摩十卷

《唐六典》"按摩博士一人"，注："崔寔《正論》云：'熊經鳥伸，延年之術。'故華佗有六禽之戲，魏文有五搥之鍛。《僊經》云'戶樞不朽，流水不腐'，謂欲使骨節調利、血脈宣通。"《韓詩外傳》"扁鵲砥鍼厲石"，"子游按摩"。《周禮疏》："案劉向云：扁鵲使子術案摩。"

① "十卷"二字各本皆同，文淵閣《四庫全書》本《神仙傳》作"一卷"。
② "元禽化禽"四字各本皆同，《再造善本》影印宋刻本《文粹》卷九十四梁肅《導引圖序》作"元化五禽"，於義較勝。

黃帝雜子芝菌十八卷

黃氏曰："《神農經》：'五芝，久食輕身，延年不老。'先秦之世，未有稱述芝草者。漢武、宣世，始以爲瑞。"《黃帝內傳》："王母授《神芝圖》十二卷。"《水經注》："黃帝登具次之山，受《神芝圖》於黃蓋童子。"

泰一雜子黃冶三十一卷

《郊祀志》谷永曰："明於天地之性，不可惑以神怪；知萬物之情，不可罔以非類。諸背仁義之正道，不遵五經之法言，而盛稱奇怪鬼神，廣崇祭祀之方，求報無福之祠；及言世有僊人，服食不終之藥，遙興輕舉，登遐倒景，覽觀縣圃，浮游蓬萊，耕耘五德，朝種暮穫，與山石無極，黃冶變化，堅冰淖溺，化色五倉之術者，皆姦人惑衆，挾左道、懷詐僞，以欺罔主。①　聽其言，洋洋滿耳，若將可遇；求之，盪盪如係風捕景，終不可得。是以明王距而不聽，聖人絕而不語。"《劉向傳》："淮南有《枕中鴻寶》、《苑祕書》，書言神仙使鬼神爲金之術。"②《龜策傳》褚先生曰："臣爲郎時，見《萬畢‧石朱方》。"《唐志》：《淮南王萬畢術》一卷。《隋志》："金丹玉液長生之事，歷代糜費不可勝紀，竟無效焉。"

神僊十家

司馬公曰："老莊之書，大指欲同死生、輕去就；而爲神仙者，服餌修鍊以求輕舉，鍊草石爲金銀。其爲術正相戾。是以劉歆《七略》敘道家爲諸子，神仙爲方技，其後復有符水、禁呪之術。至寇謙之，遂合而爲一。至今循之，其訛甚矣。"蘇氏曰："黃帝、老子之道，本也；方士之言，末也。"羅氏曰："秦猶以博士領其方，而號其人爲列仙之儒，明猶有所本，非若後世夸

---

①　本句各本皆同，《再造善本》影印北宋刻遞修本《漢書》"主"前有"世"字，於義較勝。

②　"鬼神"二字各本皆同，《再造善本》影印北宋刻遞修本《漢書》作"鬼物"。

者之傳也。"歐陽氏曰:"自古有道無仙,後世之人知有道而不得其道,不知無仙而妄學仙。"葛洪云:"秦阮倉所記有數百人,劉向所纂,又七十一人。"顏之推云:"《列仙傳》,劉向所造,而贊云七十四人,出佛經,非本文也。"

索隱行怪

《中庸》"素隱",朱文公按《漢書》作"索"。

論病以及國,原診以知政

《晉語》:"趙文子曰:'醫及國家乎?'醫龢對曰:'上醫醫國,其次疾,固醫官也。'"

大凡書,六略三十八種

景迂晁氏曰:"劉歆告揚雄云'三代之書,蘊藏於家直不計耳',顧弗多耶?今有一《周易》而無《連山》、《歸藏》;有一《春秋》而無千二百國寶書及《不脩春秋》;有鄉禮二、士禮七、大夫禮二、諸侯禮四、諸公禮一,而天子之禮無一傳者,不知其傳孰多於其亡耶?"《隋志》:"光武篤好文雅,明、章尤重經術。鴻生鉅儒,負袠自遠而至。石室、蘭臺,彌以充積。又於東觀及仁壽閣集新書,校書郎班固、傅毅等典掌焉。並依《七略》爲書部,固編爲《藝文志》。"晁氏公武曰:"劉歆始著《七略》,總錄羣書。至荀勖,更著《新簿》,分爲四部。蓋合兵書、術數、方技於諸子。自春秋類摘出《史記》別爲一,[①]六藝、諸子、詩賦皆仍歆舊。其後歷代所編書目,如王儉、阮孝緒之徒,咸從歆例。謝靈運、任昉之徒,皆從勖例。唐分經、史、子、集,藏於四庫,是亦祖述勖而加詳焉。歐陽公謂始

---

① "摘出"二字原誤作"秋春",其他各本皆誤作"春秋",據《續古逸叢書》影印南宋袁州刻本《昭德先生郡齋讀書志》、江蘇古籍出版社 1988 年《宛委別藏》影印舊鈔本《昭德先生郡齋讀書志》(衢州本)、至正本《玉海》卷五十二《書目》小序及上下文意改。

於開元，其誤甚矣。"①

《決疑》曰："自六經以至陰陽之家，其數或多或少。春秋九百
四十八篇，而其數之不及者七十有一；道家九百十三篇，而其
數之衍者四十有四。自此以後，著龜一家而卷之溢於目者八
十，醫經一家而卷之不登其總者四十有一。或者其傳於後
世，有以私意增損者邪？"夾漈鄭氏曰："蕭何入咸陽，收秦律
令圖書，則秦亦未嘗無書籍也。其所焚者，一時閭事耳。秦
人之典，蕭何能收於草昧之初；蕭何之典，歆何不能紀於承平
之後？是所見有異也。"范氏曰："漢時以竹簡寫書，在天下者
至少，非祕府不能備。非如後世以紙傳寫，流布天下，所在皆
有也。"

漢藝文志考證校補

[清] 王仁俊 撰

尹承 整理

卷一

易

易經十二篇　注：“上、下經及十翼。”

《左傳·莊二十二年》：①“周史有以《周易》見陳侯者，筮之，遇《觀》之《否》。”《襄九年》“遇《艮》之八。史曰：‘是謂《艮》之《隨》。’穆姜曰‘是於《周易》曰’”云云。《左傳·定四年》正義引《易》云：“伏羲作十言之教：《乾》、《坤》、《震》、《巽》、《坎》、《離》、《艮》、《兌》、消、息。”

易傳周氏二篇　字王孫。　　**服氏二篇**　光。　　**楊氏二篇**　何，字叔元，菑川人。②　　**王氏二篇**　同。

顏曰：“劉向《別錄》云：服氏，齊人，號服光。”

蔡公二篇　衛人，事周王孫。　　**韓氏二篇**　名嬰。在楊氏下。　　**馬輯。**

丁氏八篇　寬，字子襄，梁人也。

《漢書》“丁氏”在“韓氏”後，浙江局本不誤。　　馬輯、張輯、孫輯。

韓氏二篇　嬰。　　**馬輯。**

古五子十八篇　自甲子至壬子，說《易》陰陽。　　**馬輯。**

淮南道訓二篇　淮南王安聘明《易》者九人，號“九師法”。

劉向《別錄》曰：“所校讐中《易》傳《淮南九師道訓》，除復重，定著十二篇。淮南王聘善爲《易》者九人，從之採獲，故中書

---

① “二”字原誤作“一”，據清阮元校刻《十三經注疏》本《春秋左傳正義》改。
② “菑川”二字原空格，據清同治金陵書局本《漢書·藝文志》補。按本書“議奏三十八篇”條及“雅琴趙氏七篇”條，皆言用“局本《漢書》”，知是清同治金陵書局本。

題曰《淮南九師書》。所校讐中《古五子書》,除復重,定著十八篇。分六十四卦,著之日辰,自甲子至壬子,凡五子。"《初學記》。馬輯。

孟氏京房十一篇　災異孟氏京房六十六篇　京氏段嘉十二篇

孟《易》、京《易》,馬輯、孫輯、張輯。

《京房傳》建昭二年二月朔,上封事曰:"少陰倍力而乘消息。"又曰:"臣前以六月中言《遯》卦不效,法曰:'寒,涌水爲災。'至其七月,涌水出。"又曰:"少陰并力而乘消息,戊子益甚,到五十分,蒙氣復起。此陛下欲正消息,雜卦之黨并力而爭,消息之氣不勝。"《後·五行志》注引京房《易占》。魏高堂隆引《易傳》"上不儉,下不節"云云。《文選注》《曲水詩序》。京房《易飛候》曰:"青雲潤澤蔽日,在西北爲舉賢良。"《中孚》曰:"九二處和體《震》。"《正義》"大衍之數"引"京房云"。《公羊》注引《易中孚記》,又引京房《易傳》。《穀梁》注引京房《易傳》。京房引夫子曰:"神農重乎八純。"

章句,施、孟、梁丘氏各二篇　馬輯。

唯費氏《經》與古文同　馬輯。

《釋文》引古文,如"彙"作"萯","翩"作"偏","介"作"砎","枕"作"沈","躓躅"作"蹢躅","繻"作"襦"。俊按,此本《玉海·藝文類》,惟"蹢躅"字作"蹢躖"爲異。

連山　歸藏　不著錄。　馬輯。

《文心雕龍》:"《歸藏》之經,大明迂怪,乃稱羿斃十日,常娥奔月。"《書正義》引《歸藏易》云:"羿彈十日。"[1]《初學記》引"啓筮"。《文選·月賦》注亦引《歸藏》。朱震《易叢説》引《歸藏》

---

　　① 按本條出《玉海》卷三十五"殷歸藏、黄帝歸藏……"條,"十"字原誤作"三",據清光緒浙江書局本《玉海》及清阮元校刻《十三經注疏》本《尚書正義》改。

之《乾》、《小畜》。《晉語》：“公子重耳筮,得貞《屯》悔《豫》,皆八。”

子夏易傳　<small>不著錄。</small>　馬輯、孫輯。

《正義》：“《子夏傳》：元,始也;亨,通也;利,和也;貞,正也。”《家語》“孔子讀《易》,至‘損益’,喟然而嘆。子夏避席問”云云。《尚書大傳》引“子夏曰”云云。

書

尚書古文經四十六卷　<small>爲五十七篇。注:“鄭玄《敘贊》云:後又亡其一篇,故五十七。”</small>　馬輯。

《大學》“《帝典》曰:克明峻德”①,注:“《堯典》。”《説文》：“《虞書》曰:仁閔覆下,②則稱旻天。”《荀子·解蔽篇》：“故《道經》曰:人心之危,道心之微。”《左傳》“賦納以言,明試以功”,“戒之用休”云云,“勿使壞”,“念茲在茲”,“成允成功”,“寧失不經”,“官占維能蔽志”,皆以爲《夏書》;“沈潛剛克,高明柔克”,“無偏無黨”,“三人占,從二人”,皆以爲《商書》。<small>《夏書》多“帥彼天常”一句,又字小異。③</small>《晉語》：“《夏書》曰:怨豈在明。”<small>今有。</small>《書正義》：“《左傳·莊八年》：《夏書》曰:‘皋陶邁種德。’《僖二十四年》：《夏書》曰:‘地平天。’《成二十七年》：《夏書》曰:‘賦納以言。’《襄二十六年》：《夏書》曰:‘寧失不經。’”<small>在《大禹》、《皋陶謨》。</small>《周語》：“《夏書》有之:‘衆非元后,何戴?’《書》曰:‘民可近也,而不可上也。’<small>注:“逸《書》。”</small>在《湯誓》曰:‘余一人有

---

①　“德”字原誤作“典”,據清阮元校刻《十三經注疏》本《禮記正義》改。

②　“閔覆”二字原誤倒,據清同治陳昌治刻本《説文解字》乙正。

③　按本條自“左傳賦納”至“在予一人”出《玉海》卷三十七“夏書”條,“字”字原空格,據清光緒浙江書局本《玉海》補。

皋，無以萬夫；萬夫有皋，在予一人。'"《湯誥》。"夫"作"方"。《墨子經》五："《夏書》曰：'禹七年水。'《殷書》曰：'湯五年旱。'"《吕氏春秋》："《夏書》曰：'天子之德，乃神乃武乃文。'注："逸《書》也。"《商書》曰：①'五世之廟，可以觀怪；萬夫之長，可以生謀。'注："逸《書》"。《商書》曰：'刑三百，罪莫大於不孝。'《周書》曰：'若臨深淵，若履薄冰。'"注："《周書》,周文公所作。《説文》："《商書》：相時憨民。"《記》：②"《兑命》曰：'民立而正事。''純而祭祀,是爲不敬'。'敬遜務時敏'。《尹吉》曰："吉"當作"告"。'惟尹躬及湯'。'自周有終'。《孟子》："《伊訓》曰：天誅造攻自牧宫。"《荀子·臣道篇》："《書》曰：從命而不拂，微諫而不倦，爲上則明，爲下則遜。"注："《書·伊訓》,今無。"《漢書》："《伊訓篇》曰：誕資有牧方明。"劉歆引《伊訓》："誕資有牧方明。"《詩·鹿鳴》箋："《書》曰：厥篚玄黄。"疏："鄭《禹貢注》引《胤征》曰'篚厥玄黄'。鄭不見古文，而引張霸《尚書》。"《後漢·楊賜傳》："《書》曰：天齊乎人，假我一日。"《劉愷傳》"《尚書》曰：上刑挾輕，下刑挾重"，注："與今《尚書》不同。"

經二十九卷

《漢·郊祀志》："《大誓》曰：正稽古立功立事，可以永年，丕天之大律。"今文。《三統曆》論武王伐紂，引今文《泰誓》云："丙午逮師。"《武成》："越若來三月五日甲子，咸劉商王受。"並不與孔同，亦不見《孔傳》也。③ 賈逵云"流爲烏"，與孔亦異。

---

　　① 按本條自"墨子經"至"劉歆引"前出《玉海》卷三十七"商書"條，"書"字原脱，據清光緒浙江書局本《玉海》補。

　　② "記"字原誤作"祀"，據清光緒浙江書局本《玉海》改。

　　③ 按本條出《玉海》卷三十七"漢尚書逸篇"條，"亦"字原空格，據清光緒浙江書局本《玉海》補。

歐陽章句三十一卷[①]　**大、小夏侯章句各二十九卷**　馬輯。

大小夏侯解詁二十九篇

歐陽説義二篇

周書七十一篇　周史記。

《左傳·成十六年》："范文子戒晉侯：《周書》曰：'惟命不于常。'"注："《康誥》，今無。"《襄二十五年》："衛太叔儀言《書》曰：'慎始而敬終，終以不困。'"注："逸《書》。"《昭六年》："叔向言《書》曰：聖作則。"注："逸《書》。"《二十年》："苑何忌云《康誥》曰：父子兄弟，罪不相及。"注："《周書·康誥》，今無。"《吕氏春秋》："《周書》曰：允哉允哉！"注："逸《書》。"傳引《周書》"惟德是輔"，"乃大明服"，"庸庸祇祇"，"明德慎罰"，"不敢侮鰥寡"，"大國畏其力"，"惠不惠，茂不茂"。皆今有。《國語》："《周書》所謂'重黎實使天地不通'。《周書》曰：'文王至于日中昃，不皇暇食，惠于小民，惟政之恭。'《周書》有之，曰：'怨不在大。'"今有。《孟子》："《康誥》：'凡民罔不憝。'《泰誓》曰：'無畏！寧爾也。''惟曰其助上帝'。"《記》："《甫刑》曰：'苗民匪用命。'《君雅》曰：'夏日暑雨。'《君奭》曰：'昔在上帝，周田觀文王之德。'"《緇衣》注："古文爲'割申勸寧王之德'，今博士讀爲'厥亂勸寧王之德'，三者皆異，古文似近之。"《説苑》："《周書》曰：前車覆，後車戒。"《文選注》："《周書》曰：'乃辨九服之國。'又曰：'湯歸於亳，三千諸侯大會。''武王將度河，中流白魚入王舟'。'會武王於郊下者，八百諸侯'。"《史通》引《周書·殷祝篇》。《周紀》"武王登豳皇望洛邑"，徐廣曰："出《周書》。"鄭玄注《周禮·行人》云："《周書·王會》備焉。"注《儀禮·鄉射》云：

---

① "三"字原誤作"二"，據清同治金陵書局本《漢書·藝文志》改。

“《周書》曰：北唐以閒。”①《説文》引《逸周書》“大翰若翬雉”。
杜氏《左傳注》引“千里百縣”，《疏》云：“《周書》存者。其文非《尚書》之
類。”《左傳疏》引《周書·謚法》。《周公謚法》一卷，即此書第五十四篇也。
晉狼瞫曰：“《周志》有之：勇則害上，②不登於明堂。”注：“《周
書》也。”其語今見篇中。漢小説家虞初《周説》，應劭謂以《周
書》爲本。③《説文》、《爾疋注》引《逸周書》。楊賜“修德修政”
之言，《馮衍傳》注：《小開篇》。《司馬相如傳》注：“王季宅
程。”唐《大衍曆議》：“維元祀二月丙辰朔，武王訪于周公。又
《竹書》：④‘十一年庚寅，周始伐商。’”《文選注》“周史梓闕之
夢”，皆是書也。《楚世家》：“欲起無先。”蘇秦説魏：“綿綿不
絶，蔓蔓奈何。”《墨子》：“國無三年之食，非其國。”《蒙恬傳》：
“必參而五之。”《王商傳》：“以左道事君者誅。”皆曰《周書》。
主父偃云：“安危在出令，存亡在所用。”注以爲“本《尚書》之
餘”⑤。《陳湯傳》谷永云：⑥“記功忘過，宜爲君。”注以爲“《尚
書》之外”⑦。《周書》，今《書》有無其語者，豈在逸篇乎？《文
選注》引古文《周書》穆王事。《書正義》引汲冢古文：“盤庚自
奄遷于殷。”《韓非子》：“《周記》曰：無尊大臣，以儗其主。”

---

　　①　按本條自“史通”以下出《玉海》卷三十七“周書、周史記……”條，“閒”字原誤作
“閣”，據清光緒浙江書局本《玉海》及清阮元校刻《十三經注疏》本《儀禮注疏》改。
　　②　“上”字原誤作“人”，據清光緒浙江書局本《玉海》及清阮元校刻《十三經注疏》
本《春秋左傳正義》改。
　　③　“本”後原衍“本”字，據清光緒浙江書局本《玉海》删。
　　④　“竹”字原脱，據清光緒浙江書局本《玉海》補。
　　⑤　“餘”字原誤作“解”，據清光緒浙江書局本《玉海》及清同治金陵書局本《漢書·
主父偃傳》改。
　　⑥　“陳湯”原誤作“漁陽”，據清光緒浙江書局本《玉海》及清同治金陵書局本《漢
書·陳湯傳》改。
　　⑦　“外”字原誤作“多”，據清光緒浙江書局本《玉海》及清同治金陵書局本《漢
書·陳湯傳》改。

《國·晉語》:"瞽史之記曰:'唐叔之世,將如商數。''嗣續其
祖,如穀之滋'①。'西方之書有之,曰:懷與安實疚大事'。"
"西方"謂周也。《莊子》:"孔子西藏書于周室。"又《金版》、
《六弢》,《釋文》:"皆《周書》篇名。"蘇秦讀《周書陰符》。《左
傳》注"彎之柔矣":"逸《詩》,見《周書》。"疏:"彼引《詩》云:馬
之剛矣,彎之柔矣。馬亦不剛,彎亦不柔。志氣麃麃,取與不
疑。"其書今在,文非《尚書》之類。《左傳正義》沈氏云:"《嚴
氏春秋》引《觀周篇》云:'孔子將修《春秋》,與左丘明乘如周,
觀書於周史,歸而修《春秋》之經。丘明爲傳,共爲表裏。'"
《漢·律曆志》引《武成篇》云"惟一月壬辰至祀于周廟",與此
經不同。

議奏四十二篇　石渠論。　　馬輯。

河出圖,洛出書

《爾疋》注:"《河圖》曰:靈龜負書,丹甲青文。"《文選注》:"《雒
書》曰:秦失金鏡,魚目入珠。""《中候》曰:玄龜負圖出洛,周
公援筆以寫"。光武禪文引《雒書》。

逸書　附見。

《説文》引,《漢·五行志》注引。《曆志》引古文《月采篇》、《畢
命豐刑》。②《莽傳》有《書》逸《嘉禾篇》。

---

①　"穀"字原誤作"聲","滋"字未成,據清光緒浙江書局本《玉海》及《士禮居叢書》本《國語》改。
②　按本條出《玉海》卷三十七"漢尚書逸篇"條,"豐"字原誤作"無",據清光緒浙江書局本《玉海》改。

卷二

詩

詩經二十八卷，魯、齊、韓三家

《魏志·杜欽傳》"佩玉宴鳴，《關雎》歎之"，[1]注："此《魯詩》也。"《明紀》詔："應門失守，《關雎》刺世。"[2]注："引薛君《韓詩章句》"。《揚子》："周康之時，頌聲作乎下，《關雎》作乎上，習治也。習治則傷始亂。"《陳忠傳》"《詩》云'以雅以南'，'靺任朱離'"，注："《毛詩》無之，蓋見齊、魯之《詩》也。今亡。"《正義》："《緇衣》引《詩·都人士》首章，鄭注：'此章毛氏有之，三家則亡。'今韓氏《詩》實無此首章。"服虔以"行歸于周"爲逸《詩》。鄭於《中候·握河紀》注云："昭王之時，鼓鐘之時所爲。作者依三家爲説也。"《生民》疏："《異義》：齊、魯、韓説。"《釋文》：[3]"《般詩》'於繹思'蓋《齊》、《魯》、《韓》之文，《毛詩》無此者。今《毛詩》有者，衍文也。"崔氏《集注》取以繼其末。《禮記》"憲憲令德"，疏："《齊》、《魯》、《韓詩》。"又《郊特牲》注"爲下國畷郵"，疏云："引《齊》、《魯》、《韓詩》也。"《孔子閒居》注"讀'湯齊'爲'湯躋'"，疏云三家《詩》。《周禮注》"吉圭惟饎"，疏："鄭從三家《詩》。"

---

① 按本條出《玉海》卷三十八"漢齊魯韓毛詩異同"條，"欽"字原誤作"錦"，據清光緒浙江書局本《玉海》改；又按"佩玉宴鳴"云云出《漢書·杜欽傳》，作《魏志》非是，此蓋誤鈔《玉海》。

② "刺"字原只存"束"，"世"字原空格，據清光緒浙江書局本《玉海》補。

③ "釋"字原誤作"説"，據清光緒浙江書局本《玉海》改。

魯故二十五卷　馬輯、陳輯。

《楊賜傳》“康王一朝晏起，《關雎》見幾而作”，注：“此事見《魯詩》，今亡矣。”《班固傳》注：《文選注》同。“《魯詩傳》曰：古有梁鄒者，天子之田。”賈誼曰：“驅者，天子之囿；虞者，囿之司獸者也。”①又以《木瓜》爲下報上。《輿服志》注：“《魯訓》曰：和，設軾者也；鸞，設衡者也。”《漢書》注：“‘中菁之言’，《魯詩》以爲夜也。”《魯詩·小雅·十月之交篇》“此日而食，于何不臧”，又曰“閻妻扇方處”。《詩疏》：“《魯詩》之義，以阮、徂、共皆爲國名。《異義》：‘《詩》魯說：殷中宗、周成、宣王皆以時毀。’”《禮記疏》：“《魯詩》‘素衣爲綃’。”《周禮疏》：“《異義》：今《詩》韓、魯說：騶虞，天子掌鳥獸官。”《公羊傳》注：“《魯詩傳》曰：天子食日舉樂。”《說文》：“《魯詩》說：薾，小鼎。”《坊記》注：“‘先君之思，以畜寡人’，②此衛夫人定姜作。”③此是《魯詩》。《正義》：“《鄭志》云：爲《記》注時就盧君，後得《毛傳》乃改之。”《爾雅》注：“《魯詩》云‘傷如之何’。”

齊后氏故二十卷　馬輯、陳輯。

《翼奉傳》：“竊聞《齊詩》，聞五際之要，《十月之交篇》。”注：孟康曰：“《詩內傳》曰：五際，卯、酉、午、戌、亥也。陰陽終始際會之歲，於此則有變改之政。”《漢·地志》“子之營兮，遭我虖嶧之間”，注：“《毛詩》作‘還’，《齊詩》作‘營’。”“自杜沮漆”注：“《齊詩》。”

---

①　按本條出《玉海》卷三十八“魯詩魯訓”條，“獸”字前原衍“曰驅”，據清光緒浙江書局本《玉海》删。

②　“以畜”原誤作“曰以助”，據清光緒浙江書局本《玉海》及清阮元校刻《十三經注疏》本《禮記正義》改。

③　“夫人”原誤作“大夫”，據清光緒浙江書局本《玉海》及清阮元校刻《十三經注疏》本《禮記正義》改。

齊孫氏故二十七卷

齊后氏傳三十九卷

齊孫氏傳二十八卷

齊雜記十八卷

韓故三十六卷

韓內傳四卷　馬輯、陳輯。

《記·經解》注:《韓詩內傳》曰:"鸞在衡,和在軾。"《禮記疏》引《韓詩說》、《郊特牲》疏引《內傳》。① 《白虎通》:"《韓詩內傳》曰:'太子生,以桑弧蓬矢六射上下四方。'《內傳》曰:'師臣者帝。'"《文選注》:"《內傳》:'桑弓,蓬矢。''王者舞六代之樂,舞四夷之樂,大德廣之所及'。又《內傳》曰:'世子者何? 言世世不絕。'"《水經注》"二南國":"按韓嬰敘《詩》云:其地在南郡、南陽之間。"《漢志》注:"《韓詩傳》云:三月桃華水。"《三禮義宗》:"《內傳》:天子奉玉升柴。"《後漢志》注:《韓詩序》云云。晁說之論引《韓詩敘》。

韓外傳六卷

詳王君《韓詩攷》。

韓說四十一卷

凡三百五篇

《漢書》作"三百五篇",浙局本作"二百五篇"。

以其諷誦,不獨在竹帛

"間"浙局本作"聞",似誤。

---

① "牲"字原脱,據清阮元校刻《十三經注疏》本《禮記正義》補。

禮^①

曲臺后倉九篇　如淳曰:"行禮射於曲臺,后倉爲記,故名曰《曲臺記》。《漢官》曰:'大射于曲臺。'"晉灼曰:"天子射宮也。西京無太學,於此行禮也。"

《中庸說》二篇。在《后倉》下齊。王氏所謂"本傳"今不見《倉傳》,在《儒林傳·孟卿傳》。《通考》引《隋志》"古經十七篇,與高堂生所傳不殊,而字多異。自高堂生至宣帝時后倉,最明其業,乃爲《曲臺記》。倉授梁人戴德,及德從兄子聖、沛人慶普",俊按即本《漢志》。按《初學記》:"漢宣帝時,東海后倉善說《禮》,於曲臺殿撰《禮》一百八十篇,號曰《后氏曲臺記》。"篇數與《漢》、《隋》及《說文》不合。^②《釋文》:"蒼說《禮》數萬言,號曰《后氏曲臺記》",原注:"在曲臺校書,著《記》,因以爲名。"孝宣之世,蒼爲最明。^③蒼授沛聞人通漢,^④及梁戴德、戴聖、沛慶普,由是《禮》有大小戴、慶氏之學。"

大戴禮　小戴禮　不著錄。

中庸二篇

明堂陰陽說五篇

軍禮司馬法百五十五篇

張澍輯《司馬法》,見《二酉堂叢書》。

古封禪羣祀二十二篇

封禪議對十九篇

漢封禪羣祀三十六篇

---

① "禮"字原脱,據本書體例補。

② "說"字疑当作"釋"。

③ "蒼"字原空格,據《通志堂經解》本《經典釋文》補。

④ "授"字原誤作"校","漢"字原空格,據《通志堂經解》本《經典釋文》改、補。

議奏二十八篇　石渠。

詳見卷三八葉。局本《漢書》作"三十八篇"。馬輯。又見卷三八葉。

漢儀　不著錄。

《玉海》附刻《漢志考》。《史記》:"叔孫通作《漢禮儀》,因爲奉常。弟子共定者,咸爲選首。然後喟然歎興于學。"右見《玉海·禮儀門》引。

> 俊按《史記·禮書》:"秦有天下,悉納六國禮儀,采擇其善。雖不合聖制,其尊君抑臣,朝廷濟濟,依古以來。至於高祖,光有四海,叔孫通頗有所增益減損,大抵皆襲秦故。"

禮經三百,威儀三千

《左氏傳·隱公七年》"告終稱嗣,以繼好息民,謂之禮經",注:"此言凡例,乃周公所制禮經也。"王子朝曰:"敢布先王之經。"《僖二十五》成風曰:[1]"崇明祀,保小寡,周禮也。"《文十八年》史克曰:"周公制周禮曰:則以觀德。"《昭二十三年》叔孫婼曰:"列國之卿,當小國之君,固周制也。"《國語》晉子餘曰:"禮志有之:將有請于人,必先有入焉。"周單子曰:"周制有之曰:列木以表道,立鄙食以守路。圃有寓望,國有郊牧,藪有圃草,囿有林池,以禦災也。其餘無非穀土,民無懸耜,野無奧草,不奪民時,不蔑民功,有優無匱,有逸無罷。國有班事,縣有序民。"《韓詩外傳》:"周制曰:先時者死無赦,不及時者死無赦。"

---

①　按此實在僖公二十一年,此襲《玉海》卷三十九"周禮書……"條之誤。

卷三

樂

樂經　<small>不著錄。</small>　馬輯。

雅歌詩四篇

《王禹記》二十四篇。俊按《蓺文志》云："武帝時，河間獻王好儒，與毛生等共采《周官》及諸子言樂事者，以作《樂記》，獻八佾之舞，與制氏不相遠。其内史丞王定傳之，以授常山王禹。禹，成帝時爲謁者，數言其義，獻二十四卷記。劉向校書，得《樂記》二十三篇，與禹不同，其道寖以益微。"

雅琴，趙氏七篇、師氏八篇、龍氏九十九篇

局本《漢書》"龍氏"上有"雅琴"二字。

樂元語　<small>不著錄。</small>　馬輯。

俊按《白虎通》引之，當查予表。

殷薦之上帝，以享祖考

浙局本"配"作"享"，按諸今《易》，誤已。

春秋

春秋古經十二篇

《史記·吳太伯世家》"余讀《春秋》古文"。《禮記正義》案《古春秋左氏説》"周家封夏殷之後以爲上公"。

經十二卷　<small>公羊、穀梁二家。</small>

《漢書》作"十一卷"，浙局本尚未誤。

穀梁傳十二卷

《漢書》作"十一卷",浙局本尚未誤。

鄒氏傳十一卷　夾氏傳十一卷　有錄無書。

鐸氏微三篇　楚太傅鐸椒也。

虞氏微傳二篇　趙相虞卿。

公羊顏氏記十一篇

公羊外傳五十篇

穀梁外傳二十篇

公羊章句三十八篇

穀梁章句三十三篇

公羊雜記八十三篇

議奏三十九篇　石渠論。

終軍詰徐偃,①雋不疑論衛太子,龔勝議朱博,②中丞衆奏薛況。互見前卷二之十二葉。《後志》注:《石渠論》曰:"鄉射合樂而大射不,何也? 韋玄成曰:'鄉人本無樂,故合樂以同其意。'《禮儀志》。玄冠朝服。戴聖曰:'玄冠,③委貌也。朝服布上素下,④緇帛帶,素韋韠。'"《輿服志》。《王制》正義:《石渠論》:"《白虎通》云周以后稷、文、武特七廟,張融以石渠論証七廟。"⑤《詩·既醉》正義:《石渠論》云:"周公祭天,用太公爲尸。"《通典》漢《石渠議》曰:"鄉請射,告主人;樂不告,何也?

---

① 按本條自"終軍"至"薛況"出《玉海》卷四十"漢春秋決獄"條,"詰"字原誤作"望",據清光緒浙江書局本《玉海》改。

② "博"字原誤作"詩",據清光緒浙江書局本《玉海》改。

③ 按本條自"後志"以下出《玉海》卷三十九"漢石渠禮論"條,"冠"字原作"端",清光緒浙江書局本《玉海》及上下文意改。

④ "下"字原脱,據清光緒浙江書局本《玉海》補。

⑤ "廟"字後原衍"一",據清光緒浙江書局本《玉海》及清阮元校刻《十三經注疏》本《禮記正義》刪。

戴聖曰：'請射告主人者，賓主俱當射也；樂，所以樂賓也，故不告。'宣帝甘露三年三月，黃門侍郎臨奏：'經曰鄉射合樂，大射不，何也？'戴聖曰：'鄉射合樂者，質也；大射，人君之禮，儀多，故不合樂也。'聞人通漢曰：'鄉射合樂，所以和百姓也；大射不合樂者，諸侯之禮也。'韋玄成曰：'鄉人本無樂，故合樂，所以和百姓而同其意；諸侯當有樂，故不云合樂。'時公卿以玄成議是。"又《繼宗子議》引《石渠禮議》曰"經云'宗子孤爲殤'，言孤何也？"聞人通漢、戴聖云云。

世本十五篇

《世本》輯本甚多，秦嘉謨本輯最多，次則張澍《二酉堂叢書》。近陳其榮輯之，刻《槐廬叢書》內。

卷四

論語

論語古二十一篇　出孔子壁中，兩《子張》。注：如淳曰："分《堯曰篇》後'子張問何如可以從政'已下爲篇，名曰《從政》。"

注"兩子張"下空格，浙局本作"注"字。按《漢書》注中無"注"字。《説文》："《逸論語》曰：'玉粲之璬兮，其璙猛也'，'如玉之瑩'。"《文選注》：《逸論語》曰："如玉之瑩。"《初學記》：《逸論語》曰："璠璵，魯之寶玉也。"《論語釋文》：①"'傳不習乎'，鄭注云：魯讀'傳'爲'專'，今從古。按，鄭校周之本，以齊、古讀正凡五十事。鄭本或無此注，然《皇覽》引魯讀六事，則無者非也。'崔子'，魯讀'崔'爲'高'。'未嘗無誨'，魯讀爲'悔'。'五十以學易'，魯讀'易'爲'亦'。'正唯弟子不能學也'，魯讀'正'爲'誠'。魯讀'坦蕩'爲'坦湯'。'冕衣裳者'，鄭本作'弁'，云魯讀'弁'爲'統'，今從古。'瓜祭'，魯讀'瓜'爲'必'。'賜生'，魯讀'生'爲'牲'。'車中不内顧'，魯讀'車中内顧'。'詠而歸'，鄭本作'饋'，魯讀'饋'爲'歸'。'仍舊'，魯讀'仍'爲'仁'。'折獄'，魯讀'折'爲'制'。'小慧'，魯爲'惠'。'古之矜也廉'，魯讀'廉'爲'貶'。② 魯讀'躁'爲'傲'，'窒'爲'室'。'歸孔子豚'，鄭本作'饋'，魯讀爲'歸'。'天何言哉'，魯讀'天'爲'夫'。'不知命無以爲君子也'，《魯論》無

---

① "釋"字原誤作"説"，據《通志堂經解》本《經典釋文》改。
② "魯"字原誤作"古"，據《通志堂經解》本《經典釋文》及上下文意改。

此章，今從古。"

齊二十二篇　多《問王》、《知道》。　馬輯。

魯二十篇　馬輯。

局本《漢書》下有"《傳》十九篇"。"五十事"見上。

魯安昌侯説二十一篇　師古曰："張禹也。"　馬輯。

齊説二十九篇

魯夏侯説二十一篇

魯王駿説二十篇　師古曰："王吉子。"

燕傳説三卷

議奏十八篇　石渠論。

孔子三朝七篇　馬輯。

孝經①

孝經古孔氏一篇　二十二章。

孝經一篇　十八章。長孫氏、江氏、后家、翼氏四家。

長孫氏説二篇

江氏説一篇

翼氏説一篇

后氏説一篇

孝經一篇十八章

"十八章"乃《漢書》注，浙局本三字小字寫。三字班白注。

雜傳四篇

《漢·祭祀志》引蔡邕。傳曰："大學者，中學明堂之位也。"

---

① "孝經"二字原脱，據本書體例補。

弟子職一篇

《周禮·酒正》注杜子春引"周旋而貳"。① 俊別有考。黃子壽師又有《考証》。②

説三篇

浙局本不空一格。

小學

史籀十五篇　馬輯。

八體六技　馬輯元闕。

浙局本"用"字無，空一格。

蒼頡一篇

馬輯、孫輯、任輯還諸均可寶，又補輯陶君方琦者。予有補本。《光武紀》《安紀》注、《春秋》釋文、《文選注》、《廣韻》注、《曲禮》疏皆引《蒼頡篇》。浙局本作"鞄㮌柯屬"。

凡將一篇

"襌"，《藝文》中引作"襌"，《玉海》四十四。③

急就一篇

《春秋正義》引《急就篇》"頃町界畝"。《天官》、《武成》正義引史游章句"司農少府國之淵"。《考工記》、《天官》疏引《急就章》云："蒲蒻藺蓆。"《考工記》正義引"別部居"。《文選·文賦》注引"奇觚"。《後漢·張敏傳》注引"皋陶造獄法律存"。《左傳疏》引"鹽豉"④

---

① "周"字原脱，據清阮元校刻《十三經注疏》本《周禮注疏》補。

② "子"字原脱，按清黃彭年（1824—1890），字子壽，有《弟子職集解考證》一卷，因據補。

③ "玉海四十四"三字疑當在"藝文"二字前。

④ 按本條出《玉海》卷四十四"漢小學十家……"條，"豉"字原誤作"鼓"，據清光緒浙江書局本《玉海》及清阮元校刻《十三經注疏》本《春秋左傳正義》改。

元尚一篇　成帝時將作大匠李長作。　　馬、孫、任、陶諸均輯。

訓纂一篇

《春秋》釋文、《史記索隱》、《後漢書》注、《文選注》多引《三蒼》解詁、①音釋。《文選注》引《埤蒼》、《三蒼》、《訓詁》。《詩疏》引陸璣疏云：“《三蒼》說，棫即柞也。”②又引《蒼頡解詁》、《埤蒼》。《禮記釋文》引郭璞《三蒼解詁》。《後漢·戴就傳》注引《説文》、《三蒼》。《史記正義》引《訓纂》云：“户、扈、鄠三字一也。”

方言十□篇③　不著錄。

《書疏》、《春秋疏》、《詩·行葦》疏、《考工記》疏、《高紀》注、④《文選注》皆引《方言》。及郭璞注。《左傳》注引楊雄《方言》“子者，載也”。

別字十三篇

蒼頡傳一篇

楊雄蒼頡傳訓纂一篇⑤　馬、任、孫、陶諸輯。

杜林蒼頡訓纂一篇

杜林蒼頡故一篇

諷書九千字以上　書字或不正，輒舉劾

《漢書》“字或”上有“書”字，浙局本有之。

臣復續揚雄作十三章　韋昭曰：“臣，班固自謂也。”

---

①　按本條出《玉海》卷四十四“漢小學十家……”條，“詁”字原誤作“諸”，據清光緒浙江書局本《玉海》及上下文意改。

②　“柞”字原誤作“榨”，據清光緒浙江書局本《玉海》及清阮元校刻《十三經注疏》本《毛詩正義》改。

③　本條原直接前條文後，據本書體例調正。“十”字後空格疑當作“五”。

④　按本條出《玉海》卷四十四“漢別國方言”條，“紀”字原誤作“絕”，據清光緒浙江書局本《玉海》改。

⑤　各本《漢書》皆無“傳”字，當衍。

《漢書》作"十二章"，注云"作十三章"。"韋昭"上亦無"臣"字，浙局本亦無之。此脱上而衍下。

序六藝爲九種

俊按，"例"當作"力"，當攷。

卷五

儒

晏子八篇

《淮南·要略》:"孔子修成康之道,述周公訓,以教七十子。使服其衣冠,修其篇籍,故儒者之學生焉。"太史公曰:"吾讀《晏子春秋》。"《淮南·要略》:"齊景公內好聲色,外好狗馬,獵射亡歸,好色無辨,作爲路寢之臺,族鑄大鐘,撞庭下,郊雉皆呴,一朝用三千鐘贛。梁丘據、子家噲導於左右,故晏子諫生焉。"

子思二十三篇

晁氏《志》一卷,《四庫書目》無之。載孟軻問:"牧民之道何先?"子思曰:"先利之。"孟軻曰云云。溫公采之,著於《通鑑》。《初學記》引之。

曾子十八篇

阮氏注釋最精。

漆彫子十二篇　孔子弟子漆彫啟後。　馬輯。

世子二十一篇　馬輯。

李克七篇　馬輯。

公孫尼子二十八篇　馬輯。

《文選注》引之。

芉子十八篇　名嬰,齊人。

《銅熨斗齋隨筆》四曰:"'芉'當作'吁',《史記·孟荀列傳》'阿之吁子',今本作"吁",誤。索隱曰:'吁音芉。《別錄》作芉子,今吁亦如是.'正義引《藝文志》作'吁子'。是小司馬張守節所見《漢書》本皆作'吁',不作'芉';作'芉'者,劉向《別錄》。"馬輯。

周史六弢六篇　師古曰:"即今之《六韜》。"　孫輯,見《平津叢書》。

《銅熨斗齋隨筆》四:"今《六韜》乃文王、武王聞太公兵戰之事,而此列之儒家,則非今《六韜》也。'六'乃'大'之誤,《人表》有周史大弢。古字書無"弢"字,《篇》、《韻》始有之,當爲'弢'字之誤。《莊子·則陽篇》仲尼問於太史大弢,蓋即其人。此乃其所著書,故班氏有'孔子問焉'之説。顏以爲太公《六韜》,誤矣。今《六韜》,當在《太公》二百三十七篇之内。"

甯越一篇　馬輯。

王孫子一篇　馬輯。

董子一篇　名無心,難墨子。　馬輯。

徐子四十二篇　馬輯。

魯仲連子十四篇　馬輯。

《荀子》注引"魯連謂田巴"。

虞氏春秋十五篇　馬輯。

高祖傳十三篇

俊按,《古文苑》采高祖《手勅太子》。

孝文傳十一篇　馬輯元闕。

賈誼五十八篇

《賈誼傳》"三表五餌",注師古引《賈誼書》。見第四卷《匈奴篇》。《文帝》注師古引《賈誼書》曰:[1]"衛侯朝於周,周行人問其名。"《新書》一《過秦》上下,見《史記·秦紀》。三《俗激》、《時變》、《瑰瑋》、《孽産子》、《銅布》,見《食貨志》。五《傅職》、《保傅》,見《大

戴禮》、《昭紀》。六《禮容經》，見《大戴禮》。十《胎教》、見《大戴禮》。《立後義傳》。雜事。傳即本傳之語。

孔臧十篇　馬輯元闕。

"孔臧"在"賈誼"上，浙局本亦誤置。

河間獻王對上下三雍宮三篇　馬輯。

鹽鐵論六十篇

《後漢·百官志》注、《史記·荆軻傳》注引漢《鹽鐵論》。

楊雄所序　太玄十九

《漢書》作"楊雄所序三十八篇"，注："《太玄》十九、《法言》十三、《樂》四、《箴》二。"

卷六

道

伊尹五十一篇　馬輯。

《漢書·司馬相如傳》"於是乎盧橘夏孰"，應劭引《伊尹書》"箕山之東，青馬之所，有盧橘夏孰"。俊按，《説文解字》屢引伊尹説。

太公謀八十一篇　言七十一篇　兵八十五篇

《淮南·要略》："文王欲以卑弱制强暴，以爲天下去殘除賊而成王道，故太公之謀生焉。"

辛甲二十九篇　馬輯。

管子八十六篇

《漢書》作"筦子"，師古曰："'筦'讀與'管'同。"

蜎子十三篇　名淵，楚人。

"蜎"、"環"同音，通叚字。《韓非子》"楚欲置相於秦"，《國策》伯"楚王問于范環"。《史記索隱》曰："《戰國策》一作'蠉'。"《史記·甘茂列傳》"王問于范蜎"，徐廣義一作"蠉"。

黄帝四經四篇　黄帝銘六經篇

《六韜·兵道十二》引"道言"曰："一者階於道，機於神。"①《文子·符言》、《上仁》，《吕覽·應同》、《去私》、②《圜道》、《遇

---

① 按，本條略襲自清嚴可均輯《全上古三代秦漢三國六朝文》卷一"黄帝"文，"機"字原只存"木"，據清光緒王氏刻本《全上古三代秦漢三國六朝文》改。

② "私"字原誤作"思"，據清光緒王氏刻本《全上古三代秦漢三國六朝文》改。

合》、《審時》,《淮南·繆稱》、《泰族》,《御覽》七十七均引"道言"。賈誼《新書》一《宗首》,又九《修政語》上均引"政語"。《意林》一載《金匱》:"武王問:'五帝之戒可得聞乎?'太公曰:'黄帝云:畬在民上,摇摇恐夕不至朝。'"十一與《皇覽》同。《韓非子·楊權》引"丹書戒",《路史·疏仡紀》引"丹書戒"。① 按,此皆《四經》中文也。《後漢書·朱穆傳》注"黄帝作'巾機之法'",《路史·疏仡紀》引"巾几之銘",《説苑·敬慎》載"金人之銘"。② 按,此皆銘文也。

鄭長者二篇

《漢書》"鄭長者二篇"在"臣君子"二篇下。

陰陽

《漢書·律曆志》:張壽王又言黄帝至元鳳三年六千餘歲。丞相属寶、長安單安國、安陵梧育治《終始》,言黄帝以來三千六百二十九歲,不與壽王合。

鄒子四十九篇　鄒子終始五十六篇　馬輯。

褚先生引《黄帝終始傳》曰"漢興百有餘年,有人不短不長,出自燕之鄉"云云,③《索隱》曰:"蓋謂五行讖緯之説,若今之童謡也。"沈氏濤《銅熨斗齋隨筆》四曰:"小司馬説非是。《終始傳》即《終始五德》之傳。《漢書·藝文志》陰陽家有《公檮生終始》十四篇,傳鄒奭《終始書》,今本作"始終",誤。又有《鄒子終始》五十六篇,亦其類也。"

---

① "紀"字原誤作"祀",據清光緒王氏刻本《全上古三代秦漢三國六朝文》改。本條後"紀"字同。

② "苑"字原誤作"教","金"字原誤作"舍",據清光緒王氏刻本《全上古三代秦漢三國六朝文》改。

③ "出"字原誤作"書",據清同治金陵書局本《史記》改。

法

李子三十二篇

俊按《淮南·齊俗訓》：“帝顓頊之法，婦人不辟男子于路者，拂於四達之衢。”《御覽》引“拂”作“袚”，有注云“除其不祥”。

俊按《晉志》“著《法經》”下云：“以爲王者之政，莫急於盜賊，故其律始於《盜》、《賊》。盜賊須劾捕，故著《網》、《捕》二篇，其輕狡、越城、博戲、借假不廉、淫侈、踰制，以爲《雜律》一篇，又以《具律》具其加減。是故所著六篇而已。”

申子六篇

《淮南子·要略》：“申子者，韓昭釐之佐；韓，晉別國也，地墽民險，而介於大國之間，晉國之故衣未滅，韓國之新法重出。先君之令未收，後君之令又下。新故相反，前後相繆，百官背亂，不知所用，故刑名之書生焉。”子之下，浙局本無空。

處子九篇

《銅熨斗齋隨筆》四曰：“《元和姓纂》引《風俗通》‘漢處興爲北郡太守’。《姓纂》入語處姓、陌劇皆引《藝文志》。《漢書》本亦有處、劇之不同乎？”

慎子四十二篇

錢氏書自有《慎子逸文》。①

韓子五十五篇

非之死，蓋爲李斯所忌。據《史記》：“非爲人口吃，不能道說，

---

① “自”字疑當作“目”，“錢氏書”疑指清錢熙祚《守山閣叢書》，該書前有總目，收有《慎子》並附錢氏所輯逸文。參見下卷“尹文子一篇”條校勘記。

而善著書。與李斯俱事荀卿，斯自以爲不如人。或傳其書至秦，秦王見《孤憤》、《五蠹》之書，曰：‘嗟乎，寡人得見此人，與之游，死不恨矣！’斯曰：‘此韓非之所著書也。’攻韓。韓急，乃遣非使秦。秦王悦之，未信用。李斯、姚賈害之，①下吏治非。斯使人遺非藥，使自殺。秦王後悔，非已死矣。”《老子韓非列傳》。《論衡·禍虚篇》曰：“傳書李斯妬同才，幽殺韓非於秦，後被車裂之罪。”“韓非明治于韓，李斯自秦作思，致而殺之”。《潛夫論·賢難》。

仁俊竊謂，吕不韋《春秋》，李斯者，吕舍人也。多剽竊時賢説，非與《吕覽》多同，蓋書早已爲斯所竊，故恐其見用，爲秦王所知，又恐秦王之悔也，故使自藥死耳。斯之計毒矣。史稱斯、賈害之，據《國策》，賈之所以與非不合者，只以秦王封賈千户，以爲上卿，非短之耳，②何致必欲致死非哉？乃斯所嗾也。斯曰“此非所著書也”，一言如見其心矣。王符謂“斯自秦作思，致而殺之”，又曰：“嗟！士之相妬，豈若此甚乎！”王充：“妬其才”，一謂斯當得其人矣。《韓非子》序全録《史記》，獨不載斯、賈之各有以哉！《漢書·敘傳》班固《賓戲》曰：“韓設辯以激君，吕行詐以賈國。《説難》既酋，其身迺囚；秦貨既貴，厥宗亦隧。”官本引蕭該《音義》鄭氏曰：“酋，執也。”王念孫《讀書雜志》曰：“‘執’當作‘孰’，亦《説難》之書既成而其身乃囚也。”按，書成身囚，得其實矣。太史公與韓安國有淵源。

漢律　不著録。

俊有《説文解字引漢律令攷》，最詳核。

---

①　“姚”字原誤作“斯”，據清同治金陵書局本《史記》及上下文意改。

②　“非”字原誤作“斯”，據清同治金陵書局本《史記·老子韓非列傳》集解引《戰國策》及上下文意改。

卷七

名

尹文子一篇

　　錢氏書同有校勘記。①

尹佚二篇　馬輯。

田俅子三篇　馬輯。

隨巢子六篇②　胡非子三篇　馬皆輯。

墨子七十一篇

　　《淮南·要略》:"墨子學儒者之業,受孔子之術,以爲其禮煩擾而不説,③厚葬靡財而貧民,久服傷生而害事,④故背周道而用夏政。故節財、薄葬、閑服生焉。"

縱横

蘇子三十二篇

　　《淮南·要略》:"晚世之時,六國諸侯,谿異谷別,⑤水絶山隔。各自治其境内,守其分地,握其權柄,擅其政令。下無方伯,

----

　　①　"同"字疑當作"目","錢氏書"疑指清錢熙祚《守山閣叢書》,該書前有總目,收有《尹文子》附錢氏校勘記。參見前卷"慎子四十二篇"條校勘記。

　　②　"六"字前原衍"三",據清同治金陵書局本《漢書·藝文志》及清光緒浙江書局本《玉海》附刻《漢藝文志攷證》刪。

　　③　"以"字原誤作"長",據清浙江書局《二十二子》本《淮南子》改。

　　④　"久"字原脱,據清浙江書局《二十二子》本《淮南子》及上下文意補。

　　⑤　"谷"字原空格,據清浙江書局《二十二子》本《淮南子》補。

上無天子。力征爭權，勝者爲右，恃連與國，^①約重致，剖信符，結遠援，以守其國家，持其社稷，故縱橫修短生焉。"馬輯。

俊按，"修短"即長短説，故與縱橫類。《戰國策》一號《長短經》。縱橫家有《蒯子》，《史記·蒯通傳》："通善爲短長説，論戰國之權變爲八十一首。"

鬼谷子　不著錄。

秦嘉謨本最精。

闕子一篇　馬輯。

蒯子一篇　馬輯。

主父偃二十八篇　馬輯。

尸子二十篇　汪繼培輯，浙局本；孫馮翼輯，問經本。

"舞夏"起浙局本雙行。"夫"上不空。

呂氏春秋二十六篇

"凡八十三篇"浙局本小字，"凡三十六篇"、"有《孟春》等紀，凡六十一篇"同。"司馬遷"下浙局本小字，不雙行。

淮南内二十一篇

《淮南·要略》："若劉氏之書，觀天地之象，通古今之事，權事而立制，度形而施宜，原道之心，合三王之風，以儲與扈冶，玄眇之中，精摇廢覽，^②弃其畛挈，斟其淑静，以統天下，理萬物，應變化，通殊類，非循一迹之路，守一隅之指，拘繫牽連之物，而不與世推移也。故置之尋常而不塞，布之天下而不窕。"

---

① "國"字原誤作"周"，據清浙江書局《二十二子》本《淮南子》改。
② "廢"字，清浙江書局《二十二子》本《淮南子》作"𡩺"。

農

神農二十篇 馬輯。

《治要》:《六韜‧虎韜篇》引《神農之禁》曰:"春夏之所生,不傷不害。"《文子‧上義》、《淮南子‧齊俗訓》引"神農之法"。《占經》壹百十一引《神農書》、《神農占》。《莊子‧天運》引有焱氏頌曰:"聽之不聞其聲,視之不見其形,充滿天地,苞裹六極。"《釋文》"焱"亦作"炎"。

野老十七篇 馬輯。

尹都尉十四篇 馬輯。

氾勝之十八篇 氾音凡。 馬輯。

蔡葵一篇 馬輯。

小説

伊尹説二十七篇 馬輯。

青史子五十七篇 古史官記事也。 馬輯。

俊按孫弈《示兒編》十五引應劭《風俗通》曰:"青史善著書。"即青史者,人姓名也。

宋子十八篇 孫卿道宋子。 馬輯。 詳《韓非子集解》十九十三頁,須彔。

《荀子‧天論》、《解蔽》皆列宋子。[①]

---

① "解"字原誤作"餘",據清浙江書局《二十二子》本《荀子》改。

卷八

屈原賦二十五篇

按《文選》采《離騷經》、《九歌》四、《九歌》二、《九章》一、《卜居》一、《漁父》一。

宋玉賦十六篇

按《文選》又采《九辯》五、《招魂》一、《對楚王問》,《御覽》三百九十九引宋玉高唐對。按《古文苑》又采《舞賦》。

賈誼賦七篇

按《文選》□《鵩鳥賦》、①《過秦論》、《弔屈原文》。② 俊按張樵注本《古文苑》有《旱雲賦》,而《簴賦》在卷末。

枚乘賦九篇

俊按《古文苑》又有《忘憂館柳賦》、《梁王菟苑賦》。

司馬相如賦二十九篇

按《古文苑》有相如《美人賦》。按《文選》采《上林賦》、《長門賦》、《上疏諫獵書》、《喻巴蜀檄》、《難蜀父老》、③《封禪文》。

淮南王賦八十二篇

按《文選》采《招隱士詩》一首,《古文苑》采《屏風賦》一首。

孔臧賦二十篇

《漢書》作"太常蓼侯孔臧賦二十篇"。按《連叢子》載臧《楊柳賦》、《鴞賦》、《諫格虎賦》。

---

① "選"、"鵩"間空格處疑當作"采"或"有"。
② "弔"字原誤作"品",據清胡克家刻本《文選》改。
③ "蜀"字原誤作"罪",據清胡克家刻本《文選》改。

吾丘壽王賦十五篇

俊按，見《類聚》五十九。

王褒賦十六篇

按《文選》采《聖主得賢臣頌》、《四子講德論》，①《古文苑》采
《僮約》。

司馬遷賦八篇

《文選》采《報任少卿書》。②

揚雄賦十二篇

按《文選》采《甘泉賦》并序、《羽獵賦》、《長楊賦》、《解嘲》、《趙
充國頌》、《劇秦美新》。《古文苑》采《太玄賦》、《逐貧賦》、《蜀
都賦》、《十二牧箴》、《十六官箴》、《元后誄》。

東眺令延年賦七篇

《漢書》有五字。③

雒陽錡華賦九篇

《漢書》有三字。④

別栩陽賦五篇

《漢書》有二字，⑤浙局本無之。"栩"依《漢書》作"栩"，浙局
本同。

華龍賦二篇

《漢書》作"漢中都尉丞華龍賦二篇"，浙局本僅有"華龍"
二字。

---

① "德"字原空格，據清胡克家刻本《文選》補。
② "采"字原誤作"宋"，"報"字原空格，據清胡克家刻本《文選》改、補。
③ 底本於"延年賦七篇"上施圈識，"有五字"指此五字。
④ 底本於"賦九篇"上施圈識，"有三字"指此三字。
⑤ 底本於"五篇"上施圈識，"有二字"指此二字。

雜賦

成相雜辭十一篇
《漢書》"成相"在"雜禽獸"下。

雜禽獸六蓄昆蟲賦十八篇
《漢書》作"畜",惟浙局本作"蓄"。

高祖歌詩二篇
按《文選》采《大風歌》,《古文苑》采《手敕太子》。

黃門倡車忠等歌詩十五篇
《漢書》有此三字。①

兵權謀

吳孫子兵法八十二篇　圖九卷。
《漢書》有"篇"字,浙局本亦有之。

范蠡二篇
董增齡《國語正義序》曰:"《國語》敘事雖不盡有年月,然未嘗越次。今上卷已書'越滅吳',下卷復從句踐即位三年起,他國無此例。《內傳》無范蠡姓名,《外傳》止《吳語》一見,在五大夫之列,旅進旅退而已。至此卷乃專載蠡策,若滅吳之事,蠡獨任之,殊非事實。《藝文志》'兵權謀'有《范蠡》一篇,此但其一。但攙入當在劉向以前。"

魏公子二十二篇　圖十卷。
《漢書》作"二十一篇"。

---

① 底本於"十五篇"上施圈識,"有此三字"指此三字。

黄帝十六篇 圖三卷。

《占經》八又二十一又二十二引《黄帝兵法》，《占經》五引《黄帝用兵要法》，又十一引《黄帝用兵要訣》。《五行大義》五引《黄帝兵訣》。《御覽》三百三十八引《黄帝出軍訣》。浙局本"説苑"云云在"管子后土"下。

卷九

天文

常從日月星氣二十一卷　<small>老子師之。</small>

　天文類書《史記·天官書》《索隱》、《集解》及《開元占經》引之
最多，要細校。

海中星占驗十二卷

　　　俊按《續漢志》注引《靈憲》云："海人之占未存焉。"《御覽》
引脱此句。

甘氏歲星經　<small>不著錄。</small>

曆譜　《漢書》均作"歷"。

傅周五星行度三十九卷

　《漢書》作"傳"，維浙局本作"傅"。

五行

鍾律叢辰日苑二十二卷

　《漢書》作"二十三卷"。

泰一二十九卷

　《漢書》作"一二十二九卷"。

蓍龜

龜書五十二卷

浙局本作"五十三卷"。

周易二十八卷

《漢書》"三十八卷",浙局本亦作"三十八卷"。

卷十

雜占

黃帝長柳占夢十一卷

《御覽》八百七十二引《春秋考異郵》："黃帝將興,有黃雀赤頭立于日旁。黃帝曰:'黃者,土精;赤者,火熒;[①]爵者,賞也。[②]余當立大功乎!黃雀者,集也。'"[③]《類聚》九十九引作"黃帝占曰:黃者,玉精;[④]赤者,火熒;雀者,賞也。余當立"。

醫經

黃帝內經十八卷

"按"字浙局本作"接"。《黃帝食禁》,俊按《周禮·醫師》疏引《黃帝食藥》,疑即《漢志》《黃帝食禁》也。周氏中孚《鄭堂札記》云"禁"爲"藥"之譌。

---

①　按本條略襲清嚴可均輯《全上古三代秦漢三國六朝文》卷一"黃帝"文。"熒"字,清光緒王氏刻本《全上古三代秦漢三國六朝文》同,《四部叢刊》影印宋本《太平御覽》作"榮"。

②　"賞"字原作"貴",據清光緒王氏刻本《全上古三代秦漢三國六朝文》及《四部叢刊》影印宋本《太平御覽》改。本條後"賞"字同。

③　"集"字,清光緒王氏刻本《全上古三代秦漢三國六朝文》同,《四部叢刊》影印宋本《太平御覽》作"桑"。

④　"玉"字,清光緒王氏刻本《全上古三代秦漢三國六朝文》同,中華書局 1959 年影印南宋刻本《藝文類聚》作"土"。

經方

泰始黄帝扁鵲俞拊方二十三卷　應劭曰:"黄帝時醫。"
　"泰"字,浙局本作"秦"。

本草　不著錄。
　"二十"下浙局本不空。

泰一雜子黄冶三十一卷
　《漢書》"一"作"壹"。

大凡書,六略三十八種
　浙局本軼頂格低二字。

二十五史藝文經籍志考補萃編總目